KB194310

그리스도를 본받아

토마스 아 켐피스

崔奉植 옮김 / 志成文化社

나는 그대가 드리는 제물을 원치 아니하고 그대 자신을 원하니라. (빌 : 4 장 17절) 그대 자신을 드리는 이외에 어떤 것을 내게 드린다고 해도 나는 만족할 수 없다. 그대 자신을 내게 드리라. 그대를 완전히 하나님께 바치라. 그래야 만 그대가 드리는 예물도 내게 아름다운 것이 되리라. 나는 내 자신을 완전히 그대 위해 아버지께 바쳤노라. 내 살과 피를 그대의 양식으로 주어 내가 그대 의 전부가 되고 또 그대가 영원히 나의 것이 되게 했노라.

머리말

이 책「그리스도를 본받아」는 과거 5백년 동안 전 세계적으로 기독교인의 신앙생활에 대한 책으로서는 가장 많이 읽혀 온 책으로 경이적인 많은 것을 우리들에게 가르쳐 왔다. 이 위대한 고전은 1486년, 아우구수붉에서 라틴어로 첫 판이 출판된 이래 얼마나 많은 외국어로 번역되어 읽혀지고 있는 지는 아무도 모른다. 1838년 독일의 콜로그네 시립도서관이 물경 4백판을 수집하여 전시하기도 하였다.

이 작품은 또한 저작자의 시비에 관한 논란으로도 유명하다. 이태리인들은 베르셀리의 수도원에서 이 책을 저술하였다고 하였고 불란서인들은 파리의 존 게르손이라는 사람이 저술하였다고 하였다. 그러나 어떤 편견된 마음으로만 보지 않는다면 이 책의 저자는 토마스 아 켐피스임을 재론할 여지가 없다. 그는 1380년 콜로그네의 북쪽 40마일 쯤 떨어진 레니쉬 프르시아의 독일 마을에서 태어났다.

그는 1400년 네덜란드의 즈올레 근처에 있는 어거스틴이라는 수도원에 입원이 허락된 이래 1471년 죽을 때까지 변함없는 삶을 그곳에서 살았다. 토마스 아 켐피스가 신앙적인 작품을 많이 썼지만, 그의 주된 명성을 얻게 만든 것은 이 작품에 의한 것 때문이었다. 이 책은 영적 생활, 내적 일, 내적 위안, 그리고 성만찬에 관한 4부로 구성되어 있다.

이「그리스도를 본받아」란 책을 좋아하는 사람들은 하나님의 세계에 푹 젖은 인간의 마음으로부터 오는 매력을 느낄 수가 있다.

그래서 사람들은 '기독교의 정신을 가장 고취시킨 신약 이후의 가장 정교한 문헌'이라고 부르고 있는 것이다. 많은 사람들은 간결한 표현과 깊은 내용을 들어 성서 버금가는 책이라고 일컫는다. 수많은 신앙인들은 이 책에 기록된 말씀들에 의해서 이 세상일들을 승리로 이끌 수 있고 하나님의 뜻에 복종함으로써 우리 주 예수 그리스도에 더 가깝게 되는 자신을 느끼게 된다.

요한복음 14장 6절에 기록된 "나는 길이요, 진리요, 생명이니라" 한 이 간결한 말씀보다 더 좋은 것이 어디 있겠는가? 이 길 없이는 갈 길이 없고, 이 진리 없이는 알 수도 없고, 이 생명 없이는 살 수도 없는 것이니라.(제3부 P.148참조) 또 이런 말씀보다 우리 기독교인들에게 더 현명한 교훈이 되는 것이 무엇이 있겠는가? 침묵과 꾸준함으로 종교적인 영혼의 유익과 성경의 신비를 배워라……그렇게 함으로 인척과 친구들로부터 벗어나게 되고 하나님은 그의 거룩한 천사들과 함께 그를 가깝게 인도하신다.(제1부 P. 46참조)

몇몇의 고전어 낱말들을 현대문으로 바꾼 이 현대판을 새로운 기독교 세대가 좋아하게 될 것이며, 동시에 1천년 이상 축복을 받아온 이 책이 지닌 본래의 의미를 꾸준히 지니고 있다는 것을 의심치 않는다.

맥스웰 코우더
시카고 무디성서회 부회장 겸 교육부장

옮긴이의 말

　　신실(信實)한 기독교인의 삶을 인도하고 하나님의 세계를 깨우쳐 주는 이 책은 토마스 아 켐피스의 작품이다. 원역자(原譯者)도 서문에서 밝혔듯이 이 책은 1천년 이상이나 성경 이상으로 경건한 기독교인들에게 읽혀 온 고전 중의 고전이다.

　　이러한 엄청난 책을 기독교의 초보적인 신앙을 걷고 있는 본인이 옮겨 쓰게 된 것은 이 책을 읽는 모든 분들께 외람된 일이기는 하나, 다만 본인이 신앙을 배우겠다는 의욕과 신앙을 걸어가는 하나의 도정(道程)으로서 생각하여 여러 독자들의 힐책을 각오하며 이 책을 옮겨 엮어내는 바이다.

　　이 책은 본래 라틴어로 저술되었으나, 본인이 사용한 대본은 무디성서회(moody press)에서 펴낸 맥스웰 코우더의 역본을 사용하였음을 밝혀 둔다. 원책(原本)은 4권으로 나누어 각 권마다 장으로 기록되어 있으나 이 책은 편의상 4부밑에 각 항목으로 나누어 편집하였다.

　　특히 이 책을 옮겨 펴내는 데 협조해 주신 지성문화사의 성 백영(成百英) 사장님께 감사를 드린다.

1977년 8월 30일

최　　봉　　식

그리스도를 본받아

그리스도를 본받아
차 례

제1부

신령(神靈)한 생활을 위한 유용(有用)한 권고

세상 모든 헛된 것에 대한 경멸

주님께서는 "나를 따르는 자는 어두움에 다니지 아니하리라."(요 :8장 12절)고 말씀하셨읍니다. 이 말씀에서 우리는, 누구든지 빛속 에 살기를 원하고 마음의 모든 흑암으로부터 벗어나기를 바란다면 그리스도의 삶과 그가 걸으신 길을 본받아야 한다는 것을 깨달을 수가 있읍니다.

그리스도의 교훈은 이 세상 다른 성인(聖人)의 교훈보다도 훨씬 우수하며 누구나 그 안에서 그의 성령을 가진 사람은 "감추어 있는 하늘 만나"(계 :2장 17절)를 받을 수 있읍니다. 그러나 왕왕 그리스 도의 복음을 듣는 사람들은 많아도 그 말씀대로 살기를 갈망하는 사람은 매우 적습니다. 왜냐하면 그들은 "그리스도의 성령을 가짐이 부족했기 때문입니다."(롬 :8장 9절) 누구나 그리스도의 말씀을 완 전히 이해하여 그 안에서 즐거움을 가지려면 그리스도의 삶에 자기 의 삶을 일치시키도록 노력하지 않으면 안됩니다. 우리가 만일 겸 손의 덕을 가지지 못하여 성 삼위(聖三位)를 기쁘시게 하지 못하고 있다면 삼위일체(三位一體)의 심연 속에 깃든 이야기를 학문적으로 토론함이 무슨 소용이 있겠읍니까? 물론 심원한 말씀 자체가 사람 을 성스럽게 하거나 정당하게 만들지는 못하나 고결한 삶은 하나님 앞에 소중한 사람을 만들게 됩니다. 나는 삼위일체가 무엇이냐 하는 정의를 아는 것보다 오히려 참회하는 마음을 갖기를 바랍니다. 우리가 성경과 모든 철학자들의 교훈을 모두 외운다고 해도 하나님의 사랑을 가지지 못한다면 그 모든 지식들이 무슨 유익이 있겠습니까? (고전 : 13장 2절)

하나님을 사랑하고 그를 섬기는 일 이외에는 "모든 것이 헛된 일입니다."(전 : 1장 2절) 우리에게 가장 높은 지혜는 이 세상의 일을 멸시하고 하나님의 나라를 향하여 날마다 가까이 가는 길입니다.

그러므로 세상의 멸망할 부(富)를 빌거나 구하는 것은 헛된 것이며 또한 명예를 찾아 헤매고 높은 학문을 위해 애쓰는 것도 헛된 것입니다. 육체의 욕심에 얽매여 나중에는 무거운 처벌에 고통받지 않으면 안 되는 것을 따르는 것도 헛된 일입니다. 오래 살기만을 원하고 선한 생활에 대해서는 관심조차 없는 것도 헛된 일이며 단지 이 세상의 현재의 삶만을 생각하고 장차 도래(到來)할 미래의 영원한 삶에 대하여는 무관심하고 있음이 또한 헛된 일입니다. 잠간 있다가 없어질 순간의 사랑에 집착하려 하고 영원한 기쁨이 있는 그곳을 향해 발걸음을 재촉하지 못하는 것도 헛된 일입니다.

그러므로 우리는 "눈은 보아도 족함이 없고 귀는 들어도 차지 아니하는도다"(전 : 1장 8절)고 하신 말씀을 항상 마음에 떠올려야 합니다. 보이는 사실을 사랑하려는 우리 마음을 돌이켜서 보이지 않는 곳을 사랑하도록 만들어야 합니다. 이는 마음의 감정을 따르는 사람은 자신의 양심을 더럽히고 하나님의 은총을 받아들이지 않게 되기 때문입니다.

우리 자신의 겸손한 생각

사람들이 지식을 갖기를 원한다는 것은 자연스러운 일이지만(전 :

1장 13절) 하나님을 경외(敬畏)하는 일이 없는 지식이란 무슨 소용이 있겠읍니까? 하나님을 섬기는 겸손한 농부가, 하늘의 별들이 움직이는 과정은 알면서 자기 영혼에는 무지한 교만한 지식인보다 훨씬 더 하나님을 기쁘게 합니다. 자기 자신을 잘 아는 사람은 자기 자신이 무가치하다는 것을 알기 때문에 남의 칭찬을 즐겨하지 않습니다. "내가 세상의 모든 지식을 다 갖고도 사랑이 없다면"(고전 : 13장 2절) 나의 행동에 따라 나를 판단하시는 하나님 앞에서 그 지식이 나에게 얼마나 도움이 되겠읍니까?

무절제한 지식의 욕구로부터 벗어나야 그 곳으로부터 마음이 흩어지고 기만이 있다는 것을 발견하게 됩니다. 배웠다는 사람들은 남으로부터 그렇게 보이기를 원하고 자기의 지식이 남에게 인정받기를 바랍니다. 그러나 우리 영혼에 유익을 주는 지식이란 흔치 않은 것입니다. 사람이 자기의 구원에 필요한 것 외에 어떤 다른 것을 가질 때처럼 현명치 못한 일은 없을 것입니다. 유창한 말들도 영혼을 만족시키지 못합니다. 그러나 선한 생활은 마음에 안정을 주고 청결한 양심은 하나님에 대한 신뢰감을 더욱 키워 줍니다.

우리가 가진 지식이 완전하면 완전할수록 또 그만큼 우리의 삶이 의롭고 성스러워지지 않는다면 우리는 더 가혹한 심판을 받게 될 것입니다. 그러므로 그대가 가지고 있는 기술이나 지식으로 교만하지 말고 오히려 그대에게 주어진 지식을 두려워 하십시오.

그대가 만일 많은 사실을 알고 여러 분야의 넓은 경험을 가졌다 해도 아직도 모르는 사실이 많이 있다는 것을 잊지 마십시오. 그리하여 그대는 "높은 마음을 품어"(롬 : 13장 16절) 그대 자신의 무지(無知)를 고백할 수 있는 사람이 되십시오. 어째서 그대는 그대 자신이 다른 사람들보다 우월하다고 믿습니까? 하나님의 율법에서 본다면 그대보다 더 배우고 더 지혜로운 사람들이 많이 있지 않습니까? 만일 그대가 더 배우기를 원하고 그 배움에서 유익을 얻기를 바란다면 아무 것도 알고 있는 것이 알려지지 않고 아무 것도 평가받지 않는 것이 더 낫지 않겠읍니까?

이 세상에서 가장 깊고 가장 유익한 교훈은 자기를 알아 겸손해지는 것입니다. 우리 자신을 과대하게 평가하지 않고 항상 다른 사람들을 더 높게 대접하는 일은 가장 좋은 지혜며 또 높은 완전함으로 나아가는 것입니다.

그대가 다른 사람이 행하는 악을 공공연하게 보았다거나 그 악을 악한 일을 위해서 가지고 있다 해도 그대는 그대 자신을 그들보다 낮다고 평가해서는 안됩니다. 이는 우리가 얼마 동안이나 그 사람보다 선한 위치를 견지하고 있는지 아무도 모르기 때문입니다. 우리들은 모두 허약한 사람들입니다. 그러나 우리는 우리보다 더 허약한 다른 사람이 없다고 생각함이 좋을 것입니다.

진리의 교훈

"주님의 법으로 교훈받는 자가 복이 있도다"(시편 : 94편 12절)라는 말씀은 지나가는 말로서나 계산적인 것이 아니라, 진리 그 자체(自體)입니다. 우리 자신의 생각이나 감각은 종종 우리를 그릇되게 하며 무엇을 찾아낸다는 것은 매우 적습니다.

아주 깊게 숨겨진 알 수 없는 사실에 대한 긴 변론이 우리가 장차 받게 될 심판에 대한 지식이 아니라면 그 변론이 무슨 유익이 있겠읍니까? "눈이 있어도 보지 못하느니라"(시편 :115편 5절, 막 : 8장 18절)고 하신 말씀같이 유익하고 생명적인 사실은 등한히 하고, 호기심을 느끼게는 하나 우리를 해롭게 하는 것에 우리의 마음을 빼앗긴다면 얼마나 어리석은 일입니까? 우리에게 일반적인 것과 특수한 것이 무엇이겠읍니까? 영생의 말씀 자체이신 그리스도의 말씀은 우리를 세속적인 많은 의견의 구속으로부터 해방시켜 줍니다. 이는 만물이 그 말씀으로부터 지음을 받았고 또 만물은 그 말씀을 말해 줍니다. 그리고 이 분이 창조주이시며 또 우리에게 말씀하십니다. 그분 없이 사람들은 옳은 판단이나 이해를 가질 수 없읍니다. 그에게는 만물이 하나요, 그분은 만물을 하나로 돌아가게 하시며 하나 속에 만물을 보는 그분은 마음 속에 흔들림이 없고 하나님 안에서 화평(和平)을 가지게 됩니다.

오, 진리이신 하나님이시여, 영원한 사랑 속에 당신과 하나로 나를 묶어 주옵소서, 나는 종종 내가 읽고 듣는 많은 사실에 대해 지치곤 합니다. 당신 안에는 내가 바라고 갈망하는 모든 것이 있사옵니다. 모든 스승들로 하여금 잠잠케 하옵시고 또 만물로 하여금 당신 앞에서 잠잠케 하옵시고 당신만이 홀로 저에게 말씀하여 주옵소서. 사람의 마음 속이 단순하면 단순할수록 또 당신과 하나가 되면 될수록 노력없이 이해되는 일들이 보다 많게 됩니다. 이는 우리가 하늘에서 이해의 빛을 받기 때문입니다.(눅 : 10장 21절) 청결하고 신실(信實)하고 착실한 영혼은 그가 수많은 일들 가운데 놓이더라도 미혹함에 빠지지는 않습니다. 이는 그가 하나님의 영광을 위해 모든 일을 하고 자신만을 위해 무엇을 한다는 애씀을 갖지 않기 때문입니다. 그대들 자신의 마음의 무절제한 감정 이상 우리를 해치고 방해하는 것이 무엇이 있겠읍니까? 선하고 신실한 사람은 세상 앞에 그가 해야 할 일을 질서있게 할 수 있는 여유를 갖고 있읍니다. 그리고 그런 일들이 그로 하여금 죄를 짓도록 내맡기지 아니하고 오직 건전한 판단을 잃지 않고 그대로 하게 합니다. 자기 자신을 극복하려는 노력보다 더 힘들고 큰 노력이 어디 있겠읍니까? 우리의 끊임없는 노력은 자기 자신을 극복하는데 있어야 하고 선을 위한 진보된 생활을 만들기 위해 날마다 자기 자신은 보다 더 강하게 단련되어야 할 것입니다.

이 세상의 삶 속의 모든 완전한 것은 그 속에 불완전함을 동시에 갖고 있으며 우리가 갖고 있는 지식도 그 속에 불확실한 것을 함께 갖고 있는 것입니다. 자신에 대해 겸손할 줄 아는 지식이 학문을 깊이 연구하는 것보다 더 확실하게 하나님께 나가는 길로 인도합니다. 그렇다고 배우는 일 자체가 멸시되거나 아무리 작은 지식도 무시해서는 안됩니다. 지식은 선한 것이며 또 이것은 하나님이 허락하신 것이기 때문입니다. 그러나 선한 양심과 거룩한 삶을 항상 다른 것보다 더 가지려고 해야 합니다. 그러나 많은 사람들은 선한 생활을 가지려고 하는 것보다 많이 배우는 것을 원하기 때문에 저들은 가끔 방황하게 되며 얻는 수확도 적고 또 아무런 결실도 가지지 못합니다.

아! 사람들이 그 힘을 다해서 악한 일을 없애는데 노력하며 저들이 학문에 대한 열을 가지고 변론하는 것만큼 덕행을 심으려고 한다면 그들에게는 악이나 실수함이 많지 않을 텐데요.

진실로 심판의 날에 네가 세상에서 무엇을 읽었느냐에 대해서 시험당하지 않고 우리가 무엇을 했느냐에 대해서 시험받을 것입니다. (마 : 25장) 얼마나 유려하게 말을 잘 했느냐보다는 얼마나 성실하게 생활을 했느냐 하는 것이 문제인 것입니다.

살아 있을 때 널리 알려졌던 학자, 박사들도 죽은 뒤까지 그 이름이 많은 사람들의 마음에 남아 있는 사람이 얼마나 있읍니까? 아! 얼마나 이 세상의 영화가 빨리 지나가 버립니까?(전 : 2장 11절) 그들의 학문이 높임을 받듯이 그들의 선한 생활이 칭찬을 받을 만한 것이었다면 그들의 연구와 독서는 선한 목적을 가진 것이 되

었을 것입니다. 그러나 하나님을 공경하는 일에는 등한히 하다가
이 세상의 헛된 지식과 함께 사라져 버리는 사람들이 얼마나 많습
니까?(딛 : 1장 2절) 이는 그들이 남들보다 겸손하려 하는 것보다
위대한 사람이 되고자 함을 더 원했기 때문에 자신의 허망함 속에
함께 망합니다.(롬 : 1장 21절)

하나님의 사랑 속에 위대한 사람이 진실로 위대한 사람입니다.
이 세상의 가장 큰 명예도 아무 쓸데없는 것처럼 경시해 버릴 수
있는 사람이 참으로 위대한 것입니다.(마 : 23장 2절) "그리스도를 얻
기 위하여 이 세상의 모든 것을 쓰레기와 같이 생각하는 사람이
진실로 현명한 사람입니다."(빌 : 3장 8절) 그리고 하나님의 뜻을 따
르기 위하여 자기의 뜻을 내세우지 않는 사람이 진실로 가장 많이
배운 사람입니다.

행동 앞의 선견(先見)

우리는 모든 말이나 의견을 믿을 수 없고 하나님의 뜻에 합당한가
아닌가를 조심성 있게 또 부단하게 생각하지 않으면 안됩니다. 그
러나 아! 우리는 종종 다른 사람의 선행보다 악행에 대하여 말하
기를 좋아하는 약점이 있읍니다. 그러나 선한 사람은 자기에게 하는
모든 말을 완전히 믿지 않습니다. 이는 사람의 본성이 악을 따르기
쉽고(창 : 8장 21절) 거짓으로 쏠리기 때문입니다.

행동에 있어 덤비지 않고(계 : 19장 2절) 자기 자신의 생각만이 절
대라고 주장하지 않는 것이 가장 현명한 지혜입니다. 우리가 듣거나
믿는 사실을 모두 믿지 않는 것도, 그리고 들은 사실을 다른 사람의
귀에 집어넣지 않는 것도 또한 현명한 지혜에 속합니다. 지혜로운

사람이나 양심적인 사람과 의논하고 그대 자신의 의견을 고집하고
그것을 따르게 하는 것보다는 그대보다 나은 사람의 의견을 따르고
그의 지시를 받는 것이 보다 현명한 사람입니다.(계 : 12장 15절)

선한 생활은 사람을 하나님과 일치하게 하며(계 : 15장 33절) 그에게
많은 경험을 가지게 합니다.(전 : 1장 16절) 하나님에게 보다 겸손하
고 순종하면 할수록 우리는 더욱 지혜로운 사람이 되며, 그가 하는
일의 모든 것에 하나님의 화평이 더욱 가득하게 될 것입니다.

성경 읽기

진리는 성경 속에서 찾아야지 웅변이 아닙니다. 성경은 그것이
본래 기록되었던 그 정신을 이해하도록 읽어야 합니다.(롬 : 15장 4
절) 우리는 성경 속에서 연설의 교묘성을 구하기보다는 영혼의 유익
을 찾아야 합니다.

우리는 이 책이 높고도 심오한 것을 가진 책이며, 단순하고도 경
건한 책으로 읽어야 합니다. 그 내용의 저자가 누구인가에 대하여는
신경쓰지 말고 성경에서 크고 작은 진리를 배우는 데에 관심을 둘
것이며, 순수한 진리를 사랑하는 마음만을 가지고 성경을 읽어야
합니다.(고전 : 2장 4절) 〈누가 이것과 저것을 말했느냐〉를 찾지 말고
〈무엇을 말하고 있느냐〉에 신경을 써야 합니다. 사람은 지나가고
없어지지만 "주님의 진리는 영원토록 있읍니다."(시 : 117편 2절) 하나
님께서는 사람의 외모에 대해서는 관심을 가지시지 않고 여러 가지
방법으로 우리에게 말씀해 주시는 것입니다.(롬 : 2장 11절, 10장 12절)

우리 자신의 호기심은 종종 성경을 읽을 때 간단히 보고 지내야
하는 것도 지나치게 집착하여 논란을 일삼게 하고 있읍니다. 그대가

성경을 유익하게 읽으려면 겸손과 단순함과 신심을 가지고 읽되 지식에 관한 것으로 논란을 일으키지 마십시오. 그러나 기자들이 그것을 쓸 때 무슨 뜻으로 썼는지 조용하게 귀를 기울이십시오. 당신을 이롭게 하지 않는 말씀은 없습니다. 그들이 쓸 때 원인없이 씌어진 것은 하나도 없습니다.(전 : 12장 9절)

욕망의 제어

사람이 어떤 일을 절제없이 원할 때는 그 결과로 자신 속에 불안이 따르게 됩니다. 교만하고 탐욕적인 사람은 결코 평온하지 못합니다. 그러나 "오직 온유한 자는 땅을 차지하며 풍부한 화평으로 즐길 수 있습니다."(시 : 37편 11절)

자기 자신을 완전히 죽이지 않은 사람은 쉽게 유혹을 받으며 사소한 일에도 이겨내지 못합니다. 정신이 약한 사람, 즉 자기의 감각과 육체의 정욕에 굴복하기 잘하는 사람은 이 세상의 욕망으로부터 벗어나기 힘듭니다. 그러므로 그는 그렇게 굴복될 때마다 종종 슬픔을 갖게 되며 그를 반대하는 사람들에게는 화를 잘 내게 됩니다. 그리고 그가 원하는 바를 성취했다면 양심의 가책으로 괴로워합니다. 이는 정욕을 따라 행했기에 그가 구하고자 하는 평화에는 아무런 도움이 되지 못하기 때문입니다.

마음의 참된 평화는 정욕에 지배당할 때가 아니라 정욕을 지배할 때에만 있게 됩니다. 세상과 교통을 하고 있거나 세속적인 사람의 마음 속에는 진정한 화평은 없습니다. 그러나 신령한 사람과 신령한 일에 열중하는 사람에게는 화평이 있습니다.

헛된 소망과 자만

사람이나 피조물에 그의 소망을 두는 사람은 헛된 사람입니다. (예: 17장 5절) 예수 그리스도의 사랑 속에서 다른 사람을 섬기는 사람은 이 세상에서 불쌍한 사람같이 보이나 수치로 생각하지 마십시오. 그대 자신을 주제넘게 내세우지 말고 하나님 앞에 그대의 소망을 세우십시오. 당신 앞에 놓여 있는 일을 하십시오. 그러면 하나님께서 그대의 선한 뜻을 받아 주실 것입니다.

그대 자신의 지식이나 피조물의 교활함은 신뢰하지 말고(예: 9장 23절) 겸손한 자를 도우시고 교만한 자를 겸손케 하는 하나님의 은총만 신뢰하십시오. (벧전: 5장 5절)

그대가 남보다 부유함을 가졌거나 권력을 가진 친구를 가졌다고 해도 그것들을 자랑하지 마십시오. 다만 모든 것을 주시고 그 자신을 주시는 것을 가장 바라고 계시는 하나님의 영광만을 자랑 하십시오.

그대의 외형적인 미(美)나 신체적인 크기를 자랑하지 마십시오. 이것들은 조그마한 병(病)으로도 파괴되고 상해지는 것입니다.

그대는 하나님을 노엽게 하지 않도록 그대의 재능이나 능력을 너무 자랑하지 마십시오. 그대가 가진 모든 자연적 축복은 하나님으로부터 나오지 않은 것이 하나도 없읍니다.

하나님 앞에서 다른 사람보다 그대가 더 낫다고 평가하지 마십시오.(출: 3장 11절) 하나님 한 분만은 그대 자신의 속마음까지도 다 아십니다. 당신이 행한 선한 일에 대해서도 자랑하지 마십시오. 하나님의 판단은 인간의 판단과 다르기 때문입니다. 그리고 사람을 기쁘게 하는 일이 종종 하나님을 거슬리기도 하기 때문입니다. 그대 속에 만일 선한 무엇이 있다면 다른 사람은 그대보다 더 많이 가지고 있다고 믿으십시오. 그리고 그대는 항상 겸손만을 지녀야 합니다. 다른 사람을 그대보다 높이는 것이 해로운 일이 아니라 그대보다 다른 사람을 낮출 때 그대는 다치게 됩니다. 영원한 평화는 겸손 속에 있지만 교만한 마음 속엔 항상 자만과 질투가 가득 차 있을 뿐입니다.

친교를 피함

모든 사람에게 그대의 마음을 열어 보일 필요는 없습니다.(전 : 7장 22절) 그러나 지혜로운 사람이나 하나님을 두려워하는 사람과 더불어 의논하십시오. 젊은 사람과 낯이 선 사람과 사귐을 삼가하십시오.(계 : 5장 10절) 부(富)한 사람에게 아첨하지 말고 고귀한 사람과 사귀는 일도 피하십시오.

겸손하고 단순하며 경건하고 덕망이 있는 사람과 사귀십시오. 당신을 유익하게 할 목적으로 그들과 노력하십시오.

사람과의 친함을 피하고 하나님 한 분과 그의 천사들과 친해지기를 바라십시오. 우리는 모든 것을 사랑해야 합니다.

그러나 그들과의 과도한 친밀을 피하십시오. 우리가 한 번도 보지 못한 사람을 높이 칭찬하다가도 그 사람을 만난 후에는 칭찬을 계속할 수 없는 경우를 종종 봅니다. 우리는 때때로 우리의 불미한 행동이 실제로 다른 사람들을 격노케 하면서도 우리의 교제가 기쁨이 된다고 생각합니다.

순종과 복종

자기가 자신의 주인이 되지 않고 보다 나은 사람 아래 살며 순종한다는 것은 참으로 위대한 일입니다. 다스리는 것보다 복종하는 일이 안전합니다.

많은 사람들은 사랑을 위해서보다 필요를 위해서 복종합니다. 그러나 이런 사람들은 불만을 표시하고, 그리고 쉽게 불평을 말합니다. 하나님의 사랑 속에 그들의 전 마음을 스스로 복종시키기 전에는 그들은 결코 마음의 자유를 얻지 못합니다. 그대가 원하면 여기저기를 갈 수는 있지만 마음의 평안을 찾을 수는 없습니다. 그러나 보다 높은 분의 지배 아래 겸손히 순종하면 마음의 평안을 얻을 수 있습니다. 지금 있는 곳보다 항상 다른 곳을 더 좋아하고 항상 잘 변하기를 좋아하는 사람들은 안정을 가질 수 없습니다.

진실로 모든 사람들은 자기 자신의 마음이 원하는대로 행동하기를 좋아하고 또 그가 하고 있는 일을 잘한다고 칭찬하는 사람을 좋아합니다. 그러나 만약에 하나님이 우리와 함께 하신다면 평화의 축복을 얻기 위하여 우리 자신의 마음을 양보하지 않을 수 없을 것입니다.

모든 사실을 다 아시고 또 그 만큼 지혜로운 분이 어디에 있겠읍니까? 그러므로 내 자신의 마음의 고집을 버리고 다른 사람들의 마음을 들을 수 있도록 해야 합니다.

당신의 생각이 설령 좋은 것이라고 해도 하나님을 위한 생각으로 버릴 줄도 알고 또 다른 사람의 의견도 따를 줄 알아야 합니다. 그렇게 하면 당신은 큰 유익을 얻게 될 것입니다. 나는 종종 내가 듣는 것이 좋다는 것을 들어 왔읍니다.

똑같은 두 개의 의견이 좋을 때도 있을 것입니다. 그 때에 어떤 이유나 특별한 사정을 들어 다른 사람의 의견을 거절한다는 것은 우리 속에 아직도 교만과 고집이 자리잡고 있다는 증거가 되는 것입니다.

수다를 피하라

할 수 있는 대로 많은 사람과의 집회를 피하십시오.(마 : 14장 23절) 세상사를 놓고 토론한다는 것은 커다란 장애가 되기도 하며 비록 그런 집회가 신실한 뜻으로 된 것이라 해도 우리는 타락하기 쉽고 허영의 노예가 되기 쉽습니다. 때때로 나는 그런 집회에 있지 않고 나의 평온에 있었으면 하고 바랍니다.

왜 우리는 모든 사람과 잡담을 즐기기를 좋아하며 내 양심에 아무런 해도 주지 않는 침묵으로 돌아오기를 즐겨하지 않는지요? (롬 : 2장 1절) 우리가 이야기하기를 즐기는 이유는 그 속에서 어떤 낙이 있는 것같이 생각하며 여러 가지 조심된 일로 피곤해진 우리의 마음을 소생케 하는 것같이 착각하기 때문입니다. 그리고 우리는 우리가 가장 즐기고 좋아하는 일을 생각하고 말하기를 즐기며 우리가 좋아하지 않는 일에 대해서도 말하고 생각하기를 좋아합니다. 그러나 아! 부질없고 헛된 일들이여, 이는 외적인 즐거움이 내적인 거룩한 즐거움에 방해를 주기 때문입니다.

그러므로 우리는 우리의 시간을 헛되이 보내지 않도록 "깨어 있어 기도해야 합니다."(마 : 21장 41절) 바르고 적절하게 말하는 길은 덕을 세우는 말들만 하는 것입니다. 사악한 관습과 자신의 선한 일을 게

울리하는 것은 종종 우리의 혀를 주의깊게 다스리지 못하기 때문에 나타나기도 합니다.(시 : 141편 3절)

그러나 신령한 일에 대하여 담화하는 것은 우리 심령의 생활을 발전시키며 특히 하나님 속에 함께 있는 정신과 마음을 가진 사람들과 담화하는 일은 영적인 큰 번영을 가져옵니다.

평화를 얻음과 영적인 진보를 얻는 길

다른 사람의 말과 행동에 우리 자신을 분주하게 시키지 않는다면 우리는 많은 평화를 가질 수 있읍니다. 왜 우리가 다른 사람 일로 분주해야 하며 다른 사람의 일을 간섭하면서 내 스스로 어떻게 오랜 평화를 가지기를 원하겠읍니까? 자기 생활의 반성을 조금도 하지 않는 사람은 마음에 평화를 가질 수 없는 법입니다.

진실로 마음이 가난한 자는 복이 있으며 그들만이 평화를 풍성히 즐길 수 있읍니다.

어째서 그 성도들은 그렇게 완전하고 명상적이었을까요? 이는 그들이 이 지상의 모든 욕망을 억제하기 위하여 끊임없이 노력했고, 그들의 전 마음을 하나님께 바쳤기 때문이었읍니다.

우리는 너무나 지나치게 정욕에 사로잡혀 있고, 있다가도 없어지고 말 이 세상의 일에 너무나도 관심을 갖고 있는 자들입니다. 우리는 우리가 가진 작은 결함도 완전히 고치지 못하며 날마다의 생활에서 찾아야 할 진보에 대해서 너무도 열심이 적은 자들입니다. 그러므로 우리의 영은 냉랭하고 미지근할 뿐입니다.

우리가 우리 자신이 완전히 죽고 우리의 내적 투쟁을 완전히 없앤 사람이라면 영적 생활이 향기롭고 하늘 나라의 명상을 경험할 수 있는 사람이 될 것입니다.

우리의 영적 생활에 가장 크고 진실한 성장은 우리의 자신 속에 정욕과 욕심을 벗어나는 길이며, 또한 옛 성인들의 완전한 길로 들어가기 위한 노력에서만 가능한 것입니다. 그렇지 못하기 때문에 우리는 인생행로에 있어서 조그만한 어려움을 당해도 곧 쉽게 실망하거나 인간적인 위로를 찾아 마음을 돌리게 되는 것입니다.

우리가 내적 싸움에서 마치 전장에 서 있는 병사와 같이 용감히 대적할 수 있다면 분명히 우리는 하늘로부터 오는 하나님의 도움을 받을 수 있는 것입니다. 이는 싸움에 있어서 자신을 내어 주시기 때문입니다. 또한 결국은 그분이 우리를 승리로 이끄시기도 합니다. 다만 우리는 그 은혜를 의지하여 선한 싸움만 하면 되는 것입니다.

만일 우리가 외적인 종교적인 행사에만 의지하고 있다면 우리의 신실함은 곧 끝이 나고 말 것입니다. 그러므로 우리는 도끼를 나무 뿌리에 놓아서(마 : 3장 10절) 우리의 정욕을 뿌리 뽑은 후 평화 속에 우리의 영혼을 소유케 해야 합니다.

해마다 우리의 결점을 한 가지씩 고칠 수 있다면 우리는 곧 완전한 사람이 될 수 있을 것입니다. 그러나 때때로 우리는 종교생활에 처음 문을 두드렸을 때 가졌던 순결과 선함까지도 해가 갈수록 잃어버리고 여러 해 후에는 우리의 정욕만이 남게 되니 이 어찌 탄식하지 않을 수 있겠읍니까?

우리의 열심과 유익은 날마다 성장해야 합니다. 첫 열심이 지금 조금만 남아 있다 해도 그것은 위대한 일입니다.

우리가 처음에 가진 바대로 조금만 열심이 있다면, 그러므로 지금이라도 자신을 쳐 복종시킬 수 있다면, 우리는 곧 쉽고 즐겁게 모든 일을 수행할 수 있을 것입니다. 우리의 옛 버릇은 버리기가 쉽지 않고 더욱이 자신의 위치를 극복한다는 것은 더 어렵습니다.

그러나 그대가 만일 작고 쉬운 일을 성취할 수 없다면 어떻게 보다 더 어려운 일을 성취하기를 바라겠읍니까? 조금씩 조금씩 그대를 커다란 어려움으로 몰아넣지 않도록 하기 위하여 먼저 사악한 버릇을 없애고 자신 속의 나쁜 성격을 굴복시키십시오.

아! 만일 그대가 가질 평화의 참 가치를 그대가 알고 또 그대의 친구들에게 그대의 선한 노력이 줄 큰 기쁨을 알았더라면 그대는 자기 영혼의 성장에 관하여 큰 관심을 가졌으련만…….

역경의 이용

때때로 어려움과 곤경을 당한다는 일은 좋은 일입니다. 왜냐하면 그것은 종종 자기의 마음 속을 돌아보게 해 주기 때문입니다. 그는 역경에 사로잡힌 몸이기 때문에 이 세상의 어떤 일도 믿지 않게 되는 것입니다.

때때로 반대를 당하거나 우리를 좋지 않게 생각하는 사람을 만나는 것도 좋은 일입니다. 이런 일들은 우리를 선하게 만드는 일이기도 합니다. 이러한 일들은 가끔 우리에게 겸손하는 법과 허영심을 없애는 길을 가르쳐 주기도 합니다. 우리가 외적으로 사람들에 의하여 멸시받고 우리를 선하게 믿지 않을 때 우리 속마음의 증인이신 하나님 한 분만을 향하여 더욱 줄기차게 나갈 수 있기 때문입니다.

그러므로 우리는 어떤 상황하에서나 완전한 믿음을 하나님께 드려서 사람에게서 오는 많은 위로를 구하지 않도록 함이 필요합니다.

한 선한 의지의 사람이 고난과 시험을 받고 사악한 생각으로 고통을 받을 때 그는 더 하나님의 필요성을 느끼고 하나님이 없이는 아무 일도 할 수 없다는 것을 알게 됩니다.

그래서 그는 자기의 운명을 슬퍼하고 탄식하는 중에 그의 불행을
위한 기도를 하게 됩니다. 그는 더욱 더 인생의 괴로움을 느끼고
죽음이 올 때까지 그리스도와 함께 있기를 원하는 마음을 갖게 됩
니다. 이런한 경험을 가질 때마다 이 세상에는 완전한 안녕(安寧)
이나 완전한 평화가 존재할 수 없다는 것을 깨닫게 되는 것입니다.

유혹의 극복

이 세상에서 우리가 사는 동안 시험과 유혹 없이는 살 수 없읍니
다. 따라서 욥기에 쓰여진대로 지상에 사는 인생은 시험을 받게 되
는 것입니다. 그러므로 모든 사람들은 자기 자신의 시험을 벗어날
수 있도록 경계해야 하며 사탄이 우리를 속이지 못하도록 항상 기도
속에서 주시해야 합니다. 사탄은 결코 잠자지 아니하고 "삼킬 자를
찾는 사자"처럼 두루 다닙니다.(벧전 : 5장 8절) 사람은 완전하거나
성스럽지 못하기 때문에 사람은 때때로 시험에 들게 됩니다. 그러
므로 시험문제에 자신있다고 장담할 수는 없읍니다.

그럼에도 불구하고 시험은 때때로 사람을 유익하게 하기도 합니
다. 시험에는 고통과 괴로움이 있기는 하지만 사람들은 그것에 의
해서 겸손해지고 깨끗해지고, 그리고 또 배움이 있읍니다.

모든 성도들은 많은 유혹과 시험을 통과한 사람들이며 그 유혹과
시험들 속에서 그들은 많은 유익을 얻은 사람들입니다. 시험에서
견디지 못하는 사람은 버림을 받아 쓰러지고 맙니다.

시험과 유혹이 전혀 없을 만큼 그렇게 거룩한 질서도 없거니와
그렇게 비밀스런 장소도 없읍니다. 우리가 이 땅 위에 살고 있는
한에는 시험으로부터 안전한 사람은 한 사람도 없읍니다. 이는 우리

자신 속에 그 시험의 뿌리가 있기 때문이며 우리는 악성을 띠고 이 세상에 태어난 사람들이기 때문입니다.(약:1장 13, 14절) 하나의 시험이나 유혹이 끝나면 또 다른 시험과 유혹이 닥쳐옵니다. 우리는 항상 고통과 싸우지 않으면 안됩니다. 이는 우리가 우리의 제일 처음의 행복의 축복을 잃었기 때문입니다.(창:3장)

많은 사람들이 시험에서 벗어나려 하나 더 사납게 그 속으로 빠지고 맙니다. 시험을 피해서 이길 수는 없습니다. 다만 인내와 진실된 겸손으로 우리의 적보다 더 강해지는 길밖에 없습니다.

다만 외부적인 악만을 피하려 하고 그들을 뿌리 뽑지 못하는 사람이 얻는 유익은 거의 없습니다. 그렇습니다. 시험은 그에게 보다 빨리 돌아오게 되고 그 때마다 우리는 전보다 더 악화된 상태에 있는 자신을 발견하게 됩니다.

조금씩 조금씩 꾸준한 고통과 싸우는 인내로서 (하나님의 도움을 통하여) 유혹을 이길 수 있지만 우리의 힘과 우리의 노력만으로는 이길 수 없습니다. 때때로 시험을 받을 때마다 충고를 받을 것이요, 시험받고 있는 그 사람을 거칠게 대해서는 안됩니다. 그대가 그대 자신을 생각하는 만큼 그에게 위안을 주어야 합니다.

모든 악한 시험의 시작은 마음의 불안정과 하나님을 향한 마음의 결핍에서 오는 것입니다. 마치 키가 없는 배가 파도가 치는대로 떠내려감과 같이 인생 행로를 똑똑히 알지 못하는 사람은 여러 가지 형태로 시험을 받게 되는 것입니다.(약:1장 6절, 3장 4절~5절)

열이 철을 단련시킴과 같이 시험은 사람을 단련시킵니다. 우리는 종종 우리가 무엇을 해야 할지 모르는 때가 있지만 시험이 우리가 무엇인지를 보여 줍니다. 우리는 유혹에 들어 있을 때 특히 주의를 가져야 합니다. 적이 마음의 문을 넘어 들어오려 할 때 어떤 지혜도 허락하지 않는다면 더 쉽게 적을 정복할 수 있습니다. 그의 첫 번째

노크에서 굴복시킬 수 있읍니다.

그것을 가리켜 어떤 시인은 이렇게 말했읍니다. 〈처음에 항거하라. 너무 늦으면 이기기 힘드니라.〉 처음에는 악한 생각이 마음 속에 스며들고, 다음에는 생생한 영상이 시험하고, 그 다음에는 즐기게 하고 악한 행동을 하게 하고, 다음에는 동의하게 합니다. 그리고서 조금씩 조금씩 우리의 사악한 적은 완전히 침입해 들어옵니다. 이는 그가 시작에서 굴복시키지 못했기 때문입니다. 항거를 게을리하는 게으름을 부릴수록 그는 더욱 약하게 되어 원수에게 짓밟히고 맙니다.

어떤 사람은 기독교인 생활의 첫 시작에서 시험을 당하기도 하고 또 어떤 사람은 끝에서 받기도 합니다. 또 어떤 사람은 그들의 인생행로 전체를 통하여서 많은 시험을 받는 사람도 있읍니다. 또 어떤 사람은 가볍게 시험을 받기도 합니다. 이는 하나님의 약속의 지혜와 공의에 따라서 되기 때문입니다. 그분이 모든 사람의 형편과 공적을 아시고 그 택하신 방법에 따라 처리하시기 때문입니다.

그러므로 우리가 시험을 받을 때 실망하지 말고 모든 필요한 도움을 주시도록 간절히 하나님께 간구할 것뿐입니다. 바울사도의 말씀을 따르면 "사람이 감당할 시험 밖에는 너희에게 당한 것이 없나니 오직 하나님은 미쁘사 너희가 감당치 못할 시험당함은 허락하지 아니하신다"고 말씀하십니다. (고전 : 10장 13절)

그러므로 우리는 어떤 시험에서나 유혹에서나 "전능하신 하나님의 손안에서"(벧전 : 5장 6절) 우리의 자신을 겸손히 하여 하나님의 힘만 구해야 합니다. 하나님은 영적으로 겸손한 자만 구원하시고 그를 높이십니다. 시험과 유혹에서 우리가 얼마나 유익함을 가졌는가를 시험하고 그 시험의 결과로 우리는 보다 더 크게 되고 덕성이 깨끗함을 받게 됩니다. 우리에게 아무러한 시험이 없을 때 우리가 경건하고 열심을 낸다는 것은 그다지 정한 일은 아닙니다. 그러나 역경 속에서 인내를 갖고 열심을 보이면 우리는 그때 커다란 진보의 소망을 보게 됩니다.

어떤 사람들은 커다란 신념을 경계하지만 어떤 사람은 매일매일 하나씩 적은 시험을 정복하여 결국에는 겸손을 배우고 커다란 문제에서 자기를 믿지 아니하고 하나님을 믿으며 자기의 약함을 깨닫는 훈련을 하고 있읍니다.

경솔한 판단을 피하라

남의 행동을 비판하지 말고 그대의 눈을 그대 자신에게 돌리십시오.(마:7장 1절, 롬:5장 1절) 다른 사람을 비판한다는 일은 헛된 일입니다. 우리는 가끔 잘못을 만들고 쉽게 죄도 짓습니다. 그러나 그 때마다 자기 자신을 비판하면 그만큼 자신에게 유익이 됩니다.

우리는 종종 사적인 감정의 영향과 전에 가졌던 선입관으로 사물을 판단하므로 정당한 판단을 하지 못하는 경향이 있읍니다. 만일 하나님만이 순수하고 끊임없는 소망이라면 우리는 우리 자신의 감정이 어긋난다 해도 그것 때문에 쉽게 곤란을 당하지는 않을 것입니다. 그러나 때때로 많은 사람들이 아무런 의식없이 흥미에 따라 행할 때 어떤 내적 충동 또는 외부적인 환경이 거기에 따르게 될 때가 많습니다. 그 일이 그들 마음에 맞고 뜻한대로 잘 되어질 때는 완전히 화평된 마음으로 살아가지만, 만일 그 일이 그들이 원했던 대로 되어지지 않는다면 곧 실망하고 우울하게 됩니다.

이런 서로 다른 의견과 신념은 친구와 이웃사람들과도 종종 일어나는데 또 종교적이고 경건한 사람들 사이에서도 일어납니다.(마:12

장 25절) 오랜 관습은 좀처럼 깨트리기 어렵고(예 : 12장 23절) 자기 자신의 의견을 다른 사람의 의견 때문에 굽힌다는 것을 사람들은 즐거워하지 않습니다. 만일 그대가 예수 그리스도에게 복종하는 것보다 더 자기 자신의 생각이나 능력을 의지한다면 점점 더 당신을 파멸로 인도하게 될 것입니다. 왜냐하면 하나님께서는 완전히 자신을 하나님께 굴복시키는 사람을 원하시며 사랑의 불꽃에 의하여 인간의 이성(理性)을 초월하기를 원하시기 때문입니다.

사랑을 위한 행동

비록 어떤 사람을 사랑하기 위해서라도 악을 행할 수는 없읍니다. (마 : 18장 8절) 그러나 도움을 바라는 사람을 돌보아 줄 때 그것은 선한 일이 되며, 그 일에서 보다 선한 일을 찾을 수 없읍니다. 이와 같은 일에 의해서 선한 일은 잃어지지 않으며 보다 선한 일로 화해집니다. 무슨 일이라 하더라도 사랑이 없다면 완전히 유익을 주지 못합니다.(눅 : 7장 47절, 고전 : 13장 3절) 그러나 무슨 일이나 사랑으로 하게 될 때 비록 그것이 보잘 것 없는 작은 일이라 해도 완전히 열매를 맺는 것입니다. 하나님께서는 사람에게 어떤 일을 성취시키려 하심보다도 사랑을 하는 일이 얼마나 중한가를 가르쳐 주십니다. 그러므로 큰 일을 하는 자는 사랑이 큰 자입니다. 큰 일을 하는 자는 작은 일도 잘합니다. 그런 사람은 자기 자신의 뜻보다도 공중을 섬기는 일을 잘하는 사람입니다.(빌 : 2장 17절)

때때로 사람들은 세상에서 생긴 일 때문에 사랑을 하는 것같이 보이는 경우가 있읍니다. 왜냐하면 자연적인 성벽, 자기 의지, 보수에 대한 소망, 자기 중심의 생각들이 완전히 없어지기는 거의 어렵기 때문입니다.

그러나, 참되고 완전한 사랑을 가진 사람은 아무것도 자신에게서 구하지 않고 단지 하나님의 영광 안에서 모든 일이 이루어지기를 바랍니다.(빌 : 2장 21절, 고전 : 13장 5절)

이는 그가 개인적인 기쁨 없이 사랑하기 때문에 아무것도 부러워하지 않으며 다만 하나님의 기쁨 안에서 행복을 만드는 모든 선한 일을 바라기 때문입니다.(시 : 17편 15절, 24편 6절) 모든 선한 일을 자신에게 돌리지 말고 하나님께로 돌립시다. 만물이 하나님으로부터 나왔고, 그 안에서 성도들의 평안이 있기 때문입니다.

아 ! 누구든지 참 사랑의 한 편만이라도 가지고 있다면 이 지상의 모든 일이 완전히 헛된 일이라는 것을 확실히 알 수 있을진저 !

다른 사람의 실수를 참아라

사람이 자신에게 보이지 않는 결점이나 다른 사람이 고쳐야 할 결점을 고치지 못하고 있다고 해도 하나님께서 어떤 지시를 주시기까지는 참고 견디어야 합니다. 만일 그런 지시가 없다면 하나님께서 그대의 인내를 시험하시는 것이라고 아는 것이 좋은 일입니다. 그대에게 어떤 장애가 오더라도 하나님께서는 당신을 도와 주시고 기쁨으로 그런 어려움을 견뎌 나갈 수 있도록 기도해야 합니다.(마 : 6장 13절)

만일 한 번 두 번 경고할 때 들은 체도 않고 무관심한 사람이라도 다만 하나님께만 맡겨 버리면 하나님께서 주님의 종들로부터 영광을 받으시도록 장차 이루어 주실 것입니다.(마 : 6장 10절) 하나님께서는 선에서 악이 어떻게 형성될 수 있는가를 아시기 때문입니다.

그러므로 참고 견뎌 다른 사람의 실수와 연약함에 동정하는 사람이 되십시오. 사실 그대에게도 다른 사람이 가진 것과 같은 실수와 연약함이 있을 수 있기 때문입니다.(전：5장 15절, 갈：6장 1절) 그대가 만일 그대가 원하는 것과 같은 사람으로 만들 수 없다면 어떻게 다른 사람들을 그대와 똑같이 만들 수 있겠읍니까?

우리는 다른 사람이 완전히 되기를 바라면서도 자기 자신의 결점은 고치려 하지 않습니다. 우리는 다른 사람이 심하게 고쳐 주기를 바라면서도 자기 자신을 고치려 하지 않습니다. 다른 사람들에게 커다란 자유를 주는 것을 좋아하지 않지만 자기 자신은 갖기를 바랍니다. 다른 사람들은 법에 매여 그대로 하기를 원하지만 우리 자신들은 그 법에서 벗어나기를 바랍니다.

그러므로 우리가 우리 이웃을 자신과 똑같이 생각하지 않고 있다는 것은 어디에나 나타나 있읍니다.

만일 모든 사람이 다 완전하다면 우리가 하나님을 위하여 다른 사람 때문에 참고 견뎌야 할 이유가 어디에 있겠읍니까? 그러나 지금 하나님은 그와 같은 일을 하라고 명령하십니다. 서로 서로의 짐을 지라고 가르쳐 주고 계십니다.(갈：6장 2절) 허물이 없는 사람이란 없으며 자기의 허물을 지지 않은 사람이란 없읍니다. 아무도 자기만이 만족하다고 할 사람이 없으며, 아무도 스스로 만족할 지혜를 가진 사람은 없읍니다. 우리는 서로가 참으며, 서로가 위로하며 서로가 도우며, 가르치고 충고해야 합니다.(고전：12장 25절, 딤전：5장 14절)

어려운 곤경 속에서는 각 사람의 가치를 최대한도로 발견할 수 있읍니다. 이런 곤경 속에서도 다른 사람을 동정할 줄 아는 사람은 그의 참된 성격을 보여줄 줄 아는 사람이 되는 것입니다.

수도원 생활

만일 그대가 다른 사람들과 평화롭고 조화롭게 살려면 여러 가지로 그대 자신을 억제하는 것을 배워야 합니다.(갈 : 6장 1절) 종교적인 사회에서나 집회에서 변함없이 조화하며 산다는 것은 적은 문제가 아닙니다. 죽기까지 충실히 자기 일을 한다는 것은 참으로 어려운 일입니다.(눅 : 16장 10절) 그러한 생활을 최후까지 한 사람이야말로 가장 축복받은 사람입니다.

만일 은혜 속에서 자라서 확고해지기를 바란다면 그대 자신이 이 땅에 온 객이요 순례자인 것을 기억하십시오.(벧전 : 2장 2절) 그대가 만일 그리스도인이 되기를 원한다면 그리스도를 위하여 어리석은 자가 되지 않으면 안됩니다.(고전 : 4장 10절) 다만 하나님 한 분과 자기 자신의 영혼의 구원만을 원하는 사람은 고난과 비애만을 경험하게 될 것입니다.(전 : 1장 17~18절) 지극히 적은 자가 되고 또 모든 사람을 섬기려고 노력하지 않는 사람은 결코 그 마음에 평안을 가질 수 없을 것입니다.

그대는 남을 섬기러 온 사람이지, 남을 지배하러 온 사람이 아닙니다.(마 : 20장 26절) 그대는 일하고 견디러 온 것이지, 게으름과 잡담으로 시간을 보내러 오지는 않았읍니다. 그러므로 여기서 금같이 연단을 받으십시오. 하나님의 사랑을 위하여 자기의 전 마음과 자신을 겸손히 바칠 수 없는 사람은 여기에 설 수 없는 것입니다.

교부(教父)들의 본받음

참으로 완전함과 종교적으로 빛나는 거룩한 교부들의 예를 찾아 보십시오.(히 : 11장) 그러면 우리가 오늘날 행하고 있는 일들은 너무나 적고 거의 아무것도 하지 않고 있다는 것을 알게 될 것입니다. 아! 어찌 우리의 삶을 그들과 비교할 수 있으리오!

그리스도의 성도들과 벗들은 굶주림과 목마름, 추움과 헐벗음, 수고와 피곤, 애탐과 금식, 기도와 명상, 수없는 박해와 수욕을(고전 : 11장 26~27절) 당하면서 하나님을 섬겼읍니다.

아! 얼마나 많은 주의 사도들, 순교자들, 신앙고백자들이 그리스도의 발자취를 따르기 위하여 고통을 받아왔읍니까! 그들은 이 세상에서의 그들의 삶을 저주하면서 영원한 삶을 지키기에 온갖 노력을 경주했읍니다.(요 : 12장 25절)

광야에서 교부들이 얼마나 엄격하고 극기적인 생을 보냈읍니까! (마 : 7장 14절) 얼마나 길고 무거운 시험에 그들이 고통을 받았읍니까! 얼마나 많은 사탄의 공격을 받았읍니까! 그럴 때마다 하나님께 얼마나 열렬히 끊임없는 기도를 드렸겠읍니까! 얼마나 많은 열심과 열정으로 그들의 영적인 진보를 가져오게 했읍니까? 얼마나 사나운 전쟁 속에서 자기의 결점을 싸워 이겼겠읍니까? 그들이 하나님을 향하여 지녔던 순수하고 의로운 뜻이 얼마였읍니까!

그들은 낮 동안 온종일 일했고 밤을 세워가며 기도했읍니다. 그리고 일하는 도중이라 하더라도 기도를 끊이지 않았읍니다.

그들은 전 시간을 유익하게 보냈으며 하나님을 섬기는 일에 대해서는 모든 시간이 부족함을 느꼈읍니다. 명상 속에서 거룩한 맛을 느낄 수 있었기 때문에 육신이 필요한 것까지도 잊을 수 있었읍니다.

모든 부(富)와 권위와 명예와 친구와 친척까지도 그들은 부정했읍니다.(마: 19장 29절) 이 세상에 속한 것은 아무것도 바라는 것이 없읍니다. 그들은 삶의 유지에 필요한 것을 약간 취했을 뿐 그들의 육신에 필요한 것조차 갖는 것을 주저했읍니다. 그러므로 그들은 지상생활에서 가난했지만 은혜와 덕에 있어서는 그렇게 부유할 수가 없었읍니다.(고전: 6장 10절) 밖으로는 곤궁했지만 안으로는 은혜와 신성한 위로로서 싱싱하게 채워져 있었읍니다.

이 세상에서 그들은 객(客)과 같은 존재였지만 하나님에게는 가장 가깝고 친밀한 벗이었읍니다.(약: 4장 4절) 그들은 그들 자신에게는 아무것도 아닌 것처럼 보였으나, 그리고, 이 지상의 현실적인 삶 속에서는 헛된 것같이 보였으나 하나님의 목전에서는 가장 귀하고 존경받는 사람들이었읍니다. 그들은 진실한 겸손으로 견고히 서 있었으며, 단순한 복종으로 살았고 사랑과 인내 속에 있었읍니다. 그러므로 그들은 매일매일 성령의 유익을 얻었고, 하나님의 커다란 은사를 받았읍니다.

그들은 모든 사람들에게 산 모범을 주었읍니다. 그리고 그들은 방종에 기울어지기 쉽고 뜨뜻미지근한 우리의 행동을 보다 거룩함에 인도하는 길을 알려 주었읍니다.

아! 그들의 성스러운 회합의 시작에서 얼마나 큰 사도들의 열심이 있었는가! 얼마나 큰 그들의 기도의 공헌이 있었는가! 얼마나 큰 그들의 야심이 덕성 속에서 남을 섬겼는가? 얼마나 엄격한 규율 속에 강력한 힘을 키워왔는가! 얼마나 큰 복종과 존중은 이 세상 모든 것을 사라지게 했는가!

그들의 발 아래 세상과 거기에 속한 것을 짓밟아 용맹하게 싸운 진실로 성인이었다는 표시인 그들의 발자취는 아직도 남아 있읍니다.

이 때에는 규율 하나도 위반하지 않고 인내로써 지켜온 것을 훌륭한 일로 존중했읍니다. 아! 오늘 우리 자신의 세계에서는 이런 일에 얼마나 냉담하고 조심성을 갖지 못하고, 오히려 게으름과 우유부단한 상태는 우리를 피곤하게 만들고, 그것에 의해서 그대는 그 날의 경건의 열을 잃어가고 있지 않는가!

참으로 거룩한 생활을 위한 거룩한 자로서 마땅히 그것을 본따야 할 그대들에게 은혜 안에서 자라남이 그치지 않고 영원하기를!

신앙인의 실천

선한 신앙인의 삶은 모든 덕으로 가득 차 있읍니다.(마 : 5장 48절) 그의 외적 생활이 모든 사람들에게 보임과 같이 내적 생활도 똑같습니다. 그리고 겉으로 나타나는 선보다도 그 안에 감추어진 선이 더 빛이 나는 법입니다. 이는 하나님이 우리 가운데 계시기 때문입니다. (시 : 33편 13절, 히 : 4장 13절) 또 우리는 하나님을 이 세상 모든 것보다 더 높이며 하나님의 빛 안에서 천사처럼 깨끗이 살고 싶기 때문입니다.(시 : 15편 2절)

우리는 매일 우리의 목적을 새롭게 하여 열심을 내고 분발하여 우리가 처음 그리스도인이 될 때 고백했던 것처럼 다음과 같이 말합시다. "오, 주 하나님이시여, 나의 선한 목적과 당신의 거룩한 봉사를 위하여 나를 도우소서. 오늘 하루의 생활이 당신 안에서 완전하게 하시옵소서. 나는 지금까지 아무것도 쓸 만한 것들을 이룬 것이 없기 때문입니다."

우리가 목적한대로 우리의 영적인 성장이 이루어져야 합니다. 많은 유익을 가져오기 위해서는 더 부지런해져야 하겠습니다.

굳은 결심을 가진 사람도 종종 실패를 하는데 그렇지 않은 사람이 어떻게 성취하겠읍니까? 우리가 우리의 목적을 달성하지 못하는 것이 여러 가지 면에서 나타납니다. 우리의 영적인 훈련을 가볍게 생각하여 등한히 하면 우리의 영적 생활에 손해를 끼치게 됩니다. 정의 있는 사람의 목적은 자기 자신의 지혜에 의지하지 않고 하나님의 자비에 의지합니다. 그리고 그들이 하는 모든 일에 있어서 하나님을 전적으로 신뢰합니다. 사람은 마음대로 자기의 길을 계획하나 그 길을 인도하시는 분은 하나님이십니다.(잠:16장 9절) 그리고 사람의 길은 그들 자신에게 있지 아니합니다.

어떤 자비의 행동을 위해서나 나의 형제의 이익을 위해서 마땅히 해야 할 훈련을 포기해 버린다면 후에 다시 할 수도 있읍니다. 그러나 태만과 부주의로 그러한 똑같은 일들을 가볍게 취급했다면 이는 진실로 책망을 받기에 합당하며 우리 영혼에 상처받는 일이 되고 말 것입니다.

우리가 할 수 있는대로 최선을 다해서 합시다. 우리는 아직도 쉽게 실패할 수 있는 많은 일 속에 있읍니다.(전:7장 20절) 그러나 우리는 항상 굳은 결심을 특히 영적인 일에 방해가 될 수 있는 일을 하지 않도록 해야 합니다.

우리는 우리의 내적, 외적 생활의 경건함이 우리의 진보에 중요하기 때문에 내적, 외적 생활을 정돈시키고 그리고 열심히 탐구해야 합니다.

만약 그대가 계속적으로 그대 자신에 대한 기억을 회상할 수 없다면 때때로라도 적어도 하루에 한 번 아침이나 저녁에 그런 일을 해야 합니다. 아침에 당신의 선한 목적으로 결심을 하고 저녁에 하루의 지낸 생활을 반성하며 오늘 내가 한 말과 행동과 생각을 자문해 보아야 합니다.(신 : 4 장) 이렇게 함으로서 그대가 하나님과 그대의 이웃을 때때로 노엽게 했다는 것을 알 수 있는 것입니다.

"사내답게 허리를 묶으십시오."(욥 : 38장 3 절) 그리고 사탄의 악과 대결해야 합니다. 식욕도 절제하십시오. 이는 그대의 육체의 욕망을 조절하는 하나의 효과있는 방법이 될 수 있을 것입니다. 절대로 태만하지 마십시오. 읽고 쓰고 기도하고 명상하며, 그렇지 않으면 일반적인 선한 일을 하도록 하십시오. 그러나 깊이 생각하여 분별있게 하십시오. 그런 일이란 아무에게나 똑같이 권장할 만한 일은 아니니까요.

상식적이 아닌 사역은 공중 앞에서 하지 않도록 하십시오. 극히 개인적인 것은 은밀한 가운데 집에서 이루어져야 합니다. 공동적인 행사에 조심성 없는 사람이 되지 않도록 주의를 기울여야 합니다. 언제나 개인 경건에 더 신경을 써야 하는 법입니다. 그러나 당신이 해야 할 일을 충실히 그리고 완전히 이루었다면 시간을 내어서 당신 자신의 경건을 더 갈구해야 합니다.

모든 사람이 한 가지 방법으로 영적인 훈련을 할 수는 없습니다. 자기에게 적당한 방법을 찾아서 노력해야 합니다. 어떤 사람은 시험기간 중에 그것이 필요하기도 하며, 또 어떤 사람은 화평과 침묵 속에서 그것이 필요하기도 합니다. 어떤 일은 슬픔을 당했을 때 생각하기가 좋고, 또 어떤 일은 주 안에서 한껏 기뻐할 때에 생각하게도 될 것입니다.

고독과 침묵의 사랑

그대 자신에 대하여 반성할 적당한 때를 찾고(전 : 3장 1절) 하나님의 인자하심에 대하여 자주 생각할 기회를 가지십시오. 호기심에 따른 문제들을 찾기 위하여 그대의 머리에 자리잡고 있는 것보다 오직 그대의 마음을 경건으로 이끌고 나가기에 적당한 책들을 읽으십시오.

만약 그대가 헛된 환담이나 목적없는 방문을 피하고 뉴스와 잡담 듣는 일을 피한다고 하면 그대는 선한 일을 명상할 수 있는 충분한 시간을 가질 수 있을 것입니다.

가장 위대한 성도는 그들이 할 수 있는 한, 사람의 사회를 떠나 (히 : 11장 38절) 고독한 가운데서 하나님을 섬기는 일을 더 즐겼읍니다.

어떤 지혜있는 사람이 말했읍니다. 〈내가 사람들 가운데 있을 때마다 나는 보다 작은 인간임을 발견합니다.〉 우리가 종종 많은 시간을 사람과 더불어 이야기하는 중에 이러한 경험을 맛봅니다. 우리가 마땅히 하고 싶은 이야기를 하지 않는 것보다 침묵을 지키기가 더욱 쉽습니다. 밖에서 대중에게 나를 맞추려고 하는 것보다 집에 혼자 가만히 있는 것이 더욱 쉬운 일입니다.

그러므로 내적이며 종교적으로 영적인 생활을 얻고자 하는 사람은 많은 무리로부터 떨어져 예수님과 함께 하지 않으면 안됩니다. 자기 자신을 숨기기를 즐거워하지 않는 한 안전하게 외부에 나타날 수 있는 사람은 없읍니다. 영혼의 평화를 갖기를 즐거워하지 않는 한 안전하게 말할 수 있는 사람은 없읍니다.(전 : 3장 7절) 즐거이 복종하기를 바라지 않는 한 안전하게 규칙을 지킬 수 있는 사람은 없읍니다. 잘 복종하는 길을 배우지 않은 사람은 남을 명령할 수 없읍니다. 선한 양심의 증거를 가지고 있지 않는 한 만족하게 즐거움을 가질 수 있는 사람은 없읍니다. (행 : 23장 1절)

성도들의 안전성은 언제나 하나님에 대한 두려움에 가득 차 있을 때 가능했읍니다. 외적으로 덕이나 은혜가 가득했기 때문에 저들이 보다 더 주의깊고 겸손하지는 않았읍니다. 그러나 악인이 안전하다는 것은 그들의 교만과 횡포에서 나온 것이었으며 자기기만에 지나지 않았읍니다.

인생에 있어서 안전이란 비록 당신이 선한 종교인이요 수도사라 해도 결코 보장할 수 없는 것입니다. 사람들에게서 높이 추앙을 받는 사람들은 때때로 자기 자신의 신뢰에 빠져 버리기 때문에 가장 위험한 속으로 떨어져 버립니다. 그러므로 완전히 시험에서 벗어나지 않았다고 생각하는 것이 많은 사람에게는 유익한 일입니다. 이는 저들이 안전하다고 하여 지나치게 그들의 교만이 높이 뛰지 않기 위해서와, 재빨리 세상 쾌락에 빠지지 않기 위해서 때때로 고난이 필요하기 때문입니다.

아! 사람이 순간적인 헛된 기쁨을 찾아 헤매지 않고 세상일에 침식당하지 않는다면 그는 얼마나 양심적인 사람이겠는가? 아! 사람이 세상만사의 모든 염려를 버리고 다만 하늘의 일과 필요한 일만 생각한다면 얼마나 큰 평화와 만족을 누릴 수 있겠는가?

사람이 만일 거룩한 통회심에 부지런히 자신을 맡기지 않는다면 하늘의 위로를 받을 수 있는 사람은 아무도 없는 것입니다. 그대가 만일 진심에서 진실로 통회하기를 바란다면 그대의 방으로 들어가 문을 닫고 세상에서 문을 닫아야 합니다.

그대의 방에서 그대는 때때로 밖에서 잃은 것이 무엇인가를 찾을

수 있을 것입니다.(마 : 16장 6절) 항상 거하는 그대의 방은 기쁨의
장소가 되나 그 방에 거하기를 싫어하면 곧 그대의 정신은 피로해질
것입니다. 그대가 신앙생활의 처음부터 그 방에 남아 있기를 즐긴
다면 그 방은 그대에게 친한 벗이 되어 항상 위로를 베푸는 장소로
화할 것입니다. 침묵과 정적 속에서 경건한 영혼은 자라고 하나님의
말씀의 숨은 신비를 배울 수 있읍니다. 그 속에서 매일 저녁 자신에
대한 통회로 눈물의 홍수를 가질 수 있읍니다.(시 : 6편 6절) 그러므
로 하나님과 가까이 지내는 거룩한 천사들보다 하나님과 가까워질
수 있는 것입니다. 하나님은 멀리 떠나 있는 자를 더욱 아끼시기
때문입니다.

왜 그대는 가질 필요가 없는 것들을 가지려고 바라십니까? "세
상은 덧없이 흘러가는 것이며 소유욕이나 모든 욕망도 마찬가지입
니다."(요일 : 2장 17절) 우리의 감각적인 욕망은 우리를 밖으로 떠
돌아 다니게 하며, 그렇게 하여 시간이 다 지나가 버리고 말면 상한
양심과 찢긴 마음만을 가지고 집에 돌아올 것입니까? 즐거운 것처
럼 방황하는 사람은 집에 돌아올 때는 슬픔을 가지고 돌아오는 법
입니다. 즐거운 저녁이 지나면 슬픈 아침이 오는 이치와 같은 것입
니다.(잠 : 23장 7절, 32절)

여기서 볼 수 있는 것이 무엇입니까?(전 : 1장 10절) 하늘과 땅
그리고 모든 원소들을 보십시오. 이는 모두 창조받은 존재물들입니
다. 해(太陽) 아래 존재하는 것 중 영원히 존재할 수 있는 것이
무엇이 있읍니까? 그대 자신에게 완전히 만족을 주는 것을 얻으려
하나 그것은 결코 얻을 수 없는 것입니다. 현재 그대 눈 앞에 있는
모든 만물을 똑똑히 볼 수 있으되 그것이 헛된 환상이 아니고 그
무엇이겠읍니까? (전 : 3장 11절)

눈을 들어 (시 : 121편 1절) 가장 높은 곳에 계신 하나님을 우러러

보십시오. 그리고 당신의 죄와 게으름에 대하여 용서를 비는 기도를 드리십시오. 헛된 일들은 헛된 자들에게 맡기십시오. 그리고 하나님께서 그대에게 명령하시는 일에만 주목하십시오. 그대 자신의 문제는 문을 닫고 사랑하시는 예수님을 부르십시오. 그대의 골방에서 주님과 함께 거하십시오. 이는 그렇게 위대한 평화는 아무 데서도 찾을 수가 없기 때문입니다.

그대가 만일 게으른 사람들의 헛된 말들을 들으러 밖으로 나가지 않는다면 참으로 행복한 평화를 가질 수 있을 것입니다. 그러나 그대가 만일 세상의 소식을 듣는 것을 즐긴다고 하면 그 결과로 그대는 계속 불안과 싸우게 될 것입니다.

참회의 마음

만일 그대가 진보하기를 바란다면 하나님의 두려움을 가슴 깊이 간직하십시오.(잠 : 19장 23절) 그리고 자유를 함부로 찾지 말고 모든 감각을 제어하여 쓸데없는 일에 참견하지 마십시오. 참회의 마음을 가지십시오. 그러면 그대는 경건해짐을 발견할 수 있을 것입니다. 참회하는 마음은 여러 가지로 선한 일들을 알려 줍니다. 그러나 방종은 파멸로 쉽게 우리를 인도합니다.

사람이 현재의 생활에 완전히 기쁨을 느끼는 사람이 있다면 오히려 이상한 일일 것입니다. 자기의 버림받은 상태와 그의 영혼에 대한 많은 패역을 생각한다면 말입니다. 경솔한 마음과 실수를 가볍게 보는 일들은 우리 영혼의 슬픔에 무감각하게 되는 것입니다. 그러나 때때로 우리는 진실로 슬퍼해야 할 때에 공허하게 웃기도 합니다. 선한 양심을 지니고 하나님을 경외하는 것보다 진실한 자유나 올바른 기쁨은 없는 것입니다.

참 행복한 사람은 모든 장애되는 어지러운 생각을 잘 처리하여 회개를 위한 목적만으로 자기를 살피는 사람입니다. 참 행복한 사람은 어떤 흠이나 짐이라도 양심에서 벗길 수 있는 사람입니다.

남자답게 싸우십시오. 그러면 한 가지씩 나쁜 습관을 고칠 수 있읍니다.

그대가 만일 저들의 일에 저들을 홀로 있게 할 수 있다면 그와 같이 저들도 일에 그대를 홀로 있게 할 것입니다. 다른 사람들로 인해 그대가 분주할 필요는 없읍니다. 그 사람들이 그대보다 월등한 사람들이라도 말입니다. 항상 살펴서 그대가 그대의 사랑하는 친구들을 고쳐주듯이 그대 자신을 고쳐 나가면 되는 것입니다.

만일 모든 사람들에게서 인기를 잃었다고 해서 그것을 가지고 슬퍼할 필요는 없읍니다.(갈 : 1 장 10절) 그러나 이것을 명심하십시오. 오히려 하나님의 종으로서 합당한 생활을 가지지 못하는 자신에 슬픔을 가져 경건한 종교인이 되는 것을 게을리 하지 마십시오. 인생에 있어서 특히 육체의 생활에서 사람이 많은 위안을 갖지 않는다는 것이 보다 안전하고 좋은 일이 될 때도 있읍니다.(시 : 76편 5절) 그러나 하나님이 주시는 위안을 전혀 갖지 못하거나 조금밖에 느끼지 못하는 것은 그 허물이 우리에게 있읍니다. 왜냐하면 우리가 헛된 이 세상의 위로만을 찾았다거나 아니면 하나님 앞에 통회함을 구하지 않았기 때문입니다.

하나님의 위안을 받기에는 그대가 너무 가치없는 존재라는 것을 아십시오. 오히려 더 많은 괴로움을 받아야 마땅할 존재라는 것을 아십시오. 사람이 완전히 참회할 때 이 세상이란 그에게 쓰라림을 주고 슬픔이란 것을 알게 합니다.(삿 : 2 장 4 절, 20장 26절, 삼하 : 12장 17절)

선한 사람은 항상 슬퍼하고 눈물흘릴 일을 발견하게 됩니다. 자기 자신을 생각하거나 이웃을 생각할 때 고통없이 이 세상에서 살 수 있는 사람은 아무도 없다는 것을 알고 있기 때문입니다. 그리고 자기 자신을 더욱 더 알아보면 알아볼수록 더더욱 자신이 슬퍼할 수밖에 없다는 것을 압니다.

우리의 죄와 흠은 내적인 고통이요, 슬픔의 원인이 됩니다. 우리는 이러한 죄와 흠에 둘러싸여서 우리로 하여금 하늘나라에 관한 것을 생각조차 하지 못하게 하고 있읍니다.

그대가 만일 오래 사는 것보다 고귀한 죽음에 대해서 더 생각한다면(전 : 7장 1, 2절) 그대는 더 착하게 열심히 살 수 있을 것입니다. 또한 그대가 지옥에 떨어져서 받을 고통을(마 : 25장 41절) 생각한다면 당신은 쉽게 고통과 비애를 찾을 수 있고, 그리고 아무것도 무서워할 것이 없읍니다. 그러나 이런 일들로서 그대의 마음에 들어오는 것이 없다면 아직도 그대는 이런 헛된 것을 사랑하고 아끼는 것이니 그대는 더욱 냉담하고 무관심하십시오.

우리 육체가 쉽게 불평을 토로하는 것은 영적인 결핍이 종종 생기기 때문입니다. 그러므로 전 겸손으로 주님께 기도하십시오. 그리고 옛날 시인이 말한 것처럼 말씀하십시오. "주께서 저희를 눈물 양식으로 먹이시며 다량의 눈물을 마시게 하셨나이다."(시 : 80편 5절)

인간적 고통

그대가 어디에 있든지, 또 어디로 돌아가든지 하나님께로 돌아가지 않는 한 그대는 불행할 것입니다.

그대가 원하는대로 일이 되어지지 않을 때 왜 그대는 걱정합니까? 자기가 원하는대로 모든 일이 잘 되어가는 사람이 누가 있읍니까?(전:6장 2절) 그대도 아니고, 나도 아니고, 이 지상에 있는 그 누구도 아닙니다. 비록 제왕이나 교황이라 해도 조심과 걱정없이 살 사람은 이 지상 위에 아무도 없읍니다. 그렇다면 누가 가장 행복한 사람이겠읍니까? 참으로 행복한 사람은 하나님을 위하여 괴로움을 받을 수 있는 사람입니다.

연약하고 어리석은 많은 사람들이 말합니다. "보십시오. 저 사람은 얼마나 행복스럽습니까!(눅:12장 19절) 얼마나 부유하고 얼마나 강대하며, 얼마나 권력이 있으며, 또 고상한 신분의 소유자입니까?"하고 말입니다. 그러나 하늘나라의 부유함을 보십시오. 그러면 그대가 그렇게 말하고 있는 이 세상의 부(富)가 아무것도 아니라는 것을 알 것입니다. 모두 다 불확실하고 괴로움밖에 없읍니다. 어느 것도 우리들에게 조심과 걱정을 끼치지 않기로 된 것은 아무것도 없읍니다. 사람의 행복이란 소유의 넉넉함에 있는 것이 아니고(잠:9장 1절) 보다 나은 생활을 적당히 가지는 곳에 있읍니다.

진실로 이 지상에서의 삶은 불행한 것입니다.(욥:19장 1절, 전:2장 17절) 영적인 사람이 되려고 하면 할수록 이 지상의 삶이란 그에게 더욱 더 고통스러운 것입니다. 왜냐하면 그가 인간성의 결함과 부패성을 더욱 더 명백히 바라볼 수 있기 때문입니다. 먹고 마시고, 자고 깨고, 일하고 쉬는 등 자연적 욕구에 의하여 산다는 것은 진실로 경건한 자에게는 고통과 불행이 됩니다. 그러므로 그는 모든 죄로부터 벗어나 아무 데도 매이지 않기를 원하는 것입니다. 사람의 내면은 이 세상에서 육체적 소유욕에 의하여 항상 고통을 받습니다. 그러므로 옛 예언자는 이런 욕망을 벗어나기 위하여 다음과 같이 말했읍니다. "오 주여, 나의 근심에서 나를 구원하소서."(시:25편

17절)

  그러나 자기 자신의 고난을 모르는 사람들은 화가 있을 것이며
이 비참하고 부패한 삶을 사랑하는 사람들은 더욱 화가 있을 것입
니다.(롬 : 8장 22절) 이런 인생에 얽매여 그들의 욕망 전체를 극복
하지 못하고서 하나님의 나라에 대해서는 조금도 생각지 않고 다만
이 현실적 삶이 할 수 있는대로 무한히 연장되기를 바라는 사람이
진실로 이 세상에서는 가련한 사람인 것입니다. 오, 이 지상생활에
너무나 깊숙이 가라앉아서 마음 속에 아무것도 관심이나 생각을 가
지지 못하는 사람들을 어찌 신앙을 가진 사람이라 할 수 있을 것인
가 !(롬 : 8장 5절) 그러나 이런 불행한 사람들, 그들은 그들이 사랑
하고 있던 일들이 얼마나 천박하고 또 무가치한 일인가를 알게 되는
날이 결국 오게 될 것입니다.

  하나님의 성도들과 그리스도의 신실한 친구들은 육체적인 쾌락이
나 이 세상의 일들에 대해서는 지극히 적은 관심을 가지고 그들의
전 소망이나 노력은 영원한 선을 향하는 굳건한 것이었읍니다.(벧전
: 1장 4절, 히 : 11장 26절) 그들의 전 소망은 영원한 것과 보이지 않는
것이었으며, 보이는 세상의 일들은 그들을 이 세상의 일들로 끌어낼
수는 없었읍니다.

  나의 형제들이여 ! 영적인 일을 향한 진보를 위해 희망을 잃어
버리지 마십시오. 그대에게는 아직도 시간이 남아 있고 기회가 지
나가지 않았읍니다.(롬 : 13장 11절, 히 : 10장 35절) 왜 그대는 나날이
그대의 선한 목적을 바꿔가고 있읍니까 ? 당장 지금 일어나십시오.
그리고 지금은 일할 때요, 지금은 싸울 때입니다. 그리고 지금이
고칠 때라고 말씀하십시오.

  그대가 병과 고통에서 싸우고 있을 때가 가장 축복을 얻을 때이
기도 합니다. 그대가 새로운 마음을 갖기 위해서는 물과 불을 통과

해야만 합니다. 그대가 그대 자신을 엄하게 다스리지 않는 한 결코 악을 이길 수 없읍니다.

우리가 이러한 연약한 육체를 갖고 있는 한 우리는 죄없이 지낼 수도 없고, 고통과 고난없이 살 수도 없읍니다. 우리는 기꺼이 모든 고난에서 벗어날 수 있지만, 그러나 우리가 우리 순결성을 죄로 인하여 잃어버리기 때문에 우리는 참된 행복도 잃어버립니다.(롬 : 7장 24절, 창 : 3장 17절) 그러므로 우리는 이러한 연약함이 끝날 때까지 (시 : 57편 1절), 그리고 "죽음이 삶에 삼키울 때까지"(고후 : 5장 4절) 하나님의 은총을 기다리는 인내를 가져야 합니다.

아! 항상 죄를 짓고 사는 인간의 연약함이 얼마나 큰가! (창 : 6장 5절) 오늘 그대는 그대의 죄를 회개하고 내일에는 그대가 오늘 회개했던 죄를 다시 집니다. 그러므로 지금 그대는 전혀 이런 일이 일어나지 않도록 그대는 단호한 결심을 갖고 이것을 막아내야 합니다. 그러나 그대는 한 시간이 못가서 그만 결심을 하지 않았던 사람처럼 다시 행동하게 될 것입니다. 그러므로 우리는 연약함과 불안정함을 인정하므로 우리 자신을 겸손히 하고 우리 스스로 결코 무엇이나 할 수 있는 자인 것처럼 자랑하지 맙시다. 뿐만 아니라 우리의 실수와 무관심 때문에 하나님의 은총으로 우리가 애써 얻은 노력의 결과를 쉽게 잃어버리고 맙니다.

우리의 열심을 그렇게 빨리 잃어버린다면 결국 우리에게 어떤 일이 되겠읍니까? 우리의 현재 삶에서 참된 거룩함에 대한 증거는 없음에도 불구하고 마치 평화와 안전을 이미 갖춘 것처럼 생각한다면 우리에게 화가 있을 것입니다.

우리가 처음 믿는 젊은이처럼 선한 생활에 대하여 새롭게 가르침을 받는다는 것은 유익한 일입니다.(히 : 5장 12절) 그렇다면 우리가 고쳐질 수 있는 희망도 있고, 따라서 영적인 큰 진보를 얻을 수 있는 희망도 있읍니다.

죽음에 대한 명상

이 세상에서의 그대의 끝은 아주 빨리 오게 됩니다. (욥 : 9장 25절~
26절, 14장 1절~2절, 눅 : 12장 20절, 히 : 9장 27절) 그리고 나서 오게
될 다른 세상에서 그대가 어떻게 될 것인가를 생각해 보십시오. 오
늘 여기에 존재하고 있던 사람이 내일이면 보이지 않습니다. 그리고
그가 우리의 시야에서 사라지면 우리의 마음 속에서 쉽게 사라져
버리고 맙니다.

아! 그저 현실의 문제에만 급급하고 오게 될 내일의 세계에는
관심조차 없는 인간이란 얼마나 어리석고 답답한 존재입니까! 마치
그대가 오늘 이 세상을 하직한다고 생각하고 행동과 사고를 가져
보십시오. 만일 그대가 선한 양심을 가졌다면 죽음에 대한 공포가
그렇게 큰 것은 아닙니다. (눅 : 12장 37절) 죽음을 벗어나기보다도 죄
를 피하는 것이 더 좋은 일인 것입니다. 오늘을 그대가 만일 준비
하지 않았다면 어떻게 내일을 맞이할 수 있겠읍니까? 내일은 불확
실한 것입니다. 그런데 어떻게 그대가 내일에 해야 할 일을 알
수 있겠읍니까?

우리 자신 속의 조그만 잘못을 우리가 고치지 못한다면 오래 살
아서 무슨 소용이 있겠읍니까? 아! 오래 산다는 것은 항상 우리
자신을 고치기보다는 오히려 우리의 잘못을 더욱 가중시키는 일이
아닙니까? 아! 진실로 우리가 이 세상에서 단 하루라도 잘 보낼
수 있읍니까? 신앙생활 속에서 살아 온 이후 많은 사람들이 얼마나
오래 믿어 왔는가를 계산하기도 합니다만 그들의 생활 속에 변화한

열매란 거의 없는 것입니다. 항상 자기의 눈앞에 자기가 죽을 일을 가지고 있고, 그리고 매일 그것을 준비하는 사람은 축복받은 사람입니다.(잠 : 7장 1절) 하여튼 만일 다른 사람이 죽는 것을 본 일이 없다면 그대도 그와 똑같이 죽어가야 한다는 것을 기억하십시오. (히 : 9장 17절) 아침을 받을 때마다 저녁 때까지는 살 수 없으리라는 것을 생각하십시오. 그리고 저녁 때마다 아침을 맞을 수 없으리라고 믿으십시오. 그러므로 항상 준비하여 죽음이 언제 찾아와도 좋도록 살아가십시오. 많은 사람들이 생각지도 못하는 순간에 죽어갑니다. 그대의 인생의 마지막이 올 때 전 지나간 생애를 생각해 본다면 그대의 생각과는 퍽 차이가 있는 삶을 살았음을 알 것입니다. 그리고 매우 조심성 없이 태만하게 살아왔던 것을 후회하게 될 것입니다.

그가 죽음에 직면하여 원하고 있는 것처럼 전 인생을 살아온 사람이 있다면 얼마나 지혜롭고 행복한 사람이겠읍니까! 참으로 행복한 죽음이란 죽는 순간에 과거의 생애를 회상하고도 후회함이 없는 죽음을 말합니다. 이 세상 일을 완전히 경멸할 수 있고 거룩함으로 자라나도록 강한 의욕을 가지고, 규율적인 생활을 사랑하고, 회개의 생활을 하고, 복종하기를 즐기고, 극기생활과 모든 환난과 시험을 그리스도를 사랑하기 때문에 참는 그 사람의 생활은 행복된 생활이며 또 그렇게 죽는 죽음이 행복된 죽음입니다.

건강이 있을 때 편한 일을 많이 하십시오. 병이 들면 무엇을 하려고 해도 할 수가 없읍니다. 병을 통하여 보다 선한 사람이 되는 일도 간혹 있지만 순례자의 생활을 한다고 해도 성스럽게 되어지는 예는 그리 흔한 것은 아닙니다.

그대의 구원을 먼 후일까지 미뤄서도 안되고 친구나 친척에게 의뢰해서도 안됩니다. 사람은 그대가 알고 있는 것보다도 더 빨리 곧 잊어버리기 때문입니다. 다른 사람의 도움을 받는 것에 소망을 두기보다는 그대 자신이 때때로 준비하고 날마다 그 의의를 생각하는 편이 보다 좋은 일입니다.(사 : 30장 5절, 31장 1절, 렘 : 17장 5절, 48장 7절, 마 : 6장 20절)

지금이 가장 고귀한 것입니다. "보라! 지금이 은혜받을 때요, 지금이 구원받을 때입니다."(고후 : 6장 2절) 그러나 아! 장차 오는 영원한 생명을 얻기 위하여 현재의 시간을 가장 선하게 이용하지 못한다는 것은 참으로 슬픈 일입니다. 실수를 고칠 수 있는 단 하루나 한 시간이라도 더 연장될 수 있다면 그 순간 동안이라도 올바른 생활을 해 보았으면 하고 탄식할 때가 올 것입니다. 아! 사랑하는 사람들이여, 만일 그대들이 죽음에 대한 두려움이나 마음가짐을 가지고 그대들의 최후의 죽음을 생각한다면 얼마나 큰 공포로부터 그대 자신이 자유스럽게 될 것인지 생각해 보아야 합니다.

죽음의 순간에 공포보다도 기쁨을 가질 수 있도록 그렇게 애써서 살아야 합니다. 지금 이 세상에서 죽는 것을 배워야 합니다. 그래야 그 때에 그리스도와 함께 살게 됩니다.(롬 : 6장 8절) 지금 이 세상의 모든 일을 경멸하도록 배우십시오. 그래야 그 때에 그리스도로 가는 길이 자유스러울 것입니다. 지금 고백을 통하여 자신을 길들이십시오.(고전 : 9장 27절) 그러면 구원의 소망을 가질 수 있읍니다.

아! 어리석은 사람들이여, 왜 오래 살기는 바라면서 그대는 안전하게 하루도 살 수 없읍니까? 얼마나 많은 사람들이 스스로 속임을 받았읍니까? 얼마나 그들이 우리 앞에서 돌연히 사라지고 말았읍니까?

그대는 얼마나 그들이 말하는 것을 들었읍니까?

저 사람은 칼에 맞아 죽었다든가, 저 사람은 물에 빠져 죽었다든가, 저 사람은 높은 데서 떨어져서 목이 부러져 죽었다든가, 저 사람은 먹다가 죽었다든가, 저 사람은 놀다가 자기의 최후를 맞이했다든가 하는 등등 말입니다. 어떤 사람은 불에, 어떤 사람은 칼에, 어떤 이는 질병, 어떤 이는 도둑의 손에 죽임을 당했다고 합니다. 이런 죽음은 모두에게 옵니다. 그리고 모든 사람들의 인생은 그림자처럼 갑자기 사라져 버립니다.(욥 : 14장 2절) 그대가 죽을 때 그대를 누가 기억해 주겠읍니까?

사랑하는 이들이여! 죽을 때는 알지 못하면서, 그리고 죽은 후에 어떻게 될지도 모르면서 지금 무엇을 하려고 합니까? 시간이 있을 때 그대 자신의 영생의 부를 쌓아 놓으십시오.(마 : 6장 20절, 갈 : 6장 8절) 다만 그대의 구원만 생각하십시오. 하나님의 일만 근심하십시오. 이 세상에서 순례자며 나그네라는 것을 아십시오.(벧전 : 2장 11절) 그러므로 이 세상의 일은 나와는 아무 상관이 없는 일이라고 생각하십시오. 그대의 마음을 자유롭게 하여 하나님께만 향하도록 하십시오. 이는 그대가 "영원하지 않은 도시"인 이 세상에 살고 있기 때문입니다.(히 : 13장 14절)

죄인의 심판과 처벌

모든 일들에 대해서는 언제나 종말을 생각하십시오. 아무것도 감출 수 없는 공정한 심판을 주(히 : 10장 31절) 앞에 어떻게 설 것인가를 항상 생각하십시오. 그분은 선물이나 변명으로 사랑을 보아 주실 분도 아니며 다만 공의로써 심판하시는 분입니다.

아! 어리석고 죄 많은 인생들이여! 그대들은 화난 사람들 앞에서 떨고 있지 않습니까? 그대의 죄악을 낱낱이 알고 계시는 하나님 앞에 무엇으로 대답을 하려고 합니까?(욥 : 9장 2절) 어째서 그대는

심판날에 대하여 준비하지 않습니까? 그 날에는 아무도 변명해 주
거나 사정봐 줄 사람도 나설 수 없고, 각자가 자기 행한대로 답변
해야 합니다. 지금은 그대의 노력이 쓸모가 있고, 그대의 눈물이
받아들여질 수 있고, 그대의 영혼을 깨끗하게 할 수 있고, 그대의
슬픔이 하나님을 움직일 수 있고, 그대의 고통이 받아들여질 수도
있읍니다.

　인내하는 사람은 크고 전체적인 깨끗함을 가집니다.(약 : 1장 4절)
그는 고난을 받을 때도 그 자신의 잘못을 비통히 생각하기보다 남의
악을 슬퍼합니다. 그는 원수를 기꺼이 기도도 해 주며(눅 : 23장 34절,
행 : 7장 60절) 자기의 마음 속으로부터 적을 용서하기도 합니다. 그
는 다른 사람들에게 용서를 비는 것에 주저하지 않습니다. 그는 진
노하기보다는 동정심을 더 가지며 자기 자신에 대해서는 엄격히 다
룹니다. 그리고 모든 면에서 육체가 영혼에 복종되도록 노력합니다.

　여기에서 악을 잘라 버리고 우리의 죄를 깨끗이 하는 것이 후일에
안녕을 위하여 남겨 두는 것보다 더 좋은 일입니다. 그러나 진실로
우리는 우리의 육체를 사랑하는 것으로 우리 자신을 스스로 속이고
있읍니다.

　무슨 일에 있어서나 사람은 죄를 짓고 또 죄를 지면 엄하게 벌을
받습니다. 게으른 자는 고통의 채찍을 맞을 것이며 탐욕하는 사는
굶주림과 목마름의 고통을 당하게 될 것입니다. 사치하고 쾌락을
좇는 자들은 불타는 역청과 흉악한 유황냄새로 목욕을 하게 될 것
입니다. 그리고 탐하는 자들은 굶주린 들개와 같이 슬픔으로 부르
짖게 될 것입니다. 적당한 응징을 받지 않을 죄란 없는 것입니다.
교만한 자는 난잡으로 채워질 것이요, 탐욕한 자는 비참한 결핍함에
몰아 넣어질 것입니다.

　거기에서 한 시간 받는 고통이 이 지상에서 1세기 동안 받는 고

통보다도 더 참기 어려울 것입니다. 저주를 받은 그들에게는 안식도 위로도 없읍니다. 그럼에도 이 지상에서 우리는 노력을 하려 하지 않고 우리 이웃의 위안을 즐기려고만 합니다. 지금 곧 죄 때문에 근심하고 슬픔을 가지십시오. 그러면 심판의 날에 축복받은 자들과 함께 평안히 거할 수 있을 것입니다.

그리고 담대함을 가진 의인들은 그들을 핍박하고 괴롭히는 사람들 앞에 당당히 설 수 있는 것입니다. 지금까지는 사람의 심판이 자기에게 미칠까 봐 고생을 했지만 그 때에는 심판을 위하여 서게 될 것입니다.

그 때에 가난하고 겸손한 사람들은 큰 확신을 가지겠지만 교만한 사람들은 사방에서 부딪쳐지는 공포 때문에 떨게 될 것입니다. 그리스도를 위하여 이 지상에서 어리석고 멸시받는 자가 된 것이 얼마나 지혜로운 사람이었든가를 알 날이 올 것입니다.(고전：4장 10절) 그리고 모든 고난을 기쁨으로 참고 견딜 때가 "모든 악인의 입이 잠잠해질 때"(시：107편 42절)라는 것을 알게 될 것입니다.

그 때에는 모든 경건한 자는 즐거워하나 그렇지 못한 자는 슬퍼하게 될 것입니다. 또 주님께 그 몸을 복종시켜 온 사람은 그 육체로써 모든 기쁨을 물리친 이상의 기쁨을 맛보게 될 것입니다.(고후：4장 17절) 그러면 가난한 사람은 영광으로 빛날 것이며, 호화스럽던 사람은 슬픔에 울 것입니다. 그 때에 가난한 자의 초막은 금빛 번쩍이는 호화스러운 궁전으로 변하게 될 것입니다. 그러므로 꾸준한 인내가 세상의 어떤 권세보다도 더 낫다는 것을 알아야 합니다.

단순하게 복종하는 사람이 재간부리는 처세가보다 훨씬 나은 것입니다.(사：29장 19절) 선하고 깨끗한 양심을 가진 사람이 학식 많은 철학가보다 더 기쁜 것입니다. 부유함을 경멸하는 마음이 이 세상의 보화보다도 더 값진 것입니다. 그대가 경건하게 기도하는 것이 많은 열락을 누릴 때의 기쁨보다도 더 큰 기쁨을 줄 것입니다. 또 이야기를 수다스럽게 하는 것보다 침묵을 지키는 일이 더 기쁜 일이라는 것을 깨닫게 될 것입니다. 선한 행동은 아름다운 말보다도 더 마음을 알게 될 것입니다. 그리고 엄격하고 고행을 하는 생활이 이 지상의 어떤 기쁨보다도 더 즐거운 일이라는 것을 알게 될 것입니다.

모든 일은 헛된 것입니다.(전：1장 2절) 그러나 하나님을 사랑하고 오로지 하나님을 섬기는 일은 예외입니다. 온 마음을 다하여 하나님을 사랑하는 사람은 죽음도, 벌도, 심판도, 지옥도 모두 두려워하지 않습니다. 완전한 사랑은 하나님과 안전하게 하나가 되는 것이기 때문입니다.(롬：8장 39절) 그리고 아직도 죄 속에서 기뻐하는 자라면 죽음과 심판을 두려워할 것이 마땅하지 않습니까? 그렇지만 하나님의 사랑이 당신을 죄에서 물러서게 하지 못한다면 지옥의 공포도 그대에게서 떠나지 못할 것입니다. 하나님을 두려워하는 마음을 가지지 못한 사람들은 결코 선한 생활을 지속할 수 없고, 사탄의 꾀임에 쉽게 빠지고 말게 될 것입니다.

삶의 열심있는 고침

하나님 앞에 예배하는 것을 주의깊고 부지런히 하십시오.(딤후：4장 5절) 열심히 전진하십시오. 그러면 그 노력의 댓가를 받게 될 것입니다. 그리고 그대의 심령 안에 공포와 슬픔은 없게 될 것입니다. 조금이라도 지금 힘쓰면 영혼의 큰 평화와 영원한 기쁨을 발견할 것입니다.(계：21장 4절, 22장 3절) 만일 그대가 선을 행하는데 신실함과 열심을 계속한다면 하나님께서는 신실함을 주실 것이며 그대

에게 상을 주시기를 바라실 것입니다.(마 : 25장 23절) 그대는 승리자
의 월계관을 받을 때까지 선한 소망을 가져야 합니다.(롬 : 5장 5절)
그러나 또한 게으르거나 교만에 빠지지 않도록 노력해야 합니다.

옛날 어떤 사람이 그의 마음에 공포와 희망을 가지고 그들 사이
에서 요동치고 있었읍니다. 하루는 슬픔을 억세하며 교회 제단 앞에
엎드려 기도에 열중하며 자기 마음 속에 있는 여러 가지를 생각하며
말했읍니다. "아! 나는 고집만 부리고 있었구나." 그때에 하나님의
대답이 그의 마음에 들려왔읍니다. "만일 네가 그런 줄을 알았다면
어떻게 할 것이냐? 네가 하려고 하던대로 지금 하라. 그러면 너는
완전히 구원받으리라." 그는 위로와 강함을 받아가지고 주님께 자
기 자신의 전체를 맡기는 것이라고 생각했읍니다. 그 때부터 그에
게는 모든 염려가 사라지고 말았읍니다. 다시는 그에게 무슨 일이
일어날 것인가에 대한 염려를 버리고 오히려 받을 만하고 완전한
하나님의 뜻이 무엇인가를 찾는 데 힘썼읍니다.(롬 : 12장 2절) 이것
이 모든 선한 일의 시작이요 완수하는 것입니다.

"여호와를 의뢰하여 선을 행하라. 땅에 거하여 그의 성실로 식물
을 심을 지어다."(시 : 37편 3절)

신령한 진보와 열심있는 발전을 못하게 하는 것들이 많이 있는데
그 중 한 가지는 어려움을 두려워하는 것이나 승리를 위한 희생을
겁내는 것입니다. 그러나 덕에 있어서 가장 착실히 성장한 사람은
그들에게 어떤 어려움이 닥치더라도 사내답게 극복해 나갑니다. 사
람이 환난을 이기고 자기 자신을 영적으로 깨끗이 하면 할수록 더
많은 유익과 넘치는 은혜를 얻을 수 있읍니다. 그러나 모든 사람이
어려움을 지배하고 죽음 앞에 태연할 수 있는 점이 다 같지는 않습
니다. 그렇지만 부지런하고 열심있는 사람은 자제의 힘은 있으나
거룩함에 대하여 열심이 적은 사람보다도 더 강하게 진보할 수 있을

것입니다.

특별히 두 가지의 방법이 큰 진보에 도움을 줍니다. 하나는 우리 자신 속에 있는 악에 빠지기 쉬운 힘과 더불어 싸워서 그것에 지지 않는 것이요, 또 하나는 은혜가 필요할 때에 필요한 은혜를 꼭 누리고야 말겠다는 욕구를 위하여 애쓰는 것입니다.

그대 자신 속에서 이러한 일들을 정복하는 길은 그대의 생활에서 다른 사람들을 불유쾌하게 만드는 것에 또한 주의하는 길입니다.

그대가 서 있는 위치에서 주위와 모든 유익을 모으도록 하십시오. 그대가 보고 듣는 모든 선한 예를 배우고 본받을 수 있도록 하십시오. 그러나 만일 비난받을 만한 어떤 일을 보게 되면 그런 일을 그대는 하지 마십시오. 그리고 자신도 모르는 사이에 그것을 했다면 재빨리 그 일을 끊도록 노력하십시오. 그대가 남을 바라보는 것같이 남도 그대를 보고 있읍니다. (마 : 7장 3절)

잘 훈련되고 복종하고 열심있고 경건한 형제를 바라본다는 것이 얼마나 흐뭇하고 즐거운 일입니까! (엡 : 5장, 시 : 133편) 그러나 자기들이 소명(召命)받은 만큼 귀하고 높은 사명으로 살지 못하고 무질서하게 사는 사람을 보는 것이 얼마나 슬프고 괴로운 일입니까! 그들이 소명(召命)의 목적을 부정하고 자기들이 관계할 바가 아닌 딴 일에 열을 내고 있는 것이 얼마나 해롭겠습니까?

그대가 받아들인 생의 목적을 항상 기억하며 십자가의 뜻을 배우는 데 마음을 두십시오. 그대는 예수 그리스도의 삶을 바라봄에 부끄러움이 없도록 선한 일을 하십시오. 그대가 하나님의 길을 따르는데 그토록 오랜 기간을 힘써왔던 것 만큼 하나님 앞에 자기 자신을 그와 같이 만들도록 열심을 내지 못한 것을 알아야 합니다. 우리 주님의 정열과 거룩한 삶을 진실하게 또 경건하게 자기 자신에게 받아들이려는 종교적인 사람은 무엇에서든지 자기를 위하여 유익하고 필요한 일을 풍부하게 할 수 있을 것입니다. 또 그는 예수님을 배우는 일 이외에는 어떤 보다 좋은 일도 찾지 않을 것입니다. 아! 만일 십자가에 돌아가신 예수님이 우리의 마음에 임하신다면(갈: 2장 16절, 6장 14절) 우리가 얼마나 빨리 그리고 완전하게 깨우침을 받을 수 있겠읍니까!

진실한 기독교인은 자기에게 명령된 모든 일을 잘 순종하고, 잘 받습니다. 조심성이 없고 게으른 기독교인은 언제나 고통과 역경 속에 휩싸여 괴로움이 꼬리를 물고 다가오며 그 자신이 참된 위로를 안으로부터 받지 못하고, 또한 밖으로서는 구할 수 없게 되기 때문에 항상 슬픔에 싸여 있읍니다. 주님의 가르치심을 따르지 않고 사는 사람은 비통한 파멸로 빠져들어가게 됩니다. 쉽게 살아가려 하고 아무런 훈련이나 규율이 없이 되는대로 살고자 하는 사람은 언제나 어려움에 처해 다른 사람들이 그에게 불쾌함을 느끼게 됩니다.

아! 우리가 아무것도 하지 않고 우리의 입과 모든 마음으로 우리 주님을 찬양할 수 있는지, 아 그대는 먹을 것도 마실 것도 또 잠자지도 않고 쉬지 않고 하나님을 찬양할 수 있는지, 그리고 그대 자신을 완전히 신령한 일에 바칠 수 있는지! 그렇게 되면 그대는 지금 현재 자신의 육체의 욕구를 다 채워 주는 것보다도 훨씬 더 행복스러울 수 있을 것입니다. 우리가 이러한 욕구가 없다면 어떻게 맛보지 못한 영혼의 영적 잔치를 즐길 수 있겠는가!

사람이 어떤 위치에 있을 때 어떤 피조물로부터 위로를 구하지 않는 사람은 하나님이 그와 함께 하시며 그에게 일어나는 모든 일은 즐겁게 됩니다. 그 때에 그는 이 지상에서 일어나는 어떤 일도 만족하게 됩니다. 그러면 그는 큰 일이라고 즐겁게 생각지도 않으며 적은 일이라고 슬퍼하지도 않으며 오직 하나님에게만 자기 자신을 진실되게 바칠 것입니다. 그렇게 함으로 모든 것 중의 모든 것이

되시는 하나님이 그의 전부가 되실 것입니다.(롬 : 11장 36절, 고전 : 8
장 6절, 12장 6절, 15장 28절) 이는 모든 것이 하나님을 위해 존재하고
하나님의 뜻을 계속 받들어 섬기기 때문입니다.

그대는 항상 그대의 종말을 기억하십시오. 그리고 흘러간 시간은
다시 오지 않는다는 것을 생각하십시오. 조심과 부지런함이 없이는
그대는 결코 덕을 가질 수 없읍니다. 만일 그대가 게으름에 젖어
버린다면(계 : 3장 16절) 그대와 함께 악은 공생(共生)할 것입니다.
그러나 만일 그대가 열심을 가진다면 평화를 찾을 수 있을 것이요,
덕스러운 사랑과 하나님의 은총으로 그대의 고통도 보다 가벼워질
것입니다. 열심있고 부지런한 사람은 항상 모든 일을 준비하는 법
입니다.

마음 속의 정욕과 악덕을 싸워 이긴다는 것은 육체적인 노동으로
땀을 흘리는 것보다 더 힘든 것입니다. 조그마한 실수를 피하지 못
하는 사람은 점점 보다 큰 실수로 떨어져 버리게 됩니다. 만일 그
대가 하루를 유익하게 지냈다면 저녁에는 항상 기쁨으로 쉴 수 있을
것입니다.

제 2 부

내면 생활(內面生活)에 대한 반성

내면 생활

"천국은 네 마음 안에 있느니라"(눅 : 17장 21절)고 주님께서 말씀
하셨읍니다. 그대의 온 마음을 다하여 주님께로 돌아가십시오.(욜 : 2
장 12절) 그리고 이 슬픔의 세계를 버리십시오. 그러면 그대의 영혼
은 안식을 얻을 것입니다. 세상적인 일들에서 마음을 돌이키는 것을
배우고 내적인 일들에 자신을 바치십시오. 그러면 그대 속에 임하는
하나님의 왕국을 볼 것입니다. "이는 하나님의 왕국이 성령 안에
있는 평화와 기쁨"이기 때문입니다.(롬 : 14장 17절) 이러한 것들은
불결한 것에는 주어지지 않습니다. 만일 주님이 그대 마음에 거하실
수 있는 합당한 자리를 준비하면 그리스도가 그대와 함께 거하시어
위안을 주실 것입니다. 모든 하나님의 영광과 아름다움은 안에 있는
것이며(시 : 45편 13절), 그리스도 스스로 거기에 거하시기를 기뻐하
실 것입니다. 그리스도는 종종 영적인 사람을 찾으시어 그와 함께
아름다운 대화와 새롭게 하는 은혜와 큰 평화, 그리고 즐겁고 친절
한 교제를 주십니다.

오, 진실한 영혼이여, 신랑을 위하여 그대 마음을 준비하십시오.
그러면 그분이 그대 마음에 찾아오셔서 그대와 함께 거하실 것입니
다. 이처럼 그분이 말씀하셨읍니다. "사람이 나를 사랑하면 내 말을
지키리니 내 아버지께서 저를 사랑하실 것이요, 우리가 저에게 와서
거처를 저와 함께 하리라."(요 : 14장 23절)

그러므로 그리스도를 맞이하십시오. 그리고 모든 다른 것은 맞이하지 마십시오. 그대가 그리스도를 소유하면 그대는 부유하고 모든 일에 만족하게 될 것입니다. 그리스도께서 모든 일을 그대 위해 준비해 주시고 모든 것을 신실하게 제공하여 주실 것입니다. 그러므로 그대는 사람을 믿지 않아도 됩니다. 이는 사람은 곧 변하여 그대를 실망케 하지만 "그리스도는 영원히 그대와 함께 거하여"(요:12장 34절) 끝까지 굳건히 서 계실 것입니다. 만일 어떤 사람이 우리에게 유익하고 친절하게 한다 할지라도 연약하고 죽을 수밖에 없는(렘:17장 5절) 인간이니 커다란 신뢰를 줄 수는 없읍니다. 때때로 그가 우리에게 반대하거나 대립한다고 해서 슬퍼하지 마십시오. 오늘은 우리 편이라 할지라도 내일은 그대를 반대할지도 모릅니다. 그들은 때때로 갈대와 같이 변덕스러운 것이랍니다.

하나님에게만 그대의 전 믿음을 드리십시오.(벧전:5장 7절) 그대의 사랑과 경외함을 하나님께 드리십시오. 하나님께서 그대에게 대답하실 것이며 그대가 하고자 하는 최선의 방법으로 모든 일이 이룩될 것입니다. 사실 여기에는 영원한 성(城)이 없읍니다.(히:13장 14절) 그대가 어느 곳에 가든지 그대는 하나의 이방인이며 순례자입니다.(히:11장 13절)그대가 만일 마음으로 그리스도와 하나가 되어 있지 않다면 그대는 안식을 가질 수는 없읍니다. 이 세상에는 그대의 안식처가 없는데 무엇 때문에 그대는 여기서 방황하고 있읍니까? 하늘만이 그대가 살 수 있는 곳입니다.(빌:3장 20절) 그리고 이 지상의 모든 일들은 모두 일시적인 것에 불과합니다. 모든 일이 지나가고 그대도 그들과 함께 사라질 것입니다. 그대는 멸망할 것과 함께 멸망하지 않도록 하기 위하여 멸망할 것에 예속되지 않도록 하십시오. 그대의 명상이 지극히 높은 곳에 있도록 하시고 그대의 기도가 끊임없이 자비를 위하여 그리스도와 교통하도록 하십시오.

만일 그대가 높은 곳과 하늘의 일을 생각할 수 없다면 그리스도의 고난 속에 자신을 잠기게 하고 그리스도의 성스러운 상처 속에서 기꺼이 거하십시오. 이는 그대가 만일 그리스도의 성스러운 상처와 우리 주 예수님의 고난의 표시를 경건히 생각하고 있으면 모든 환난 속에서도 강한 힘을 느낄 수 있을 것입니다.

사람들의 멸시에 관심을 두지 마십시오. 그러면 쉽게 그런 멸시를 참을 수 있을 것입니다. 그리스도는 세상에서 또한 사람들에게서 멸시받았으며, 그가 가장 큰 도움이 필요하였을 때와 원수의 모욕을 받았을 때 제자들과 친구들은 모두 모르는 체 했읍니다. 그리스도는 스스로 고통을 원하시었고 멸시를 받으셨읍니다.(마 : 12장 24절, 16장 21절, 요 : 15장 20절) 그런데 그대는 사람들에게 어떤 불평을 가지렵니까? 그리스도는 원수와 해치는 음모자들을 가졌읍니다. 그런데 그대는 어떻게 모든 사람들을 그대의 친구와 동정자가 되라고 원하십니까? 그리스도와 함께 강대하십시오. 그리고 그리스도를 위하여 강대하십시오. 그래야 그리스도의 면류관을 바라실 수 있지 않습니까? 그대가 만일 완전히 우리 주 예수님의 비밀 속으로 들어가 그 사랑을 맛본다면 그대 자신의 유익과 손실에 대해서는 아무것도 생각하지 않을 것입니다. 이는 예수님의 사랑이 우리들 스스로를 멸시하도록 만들어 그 속에서 참된 기쁨을 깨닫게 하시기 때문입니다.

예수님을 사랑하는 사람들과 진리를 사랑하는 사람들과 참된 영혼의 기독교인들은 하나님께로 자유로이 나갈 수 있고, 그 자신을 억제하여 하나님 안에서 즐거운 안식을 취할 수 있읍니다.

모든 일들에 대한 참된 가치를 알고 떠돌아 다니는 말들을 믿지 않는 사람들은 참으로 지혜가 있어 사람보다도 하나님의 가르침을 더 즐기는 사람들입니다.(사 : 54장 13절) 인간의 내면을 비추어 주는 그리스도에서 살고 바깥 세상일에 영향을 받지 않는 사람은 종교적인 의식이나 기도를 위해서 특별한 시간이나 장소를 필요로 하지 않습니다. 영적인 사람은 자기 자신을 쉽게 제어할 수 있어서 외부적인 세상일에 자신을 적시지 않기 때문입니다. 그러므로 그는 외부적인 직업이나 관계된 일이 그를 혼돈시키지 못하며 어떤 일에라도 자신을 적응시킬 수 있읍니다. 영적인 내면 생활이 잘 정돈되고 준비된 사람들은 다른 사람들의 이상하고 그릇된 방법들 때문에 걱정하지 않습니다. 외부적인 일에 관심을 가질 만큼 자기의 내면 생활이 정리되지 못한 사람들만이 혼돈을 느끼는 것입니다.

그대의 내면이 잘 정돈되어 있고 죄에서 벗어나 청결하다면 모든 것이 그대를 위하여 선하게 되고 성스러움에 발전을 가져올 것입니다.(롬: 8장 28절) 그대 자신이 완전히 좋지 못하고 모든 세상적인 일들을 끊지 못하면 그대는 종종 불쾌한 일을 만나며 괴로움을 가지게 될 것입니다. 사람의 마음을 가장 추악하고 더러운 것에 묶어두는 것은 피조물에 대한 사랑 이상 가는 것이 없읍니다.

만일 그대가 밖으로부터 오는 모든 일들을 거부할 수 있다면 그대는 하늘의 일들을 생각할 수 있고 내면에 기쁨을 맛볼 수 있을 것입니다.

겸손한 복종

그대를 위하거나 반대하는 사람들을 큰 중요성을 가지고 계산하지 마십시오.(롬: 8장 31절, 고전: 4장 3절) 오직 그대는 그대가 하는 일과 목적에 하나님이 함께 하시도록 일하십시오. 선한 양심을 가지십시오. 그러면 하나님이 그대를 보호하실 것입니다.(시: 28편 7

절) 하나님이 보호를 원하는 사람에게는 사람의 악독이 해칠 수 없기 때문입니다. 만일 그대가 고요한 중에서 고통받기를 배운다면 틀림없이 주님의 도움을 받으실 것입니다. 하나님께서는 그대를 구원해 주실 시간과 방법을 아십니다. 그러므로 그대는 하나님께서 그대 자신을 전적으로 의지해야만 합니다. 모든 고난으로부터 구원해 주시고 도와 주시는 것이 오직 하나님께 속해 있기 때문입니다.

다른 사람들이 우리 자신의 결점을 알려 주고 깨우쳐 주는 것은 우리 자신을 겸손하게 만드는데 아주 유익한 일입니다. 사람이 스스로 남의 잘못을 겸손하게 받아들이면 그가 곧 친구가 될 수 있고, 또 그를 못마땅하게 생각하는 사람과도 화해를 할 수 있읍니다.

하나님은 겸손한 자를 보호하시고 또 그를 구원해 주십니다.(약：4장 6절, 욥：5장 11절) 하나님은 겸손한 자를 사랑하고 또 위로하여 주십니다. 하나님은 그를 수치의 자리에서 영광스럽게 하시고, 그에게 지극한 은총을 주시고, 하나님 자신이 그와 가까워지십니다. 겸손한 사람에게 그의 비밀을 나타내 보이시고(마：11장 25절), 하나님 안으로 그를 불러 주시고 친절하게 가까이 하십니다. 고난 중에서도 겸손한 사람은 완전한 평화를 누리게 됩니다. 이는 그가 세상에서 안식하지 않고 하나님께서 안식하기 때문입니다.

만일 그대 자신이 이 세상에서 가장 적은 사람이라고 생각하지 않는 한 그대의 영적 생활에 어떠한 진보도 가져올 수 없다는 것을 생각하십시오.

선하고 평화스런 사람

먼저 그대 자신이 평화를 가지십시오. 그러면 그대는 다른 사람

에게 평화를 줄 수 있읍니다. 평화스러운 사람은 지식이 많은 사람
보다 더 선한 일을 할 수 있읍니다. 정욕적인 사람은 선도 악으로
만듭니다. 그리고 쉽게 악을 믿습니다. 선하고 평화스런 사람은 모
든 일을 선하게 만듭니다.(고전 : 13장 5절) 그 마음에 평화를 가진
사람은 어떤 사람이라도 나쁘게 생각하지 않습니다. 그러나 불만과
걱정을 가진 사람은 의혹으로 고통을 받게 됩니다. 그 자신 스스로
안정을 갖지 못함은 말할 것도 없고 다른 사람까지도 안정을 주지
못합니다. 그는 종종 그가 하지 말아야 할 말을 하고 그가 마땅히
해야 할 말을 하지 않고 그냥 내버려 두기도 합니다. 그는 다른
사람이 무엇을 해야 하는가에(마 : 7장 21절) 대해서는 생각하나 자기
자신이 무엇을 해야 하는가에 대해서는 생각하지 않습니다.

그러므로 무엇보다도 먼저 그대의 이웃에 대해서 열심을 내라고
참견하기 전에 그대 자신에 대해서 열심을 내십시오.(행 : 1장 7절)
그대는 그대 자신의 하는 일을 변명하고 설명하는 방법을 알고 있
으나 다른 사람의 변명과 설명은 기꺼이 들으려고 하지 않습니다.
그것은 그대 자신을 비난하는 것이 되고 다른 사람을 변명하는 결
과가 됩니다. 만일 그대가 다른 사람에게 참아달라고 부탁한다면
그대도 다른 사람을 위하여 참아 주어야 합니다.(갈 : 6장 2절, 고전 :
13장 7절)

그대가 다른 사람을 노하게 하고 성나게 하지 않을 만한 참사랑과
겸손으로부터 얼마나 거리가 있는가를 알아야 합니다. 선하고 점잖
은 사람과 사귄다는 것이 그다지 어려운 문제는 아닙니다. 이는 누
구나 다 그렇게 하는 것을 자연적으로 즐기기 때문입니다. 모든 사
람은 평화스럽게 살기를 즐기고 그들 자신이 좋을대로 사는 것을
즐깁니다. 그러나 완고하고 고집이 세고 적당히 사는 사람과 더불어
평화스럽게 살 수 있다는 것은 커다란 은혜이며 가장 권장할 만한

일이며 장한 일입니다.

자기 자신 속에 평화를 지킬 수 있는 사람은 또한 다른 사람과 함께 평화를 지킬 수 있읍니다. 그리고 자기 자신 속에 평화를 지킬 수 없는 사람은 다른 사람에게도 평화를 떠나게 합니다. 이런 사람들은 다른 사람들을 괴롭히지만 항상 스스로에게는 더 큰 괴로움이 겹치게 됩니다. 그리고 그들 자신 속에 평화를 가진 사람들은 다른 사람들을 평화 속으로 인도합니다.

그러나 이러한 불행한 삶 속에서의 우리 자체의 평화는 역경에서 벗어나는 것보다도 겸손한 인내에서 얻을 수 있읍니다. 어떻게 하면 고통을 이길 수 있느냐 하는 최선의 방법을 아는 사람이 가장 큰 평화를 가지는 사람입니다. 그러한 사람이 자기를 이긴 사람이고 세계의 주이며, 그리스도의 친구이고, 하늘의 상속자가 되는 것입니다.

단순성과 순결성

사람을 이 땅에 속한 일로부터 높이 끌어올리는 두 개의 날개가 있읍니다. 즉 단순성과 순결성입니다. 단순성은 우리의 목적 속에 존재하고 순결성은 우리의 감정 속에 존재합니다. 단순성은 하나님을 향하여 따라가고 순결성은 하나님을 이해하고 맛을 느낍니다.

만일 절제하기 어려운 감정에서 내적으로 자유로울 수 있다면 어떤 선한 행동도 지장이 되지는 않습니다. 만일 그대가 하나님의 뜻과 그대의 이웃의 선한 것만을 찾으려고 한다면 그대는 내적으로 완전히 자유로운 기쁨을 가질 수 있읍니다.

만일 그대의 마음이 옳다면 모든 창조물은 삶의 거울이 되고 성스러운 교훈의 교과서가 될 것입니다. 이는 아무리 작고 의미가 없다고 생각되는 것이라도 하나님의 선을 반영하지 않는 것은 하나도 없기 때문입니다.(롬 : 1 장 20절) 만일 그대가 내적으로 선하고 순결하다면(잠 : 3 장 3 절, 시 : 119편 100절) 모든 사물을 아무 어려움이 없이 밝게 이해할 수 있을 것입니다. 깨끗한 마음은 천당과 지옥을 관통합니다.

이와 같이 모든 사람들이 자신의 내면을 알 듯이 외부의 일을 알게 됩니다. 이 세상에 기쁨이 있다면 깨끗한 마음을 가진 자가 그것을 소유할 것입니다. 그리고 만일 고난이나 환난이 있다면 이는 악한 마음을 가진 자가 마땅히 맛볼 것입니다.

철이 뜨거운 용광로 속에 들어가면 녹이 없어지고 하얗고 번쩍이는 것처럼 사람도 완전히 자신을 하나님께 맡기면 그 자신이 가진 마음의 녹을 다 없애고 새로운 사람으로 만들어집니다.

사람이 미적지근한 생활을 하기 시작하면 지극히 적은 괴로움도 견디어 내지 못하고 괴로움으로 느끼며 세상적인 위로를 즐거이 받아들입니다. 그러나 자기를 이기고 하나님의 길에 용감히 나서는 사람들은 전에 괴롭다고 생각한 모든 고난이 아무것도 아닌 것으로 생각합니다.

　자신에 대한 사고(思考)

우리는 종종 은혜와 이해가 결핍하기 때문에 우리 자신을 과신(過信)할 수 없읍니다.(렘 : 17장 5절)

우리에게 빛이란 거의 없지만 있는 것까지도 자신의 부주의로 쉽게 잃어버립니다. 그리고 때때로 우리는 내적으로 장님이 된 것을 깨닫지도 못합니다. 우리는 때때로 악을 행하고 또 그것을 변명도 합니다. 우리는 정욕적으로 행동을 해 놓고는 그것을 열심이라고 생각합니다. 우리는 다른 사람의 적은 실수는 말하나 자기 자신의 커다란 문제는 흘려 보내기 일쑤입니다.(마 : 7장 5절) 우리가 다른 사람에게서 받는 고통에 대해서는 쉽게 간취하지만 다른 사람이 우리들로부터 받은 고통에 대해서는 등한히 하고 있읍니다. 자기 자신의 일에 대해서 올바르게 생각하는 사람은 다른 사람을 심각하게 비평하거나 비평할 이유를 가지지 못합니다.

영적인 기독교인은 모든 다른 사람의 일보다 자기 자신의 일을 앞세웁니다.(마 : 16장 36절) 그리고 그 자신의 문제만을 열심히 주의하고 있는 사람은 다른 사람의 일에 대하여 언제나 침묵을 지킵니다. 만약 그대가 다른 사람을 비평하는 일을 그만 두고 침묵을 지키지 않는다면 그대는 결코 내면적으로 경건해질 수 없읍니다. 만일 그대가 완전히 하나님과 그대 자신에 대하여 관심을 가지고 있다면 어떤 외부적인 것이라도 그대에게 괴로움을 줄 수는 없읍니다.(고전 : 4장 3절, 갈 : 1장 10절)

그대가 그대 자신과 함께 있지 않을 때에 그대는 어디에 있었읍니까? 그리고 그대가 방황하고 있었을 때 보잘 것 없는 일에 사로잡혀 있음으로 얻은 소득이 무엇이었읍니까? 만일 그대가 진실로 평화를 가지고 하나님과 일치하려면 그대 자신을 살피고 그 밖의 모든 일을 잊어버리지 않으면 안됩니다. 만일 그대가 모든 일시적인 관심사로부터 벗어난다면 좋은 발전이 있을 것입니다. 그러나 세상적인 어떤 것에라도 가치를 주고 높이면 그것은 그대를 넘어지게 하는 것이 될 것입니다.

하나님과 하나님께로부터 오는 것 이외에 그대를 크고 높고 기쁘고 즐겁게 한다고 받아들이지 않도록 하십시오. 모든 피조물로부터 그대에게 오는 위로는 모두 헛된 것입니다.(잠 : 1 장 4 절) 하나님을 사랑하는 영혼은 하나님 이외의 모두 다른 것은 가치가 없는 것으로 생각합니다. 하나님 한 분만이 영원하시고, 무한하신 분이시고, 모든 것을 채워 주시는 분이시고, 우리 영혼의 참 위로자이시고, 우리 마음의 참 기쁨이 되시는 분이십니다.

선한 양심의 기쁨

선한 양심의 영광은 선한 양심의 증거입니다.(고전(1 장 31 절)

선한 양심을 가지십시오. 그러면 그대는 항상 기쁨을 맛볼 것입니다. 선한 양심은 참기를 잘하며 모든 환난에 대해서도 기쁨을 잃지 않습니다. 그러나 사악한 양심은 항상 공포와 불안 속에 있읍니다.

그대 마음이 그대를 책할 것이 없다면 그대는 안락하게 쉴 수 있읍니다. 그대는 그대가 하고자 하는 일이 바르게 잘 되어졌을 때에만 기쁨을 가질 수 있읍니다. 죄인은 참된 기쁨이나 내적인 평화를 결코 가질 수 없읍니다. 이는 "악한 사람에게는 평화가 없느니라"고 주님께서 말씀하셨기 때문입니다.(사 : 48 장 22 절) 그리고 그들이 "우리는 평안하다. 아무런 악한 일도 우리에게는 일어나지 아니한다.(눅 : 12 장 19 절) 누가 우리들을 해칠 수 있느냐?"고 말하더라도 그들을 믿지 마십시오. 왜냐하면 갑자기 하나님이 그들에게 와서 그들이 행한 일을 무효화하여 그들의 사고를 멸망시키기 때문입니다.

고난 속에서 영광을 돌리는 것은 하나님을 사랑하는 사람에게는 어렵지 않습니다. 이는 주님의 십자가에 대한 영광이 바로 이 영광이기 때문입니다.(갈 : 6장 14절) 믿음은 사람에게 주어진 영광입니다.(요 : 5장 44절) 세상의 영광은 슬픔을 수반하는 것입니다.

선한 사람의 영광은 그들의 양심에 있고 사람의 지혜에 있지 아니합니다. 정의의 기쁨은 하나님에게서 오는 것이며(고후 : 3장 5절) 하나님 안에 있습니다. 그리고 또 그러한 기쁨은 진리의 기쁨입니다. 참되고 영원한 영광을 갈망하는 사람은 순간적인 영광에 대해서는 관심을 두지 않습니다. 그리고 순간적인 영광이나 또 자기의 영혼으로부터 이러한 것을 제거하지 않는 사람은 하나님의 영광을 사랑할 줄 모르는 사람입니다.

사람의 마음에 생기는 평안은 사람의 칭찬이나 책망에 관심을 가지지 아니하는 사람의 것입니다. 청결한 양심을 가진 사람은 쉽게 만족함이나 평화를 찾을 수가 있습니다. 그대는 칭찬을 받는다고 보다 거룩한 사람도 되지 않으며 또한 책망을 받는다고 보다 더 악한 사람이 되는 것도 아닙니다. 그대는 있는 그대로의 사람입니다. 하나님 앞에서 말에 의하여 있는 그대로보다 더 위대해지는 것도 아닙니다.

만일 그대가 그대 자신에 대해서 생각하고 있다면 다른 사람이 그대에 대해서 무슨 말을 하든지 관심을 두지 않을 것입니다. 사람은 외양만을 보지만 하나님은 사람의 마음 속을 보시기 때문입니다. (삼상 : 16장 7절) 사람은 나타난 행동의 결과를 보지만 하나님은 동기를 보십니다.

항상 바르게 행동하는 것과 자기 자신을 작은 존재로 생각하는 것은 겸손한 영혼의 표시입니다. 피조물에서 어떤 기쁨도 구하지 않는 것이 위대한 성결의 표시요 또 내적 신앙의 증거입니다. 자기 자신 밖에 아무것도 증인으로 내세우지 않는 사람은 하나님과 하나가 되어 있는 증거입니다. "옳다 인정함을 받은 사람은 자기를 칭

찬하는 자가 아니요, 오직 주께서 칭찬하시느니라."(고후 : 10장 18절)

하나님께 함께 내적으로 걸으며 이 세상에 애착심을 갖지 아니한 사람은 영적인 기독교인의 위치를 확보한 사람입니다.

이 세상 모든 것보다 예수님만을 사랑하는 일

예수님을 사랑하는 것이 무엇인가를 이해하고 예수님의 목적을 위하여 자기 자신을 희생하는 사람이 복이 있읍니다.(시 : 119편 1~2절) 그리스도만을 사랑하기 위하여 그 이외 딴 것을 사랑하는 일은 그만 두어야 합니다.(마 : 22장 37절, 솔로몬의 노래 2장 16절) 이는 이 세상의 모든 것보다 예수님이 사랑받기를 바라시기 때문입니다. 피조물의 사랑은 결함이 있고 안정성이 없읍니다. 그러나 예수님의 사랑은 신실하고 지속적인 것입니다. 피조물에 예속되어 있는 사람은 그 예속되어 있는 피조물이 무너질 때 함께 무너지고 말 것입니다. 그러나 예수님을 소유하고 있는 사람은 영원히 강한 것입니다.

예수님을 사랑하고 예수님을 친구로 삼으십시오. 세상 모든 것이 멸망할 때 그대에게 고통을 준다 하더라도 주님은 그대를 버리지 아니하실 것입니다. 그대가 원하든 원하지 않든 모든 것에서 떠나야 합니다. 살든 죽든 예수님만을 꼭 붙드십시오. 모든 것이 다 사라질 때 주님 홀로 그대를 도우실 것입니다.

그대의 마음을 돌이켜 그만을 사랑하도록 하여 주실 것이며, 그의 보좌에서 왕으로서 다스리게 하여 주실 것입니다. 만약 그대가 그대 자신을 모든 피조물로부터 완전히 떠나서 빈 마음을 갖게 되면 예수님께서 그대와 함께 거하시게 될 것입니다.

그대가 예수님 외에 인간에게 모든 것을 맡기게 되면 그대는 거의 모든 것을 잃어버리게 될 것입니다. 바람에 흔들리는 갈대 같은 것을 믿거나 기대지 마십시오.(마 : 11장 7절) 즉 "모든 육체는 풀과 같고 그 영광은 풀의 끝과 같으니라"(사 : 40장 6절)고 하셨읍니다.

그대가 만일 단지 외부적인 인간의 외형만 상대로 한다면 그대는 쉽게 속고 말 것입니다. 만일 그대의 위로나 유익을 다른 사람에게서 구한다면 그대는 항상 손해만을 볼 것입니다. 그대가 만일 모든 일에서 예수님만을 찾는다면 그대는 확실히 예수님만을 찾고야 말 것입니다. 그러나 만일 그대가 그대 자신만을 찾는다면 파멸될 그대 자신을 찾을 수 있을 것입니다. 사람은 세상이나 그의 적이 그를 해침보다도 예수님만을 찾지 않는다면 그 자신을 더 해치고 말 것입니다.

예수와의 친밀한 친구

예수님이 현재 우리와 함께 있을 때는 모든 일이 잘 되고 아무것도 어려울 것이 없읍니다. 그러나 예수님이 우리와 함께 하지 않을 때 모든 것은 다 어렵습니다.

예수님께서 내적으로 우리에게 말씀해 주지 않을 때 어떤 위로도 가치가 없읍니다. 그러나 주님께서 말 한 마디라도 친히 하여 주시면 커다란 위로가 됩니다. 마르다가 마리아에게 "주께서 오셔서 너를 찾으신다"(요 : 11장 28절)고 말했을 때 그는 우는 자리에서 즉시 일어나 위로를 받을 수 있지 않았읍니까? 우리가 눈물을 흘릴 때 주님이 우리를 찾아서 부르시는 때가 가장 행복한 시간입니다.

예수님이 우리와 함께 하지 아니할 때 얼마나 삶이 건조하고 괴롭습니까! 만일 그대가 예수님 외에 그 어떤 것을 갈망한다면 그

일이 얼마나 어리석고 헛된 일인 줄 아십니까! 이는 그대에게서
전 세계를 잃어버리는 것보다도 더 큰 손실임을 아십니까? (마 : 16장
26절) 예수님이 없는 이 세상이 그대에게 무슨 유익이 있읍니까?
예수님이 없이 지내는 그 생활이 바로 처참한 지옥입니다. 그리고
예수님과 함께 생활하는 그 곳이 바로 아름다운 천국인 것입니다.
예수님이 그대와 함께 하신다면(롬 : 8장 35절) 어떤 원수라도 그대를
해칠 수는 없읍니다. 예수님을 발견하는 사람은 누구나 귀한 보물을
발견한 것입니다.(마 : 13장 44절) 그렇습니다. 그것은 모든 좋은 것
위에 뛰어난 좋은 것입니다. 그리고 예수님을 잃어버린 사람은 진
실로 전 세상을 잃는 것보다도 더 큰 손실을 맛볼 것입니다. 세상
에서 가장 가난한 사람은 예수없이 사는 사람이며(눅 : 12장 21절) 세
상에서 가장 부유한 사람은 예수님과 함께 잘 사는 사람입니다.

  예수님과 평화를 할 줄 알고 예수님과 함께 사는 방법을 아는
것은 가장 큰 지혜입니다. 겸손하고 화평한 사람이 되십시오. 그러
면 예수님은 그대와 함께 거하실 것입니다.(잠 : 3장 17절) 경건하고
침묵을 지키십시오. 그러면 예수님께서 그대와 함께 거하실 것입니
다.

  그러나 그대가 만일 이 세상 일에 관심을 가지고 그것에 마음을
두면 예수님은 그대를 떠나게 될 것입니다. 그러면 주님은 그대를
버리고 또 그대는 주님의 은총을 잃어버리고 말 것입니다. 만일 그
대가 그를 잃어버리면 그대의 친구로 누구를 찾을 수 있겠읍니까?
세상에서 친구 없이 산다면 결코 행복할 수가 없는 것입니다. 그런
데 만일 예수님이 그대의 최고의 친구가 되지 못한다면 그대는 말할
수 없을 만큼 슬프고 괴로울 것입니다. 만일 그대가 어떤 다른 것을
즐기거나 믿는다면 그대는 바보처럼 보일 것입니다.(갈 : 6장 14절)
예수님의 뜻만 거스르지 않고 따른다면 세상이 모두 원수가 된다고

해도 겁낼 것이 없습니다. 그러므로 세상의 모든 좋은 것과 친구 중에서도 예수님만을 가장 먼저 사랑하고 그에게만 최대의 사랑을 드리십시오.

예수님을 위하여 모든 사람을 사랑하고 또 주님을 사랑하십시오. 예수 그리스도 한 분만이 사랑을 받기에 합당하신 것입니다. 그 분만이 모든 친구 중에 가장 선하고 가장 신실하신 분입니다. 예수님 안에서와 또 예수님을 위하여 그대는 친구와 적을 똑같이 사랑하십시오. 그 모든 사람들이 예수님을 알고 예수님을 사랑하도록 모든 사람을 위하여 기도하십시오.(마 : 5장 44절, 눅 : 6장 27~28절)

결코 어떤 특별한 사랑과 찬양의 대상자가 되기를 원하지 마십시오. 이는 다만 하나님 한 분만이 받으실 수 있는 것이기 때문입니다. 하나님과 같은 사람은 한 사람도 없습니다. 어떤 사람이라도 그의 모든 마음을 바쳐 그대만 사랑하는 데 바치기를 바라지 마십시오. 또 그대 자신도 어떤 사람을 사랑하는 일에 전심전력을 할 것은 아닙니다. 우리가 참으로 사랑해야 할 분은 예수님이시니 그가 우리와 함께 계시게 해야 하며 또 모든 선한 사람에게도 계셔야 할 것입니다.

어떤 피조물에게서라도 방해를 받지 않도록 순결하고 자유스런 마음을 가지십시오. 만일 그대가 진정코 자유를 가지고 싶어하고 주님이 얼마나 자비스러운가를 알고자 하거든 청결한 마음을 하나님께 바치십시오.(시 : 34편 8절) 그러면 진실로 그의 은혜가 그대를 인도하고 그대에게 가까이 있지 않는 한 그대는 결코 이런 축복을 받을 수 없습니다. 그러나 한번 그대가 이 축복 이외의 딴 것은 버리고 그것을 돌보지 않고 오직 이런 것만을 가지고자 하면 그대는 주님과 더불어 하나가 되어질 것입니다.

하나님의 은혜가 사람에게 임할 때 그는 어떤 일에서나 강해집니다. 그러나 그 은혜가 떠날 때는 곧 그의 가난과 연약함만이 남을 것이고 형벌과 슬픔만을 가지는 생활로 화하게 될 것입니다. 그렇더라도 실망하거나 낙망하지 말고 다만 하나님만을 찾으십시오. 그러면 하나님께서 그대에게 일어난 모든 일을 다만 예수 그리스도의 영광을 위하여 고요히 회복시켜 주실 것입니다. 추운 겨울 뒤에는 따뜻한 여름이 오며, 밤이 가면 아침이 되돌아옵니다. 그리고 폭풍우가 지나면 아름답고 화평한 날씨가 되는 것입니다.(마 : 8장 26절)

위로에의 결핍

우리가 하나님의 위로를 받을 때 인간의 위로는 무시할 수 있읍니다. 그러나 인간의 위로나 하나님의 위로를 모두 무시하고 스스로 마음의 상처를 참고 무엇이나 자신을 위해서든지 또 자신의 공로를 위하여 구하지 않을 수 있다고 하면 그것은 진실로 위대한 일입니다.

하나님께서 그의 은혜를 우리에게 베푸실 때 기쁨과 경건으로 가득 찬 덕을 가진 어떤 증거가 있겠읍니까? 이 시간에도 모든 사람들이 원하고 있읍니다. 하나님의 은혜로 출발한 사람은 뻗어 나가기가 쉽습니다. 그는 하나님께서 그를 붙잡아 주시는 것을 믿고 모든 인도자 중에서 가장 위대하신 인도자에게 인도받고 있기 때문에 아무것도 걱정할 것이 없읍니다.

우리는 항상 무엇인가 위로를 받기를 즐깁니다. 그리고 고난을 당할 때는 자제심을 빼앗기고 맙니다.

하나님을 사랑하는 일을 위해서라면 가장 가까운 친구나 사랑하는 사람이라도 버릴 수 있도록 배우십시오. 어떤 친구가 그대를 모욕할 때에도 슬퍼할 필요가 없읍니다. 마지막 날이 올 때에는 우리 모두 서로서로 나누어지게 되겠기 때문입니다.

사람은 자기 자신의 마음을 완전히 제어하고, 그리고 자기 자신을 하나님에게 드리기 위하여서는 오랜 시간을 투쟁해야 합니다. 사람이 스스로의 힘으로 서 있을 때는 그는 인간의 위로 속에 쉽게 말려들어갑니다. 그러나 그리스도의 진실한 사랑과 거룩한 것을 근면하게 따르는 사람은 인간적인 것으로 자기를 맡겨 버리지 아니하며, 각자의 만족을 탓하지 아니하고 다만 그리스도를 위하여 큰 시련과 무거운 짐을 지기를 더 좋아합니다.

그러므로 하나님께로부터 영적인 위로를 받을 때 그대는 참으로 감사한 마음을 가지십시오. 그러나 하나님의 선물은 아무 댓가없이 주어진 것이라는 의미를 이해하고 그대 자신의 공로라고는 생각하지 마십시오. 오히려 이 선물로 더 겸손하고 더 조심하며 그대의 모든 행동에 더 주의를 가지십시오. 결코 교만하거나 지나치게 기뻐하거나 또 어리석게 덤비지도 마십시오. 이는 시간은 흘러가 버리고 또 시험이 따를지도 모르기 때문입니다. 위로가 그대에게서 떠날 때 즉시 실망할 필요는 없읍니다. 다만 겸손하게 인내를 갖고 하나님의 뜻을 기다리십시오. 이는 하나님이 더 큰 위로를 풍성히 주실 수 있기 때문입니다.

이것은 하나님의 길에서 경험을 많이 가진 사람에게는 새롭거나 신기한 사실이 아닙니다. 위대한 성도들이나 옛날의 예언자들은 때때로 이런 일들을 경험했읍니다. 은혜가 자기에게 임할 때 옛날 어떤 사람은 이렇게 말했읍니다. "내가 형통할 때 말하기를 내가 영원히 요동하지 아니하리로다."(시 : 30편 61절) 그러나 이 은혜가 자신 속에서 물러갔을 때 이렇게 말했읍니다. "당신은 당신의 얼굴을 내게서 돌이키셨읍니다. 그렇기 때문에 나는 지금 고난 중에 있나이다." 그러나 그는 실망하지 아니하고 오히려 더욱 열심히 하나님께 부르짖었읍니다. "오, 주여! 당신께 부르짖나이다. 내가 나의 기도를 당신께 드리나이다." 결국 그의 기도는 열매를 맺었읍니다. 그는 그 기도의 응답을 이렇게 말했읍니다. "오, 주여! 당신은 나의 기도를 들으시고 나를 불쌍히 여겨 주셨읍니다. 주님이시여, 당신은 나를 도와 주셨나이다. 당신은 나의 슬픈 마음을 변하여 기쁨이 되게 하셨으며, 나로 하여금 기쁨에 싸이도록 하셨나이다." 만일 이것이 위대한 성도들의 경험이라고 하면 비록 우리가 허약하고 가난한 사람이라도 우리 인생 행로에 어떤 가혹한 쓴 잔을 받아도 실망할 필요는 없읍니다. 이는 성령이 우리에게 오셔서 그의 뜻과 기쁨을 따라 활동해 주시기 때문입니다.(요 : 3장 8절) 이런 이유로 욥도 이렇게 말했읍니다. "아침마다 권장하시며 분초마다 시험하시나이까?"(욥 : 7장 18절)

그렇다면 하나님의 위대하신 은총 이외에 어떤 것에 우리의 희망과 신뢰를 드릴 수 있는 것이 있읍니까? 비록 내가 선한 사람들이나 종교적인 형제들이나 신실한 친구들과 즐길 수 있지만 거룩한 성전(聖典)들이나 훌륭한 논문, 아름다운 노래나 찬송이 좋은 것도 하나님의 은혜 밖에서 가진다든지 이것들이 모두 하나님과 관계없이 나에게 주어진 것이라고 하면 내게는 아무런 도움도 될 수 없는 것입니다. 이와 같은 때에는 하나님의 뜻에 따라(눅 : 9장 23절) 나자신을 부정하고 인내로서 참는 것보다 더 좋은 처방이 없읍니다.

매우 종교적이고 경건한 사람이라도 하나님의 은혜가 떠났던 것을 경험해 보지 않은 사람은 결코 없읍니다. 빛이 나고 거룩한 삶을 산 성인들도 처음이나 마지막 순간에 시험을 받지 않은 사람은 없읍니다. 하나님을 위하여 시련을 받아보지 못한 사람은 존경할 사람이라고 할 수도 없읍니다. 시험이라는 것은 다음에 올 징조이기도

합니다. 이는 시험을 받는 사람에게만 하늘의 위로가 약속되어 있기 때문입니다. "이기는 자에게는 내가 하나님의 낙원에 있는 생명나무 과실을 주어 먹게 하리라."(계：2장 7절) 하셨읍니다. 그러나 하나님의 위로는 인간이 시련에 대한 참음을 가지도록 준비되어 있는 것입니다. 시련이 우리에게 임하는 것은 우리로 하여금 교만하지 않도록 하기 위한 것입니다. 사탄은 우리 육체가 죽지 않고 있는 한 결코 쉬지 않습니다.(벧전：5장 8절) 그러므로 그대는 그대의 왼편과 오른편에서 쉬지 않고 덤비는 적이 전쟁을 일으키려고 호시탐탐 노리고 있느니만큼 쉬지 말고 끊임없이 기도해야 합니다.

하나님의 은총에 대한 감사

고통을 받도록 태어난 그대인데 어째서 쉬기를 구합니까?(욥：5장 7절) 위로보다 참음을, 희락보다 십자가를 지는 일을 더 하십시오.(눅：14장 27절) 영적인 기쁨이나 위로를 가질 수 있는 데도 그것을 받지 않는 사람이란 도대체 어떤 사람입니까? 진실로 영적인 위로는 육체적인 기쁨이나 세상적인 기쁨을 모두 능가하는 것입니다. 모든 세상적인 기쁨은 헛된 것이거나 보잘 것 없는 것입니다. 그러나 영적인 기쁨은 청결한 마음으로부터 하나님이 부어 주시는 것이며, 덕으로 샘솟는 것이며, 즐거움과 정직 속에서 나오는 것입니다.

그러나 이러한 위안은 인간의 요구에 따라 항상 가질 수 있는 것은 아닙니다. 왜냐하면 시험이 그칠 사이 없이 우리를 유혹하기 때문입니다.

그러나 거짓된 자유와 자만하는 일은 하나님의 축복을 받는데 장

애가 됩니다. 하나님은 위로의 은총을 주시기에 너그러우시나 인간
은 감사한 마음을 하나님께 돌리는 데 인색하기 때문입니다. 그러
므로 그의 은혜의 선물이 우리에게 찾아오지 아니합니다. 우리는
은혜를 주시는 분에게 감사할 줄 모르며 근원의 주인에게 돌리기를
싫어하고 있읍니다. 하나님은 항상 감사하는 자에게 은총을 주십니
다. 교만한 자로부터 축복을 거두어서 겸손한 자에게 주십니다.

　나는 통회함이 없이 주는 위로는 원하지 않습니다. 나를 교만으로
인도하는 것은 하나도 생각하려 하지 않습니다. 높은 것이라고 하여
반드시 성스러운 것도 아니며, 기쁜 것이라고 하여 모두 선한 것도
아니며, 모든 소망이 다 청결한 것도 아니며, 우리에게 사랑스러운
것이 모두 하나님께 즐거움을 드리는 것도 아닙니다.

　기꺼이 내가 받아들일 수 있는 은총은 나를 항상 겸손하게 만드는
은혜와 나를 더욱 부정(否定)케 만드는 은혜와 또 더 하나님을 경
외케 하는 은혜들입니다.

　은총의 선물로 가르침을 받고 그 은총이 떠나감으로 채찍을 맞는
사람은 그 자신에게는 아무 선도 돌릴 것이 없으며, 자신은 가난하
고 헐벗었다는 것을 깨닫게 될 것입니다. 하나님의 것은 하나님께
돌리십시오.(마 : 22장 21절) 그대 자신의 것은 무엇이나 그대에게 돌
리십시오. 즉 하나님의 은총은 하나님께 감사하고 죄와 벌은 다만
그대에게 속한 것이니 이를 회개하십시오.

　그대 자신은 항상 낮은 자리에 두십시오.(눅 : 14장 10절) 그러면
그대가 가장 높임을 받을 것입니다. 이는 가장 높은 자리는 가장
낮은 자리가 없이는 있을 수 없기 때문입니다. 하나님 앞에서 가장
큰 성도는 자기 자신 앞에서는 가장 작은 자라고 생각하는 사람인
것입니다. 그들이 영광을 누릴수록 그들의 마음은 더욱 더 겸손해
지는 사람들입니다. 진리와 하늘의 영광으로 가득 차 있는 사람은

이 세상 헛된 영광을 탓하지 않습니다. 하나님 속에 기초가 되고 세우심을 받은 사람들은 결코 교만하지 아니합니다. 그들은 받은 바 모든 선을 하나님께로 돌리며 서로서로 간에 영광을 찾지 아니합니다. 그들은 하나님만이 그들 안에서 영광을 받으시고 그 모든 성도에게서 높임을 받기를 어떤 일보다도 더 바라고 또 이것을 위하여 진력합니다.

그러므로 가장 적은 선물에도 감사하십시오. 그러면 보다 큰 선물이 예비되어 있을 것입니다. 가장 적은 선물도 가장 큰 선물처럼 귀하게 여기십시오. 적은 은혜를 특별한 은혜로 받아 감사하십시오.

만일 그대가 주시는 분의 가치를 생각한다면 선물에는 적은 것이 있을 수 없으며, 작다고 생각될 수도 없습니다. 이는 가장 높은 하나님께서 주신 선물이 적은 것이 있을 수 없기 때문입니다.

그렇습니다. 비록 하나님께 벌과 고통을 받는다 할지라도 감사하는 마음으로 받아야 합니다. 왜냐하면 하나님이 우리에게 주시는 것은 무엇이나 우리의 구원을 위한 것이기 때문입니다.

하나님의 은총을 받기를 갈망하는 사람은 누구나 하나님께서 주신 은총을 감사할 줄 알아야 합니다.

비록 그것이 내게서 거두어지는 일이 있더라도 다만 참고 견디어야 합니다. 다시 돌아오도록 하나님께 기도할 것이며, 다시 그 은혜를 잃지 않도록 겸손과 조심을 하지 않으면 안됩니다.

예수의 십자가를 사랑하는 자

예수님은 그 하늘의 왕국을 사랑하는 사람은 많이 가졌지만 그의 십자가를 지는 사람은 적었읍니다. 주님의 위안을 원하는 사람은 많지만 고난을 맞고자 하는 사람은 적습니다. 그의 식탁에서 식사를 함께 하고자 하는 사람은 많이 있지만 금식을 같이 하고자 하는 사람은 적습니다. 그와 함께 기쁨을 같이 하고자 하는 사람이 많으나 그를 위하여 고통을 함께 하고자 하는 사람은 적습니다. 떡을 나누는 일에는 많은 군중이 모였으나 고난의 잔을 마시고자 한 사람은 적었읍니다.(눅 : 22장 42절) 그의 기적을 경탄하는 사람은 많았으나 그의 십자가의 고통을 나눌 자는 적었읍니다. 저들에게 어려움이 닥치지 않을 때만 많은 사람은 예수님을 사랑하였읍니다. 그들은 주님으로부터 어떤 위로를 받는 동안만 그를 축복하고 찬양하였읍니다.

그러나 예수님이 잠시 동안이라도 그들을 떠나 자기 자신을 숨기시면 낙망을 하여 불평을 말하곤 하였읍니다. 그렇지만 주님을 위해서 주님을 사랑하고 자기 자신의 어떤 특별한 위로를 사랑하지 않은 사람은 모든 고난 중에서도 그를 사랑하며 어떤 괴로움 중에서도 그를 크게 찬양합니다.

그렇습니다. 비록 주님이 그들에게 위로를 주지 않는다 할지라도 그들은 항상 주님을 찬양 그에게 감사를 드립니다. 오 ! 예수님을 청순하게 사랑하는 그 사람은 얼마나 능력이 있을 것인가 ! 그 사랑은 자아관심(自我觀心)과 자기사랑(自己愛)에서 높임을 얻을 수 있읍니다.

주님에게 항상 위로만을 구하는 사람은 돈에 팔려 고용되어 있는 노동자들이 아니겠읍니까 ? 그들 자신의 이익과 유익만을 항상 생각하며 사는 사람이 그리스도를 사랑한다고 하는 것은 자기 자신을 반역하는 일이 아니겠읍니까 ? (빌 : 2장 21절)

어떠한 댓가나 보응없이 하나님을 사랑하고 섬기는 사람을 어디서 찾을 수 있겠읍니까 ? (욥 : 1장 9절) 완전히 자기에 속한 모든 것을 끊어버리고 나설 만큼 영적인 사람은 매우 적습니다. 진정으로 영적으로 가난하고 모든 피조물과의 관계를 끊어버리고 나설 수 있는 사람이 누구입니까? "그의 가치는 이 세상의 그 무엇보다도 값진 것입니다."(잠 : 31장 10절)

"만일 사람이 자기가 가진 모든 것을 다 버린다 해도 그것이 대단한 것은 아닙니다."(솔로몬의 노래 8장 7절) 그리고 그가 큰 인내를 가진다 해도 그것은 굉장한 일도 아닙니다. 그리고 그가 만일 많은 지식을 가졌다 해도 그것이 완전히 목적을 달성한 것도 아닙니다. 만일 그가 큰 덕을 가지고 열심있는 경건을 가지고 있다고 해도 그에게는 많은 것이 부족한 것이 있습니다. 특별히 한 가지는 그에게 가장 중요하게 필요한 것입니다. 그것이 무엇이겠읍니까? 그것은 자기를 완전히 버리고 자기 자신을 사랑하는 것을 흔적도 남기지 않는 것이며, 자기로부터 완전히 떠나가는 것입니다.(마 : 16장 24절) 그리고 그가 당연히 해야 할 일을 잘 완수했을 때 그는 아무것도 아니했다고 생각하도록 해야 합니다. 다른 사람이 그를 위대하다고 존경하는 것같이 그대는 자신을 그렇게 높이지 말고 다만 그대는 보잘 것 없는 무익한 종인 것을 고(告)하십시오. "이와 같이 너희도 명령받은 것을 다 행한 후에 이르기를 우리는 무익한 종이다. 우리의 하여야 할 일을 한 것뿐이다."(눅 : 17장 10절)고 주님께서 말씀하셨읍니다.

그러면 진실로 영적으로 가난하고 헐벗은 사람은 시편 기자와 같이 말할 것입니다. "주여, 나는 외롭고 괴롭사오니 내게 돌이키사 나를 훌륭히 여기소서."(시 : 25편 16절) 자기를 부정하고, 자기에게 있는 모든 것을 버리고, 가장 낮은 자리에 자기를 놓는 사람처럼 더 부유하고 능력있고 자유로운 사람은 없습니다.

거룩한 십자가의 왕도(王道)

"자기를 부정하고 자기 십자가를 지고 나를 따르라."(마 : 16장 24
절)고 하신 말씀이 많은 사람에게 어려운 말같이 생각됩니다. 그러나
"저주를 받은 자들아 나를 떠나가라. 나를 떠나 마귀와 그 사자를
위하여 예비된 영원한 불에 들어가라."(마 : 25장 41절) 이 말씀은 얼
마나 더 힘든 말씀입니까? 이는 십자가의 말씀을 즐겁게 듣고 따
르는 사람은 영원한 죽음의 선고를 결코 두려워하지 않기 때문입니
다. 주님의 심판주로 오실 때에는 인자의 표시가 하늘에 나타날 것
입니다.(마 : 24장 30절) 그 때에 십자가를 따르는 모든 종들은 십자
가에 달려 돌아가신 그리스도와 같은 생활을 가진 사람으로 저들의
심판주 되시는 그리스도 앞에 자신만만하게 설 것입니다. 그런데,
어째서 하늘나라로 들어가는 첩경이 되어 있는 십자가 지기를 무서
워하고 있읍니까?

구원이 십자가에 있읍니다. 생명이 십자가에 있읍니다. 우리의
적에 대하여 우리를 보호하는 것이 십자가에 있읍니다. 마음의 강
함이 십자가에 있읍니다. 영혼의 기쁨이 십자가에 있고, 훌륭한 덕
이 십자가에 있읍니다. 거룩함의 완성이 십자가에 있읍니다. 십자가
이외에는 영혼의 구원이나 영생의 소망이 없읍니다. 그러나 그대의
십자가를 지고 예수님을 따르십시오.(눅 : 14장 27절) 그러면 영생으로
나아갈 것입니다. 그리스도께서 그대를 위하여 십자가에 돌아가셨
으니(요 : 19장 17절), 이는 그대도 주님과 함께 십자가를 지게 하심
이며 그와 함께 십자가에 죽을 수 있기를 위함입니다. 만일 그대가
주님과 함께 죽는다면 또 그와 함께 영광된 삶을 누릴 수 있을 것

입니다.(갈 : 2 장 20 절, 롬 : 6 장 8 절) 그리고 만일 그대가 주님의 고난을 함께 나눈다면 그대는 그의 영광을 나누어 갖게 될 것입니다. (고후 : 1 장 5 절)

보라! 십자가에 모든 것이 어떻게 의존하고 있고 십자가에서 죽는 일에 모든 것이 얼마나 관계가 있는가를! 진실한 내적인 평화와 생명을 얻는 길은 십자가와 극기(克己)의 길 외에 다른 길이 없읍니다. 그대의 뜻대로 걷고, 그대의 뜻대로 구하십시오. 십자가의 길보다 더 높고 평탄하고 안전한 길을 얻을 것입니다.

그대의 뜻과 판단대로 모든 일을 정리하고 자리잡게 하십시오. 그러면 원하든 원치 않든 항상 고통이 그대를 따른다는 것을 알게 될 것입니다. 그래서 그대는 십자가의 길을 발견하게 될 것입니다. 그대는 육체적인 고통이 아니면 정신적인 고통을 받게 될 것입니다.

때로는 하나님이 그대에게서 떠나게 될 것입니다. 때로는 그대의 이웃에게서 고통을 받기도 할 것입니다. 그리고 더욱이 때로 그대는 그대 자신이 그대에게 고통을 주고 있는 것을 발견하게 될 것입니다. 그대를 시원하게 할 아무런 방법이 없이 하나님이 그것을 짊어지게 하는 동안까지는 지고 가야 할 것입니다. 이는 하나님께서 위로없이 시련의 고통을 배우도록 하시기 위함입니다. 그러므로 그대는 이 고난을 통하여 자기 자신을 내버리고 전적으로 하나님께만 맡기고 의지하는 마음을 배우게 하고, 그 환난을 통하여 그대를 더욱 겸손케 만드시기 위함입니다. 사람은 그리스도께서 십자가를 진 것과 같은 큰 고통을 당할 사람은 없읍니다.

그러므로 십자가는 어디에서나 우리를 기다리고 있고 준비하고 있읍니다. 우리가 어떤 곳으로 피한다 해도 피할 수가 없읍니다. 어느 곳을 가든지 그대는 그대 자신을 데리고 가기 때문입니다. 그렇기 때문에 어느 곳에서든지 그대는 그대 자신을 발견하게 되는 것입니다.

위로나 아래로나, 밖으로나 안으로나, 어느 곳에서든지 그대는 십자가를 발견하게 될 것입니다. 만일 그대가 참된 평안을 그대 속에 간직하고 영원한 면류관을 받으려고 하면 그대는 어느 곳에서나 참아야 합니다.

만일 그대가 즐겁게 십자가를 진다면 그 십자가가 그대를 져 줄 것이고 그대가 원하는 목적으로 인도할 것이니, 그대는 조금도 괴로워할 것이 없읍니다. 그러나 십자가를 지는 것을 싫어하면 그대는 그대 자신의 길을 가야 하고 더더욱 그대 자신이 고통을 짊어지게 되고 더욱 무겁게 하여 십자가를 짊어지지 않으면 안됩니다. 그대가 십자가 하나를 버리고 나면 또 다른 십자가가 나타나게 되며, 아마 그것은 더 무거운 것이 될 것입니다.

그대는 죽을 인간이 일찌기 피할 수 없었던 것을 피할 수 있다고 생각하십니까? 십자가와 시험이 없었던 성자가 이 세상에 누가 있읍니까? 우리 주님 예수 그리스도께서도 살아 계신 동안 슬픔과 고통의 생애를 보내지 않은 순간이 단 한 순간도 없었읍니다. "그리스도가 먼저 이런 고난을 받고 자기의 영광에 들어가야 할 것이 아니냐."(눅 : 4 장 26절)고 하셨읍니다. 그런데 어째서 그대는 십자가의 길과 같은 이러한 공도(公道)보다도 어떤 다른 길을 가려고 합니까? 그리스도의 전 생애는 십자가의 생애요 순교자의 생활이었읍니다. 그런데 그대는 이기적인 쾌락과 평안만을 찾습니까? 만일 그대가 고난을 피하고 다른 길을 찾으려고 한다면 큰 잘못을 범하고 있다는 것을 기억하십시오. 죽을 수밖에 없는 인간의 생활은 고난으로 가득 차 있으며, 발자취마다 십자가의 못자국이 박히도록 된 우리 생입니다. 그리고 영적으로 보다 나은 생활을 하는 사람일수록 더 무겁고 더 많은 십자가를 짊어지게 됩니다. 하나님이 사랑하는 사랑의 깊이가 클수록 더 크고 무서운 고통과 슬픔을 이 세상에서 받게 하는 것입니다.

그럼에도 불구하고 이러한 여러 가지 모양으로 고통을 받지만 이 사람들은 대접도 위로도 받지 못한 사람입니다. 그러나 그는 자기의 십자가를 지는 일로써 큰 수확을 거둘 수 있읍니다. 이는 그가 즐거운 마음으로 그런 고통을 참고 견딜 수 있을 때 그 모든 고통의 무게는 하나님의 위로의 희망으로 변하기 때문입니다. 그리고 그 육체가 고통을 받을수록 그의 영혼은 속으로 더욱 큰 힘을 얻게 됩니다.(고후 : 4장 16절) 그리고 때로 그는 시련을 참기 원하면 매우 강하게 됩니다. 이는 그리스도의 십자가에 대한 조화의 사랑을 위하면 그는 고통도 슬픔도 가지지 않게 되어집니다.(고후 : 11장 23~30절)

이 소원은 우리 스스로에서 나오는 것이 아니고 예수 그리스도의 은총에서 나오는 것이며, 이 은혜가 연약한 인간에게 크게 역할을 하게 됩니다. 그리하여 두려움과 공포를 그가 가진 정신부정으로 담대하게 대하여 또 그런 것을 사랑하게까지 되는 것입니다.

사람은 본래 십자가를 지는 것을 싫어하며, 그것을 사랑하거나 육체를 괴롭히기를 원치 아니하며, 자기 몸을 복종시키기를 원하지 않읍니다. 누가 자기에게 오는 명예를 거절하며 모욕을 달게 받고 자신을 천대하고 멸시함을 원하겠으며, 모든 역경과 손해를 받으며 이 세상에서 받을 수 있는 호화스러운 생활을 원치 않는 사람이 어디 있겠읍니까? 만일 사람이 자기 힘만 의지한다면 십자가를 질 수는 없읍니다.(고후 : 3장 5절) 그리고 만일 주님을 믿는다면 하나님이 하늘로부터 힘을 주시어 세상과 육체는 그대의 뜻에 복종하게 될 것입니다. 만일 그대가 그리스도의 십자가의 증거를 갖고 믿음으로 부정되어 있다면 그대의 적이나 사탄을 두려워할 필요는 없읍니다.

그러므로 그리스도의 선하고 신실한 종답게 자신을 세우십시오. 사내답게 그대를 사랑하시기 때문에 십자가를 지신 주님의 십자가를 지십시오.

눈물의 골짜기 같은 인생행로에 있는 모든 시련과 장애를 참고 견디기 위한 준비를 하십시오. 그래야 그대가 있을 곳이 있을 것이며, 그대가 어느 곳에 가든지 그대 자신이 숨을 곳을 발견할 수 있을 것입니다. 어떤 불평과 비애를 만나도 그대는 참고 견디어야 합니다.

만일 그대가 주님의 친구가 되고 주님으로부터 모든 것을 나누기를 원한다면 주님의 쓴 잔을 마시십시오.(마 : 20장 23절) 위로에 관해서는 하나님께 맡기시고 주님이 원하시는대로 하십시오. 그러나, 현재에 받는 고난은 장래에 받을 영광과 비교도 할 수 없는 것임을 생각하시고 어떤 시련이라도 참고 견딜 수 있도록 그대 자신을 준비하십시오.(롯 : 8장 18절) 그대 혼자서 어떤 시련이라도 참고 견딜 수 있도록 하십시오.

그대는 그대에게 오는 고통을(롬 : 5장 3절, 갈 : 6장 14절) 그리스도를 위하여 달게 받아야 하고, 오히려 그런 시련을 환영할 정도까지 이르게 되면 그대는 이 세상에서 이미 낙원을 발견한 사람이기 때문에 모든 것이 선하게 될 것입니다. 그러나 고통이 그대에게 닥쳐 눈물이 마르지 않고 또 그 고난을 될 수 있는대로 벗어나려고만 한다면 그대가 어느 곳에 있든지 시련이 찾아와 그대를 괴롭힐 것입니다. 만일 그대가 고통받는 일, 죽는 일에 대하여 무감각하면 모든 것이 선하게 될 것이며 그대의 마음은 평안을 찾을 것입니다.

비록 그대가 사도바울과 같이 3층천에 올라간다고 할지라도(고후 : 12장 4절) 고난으로부터 안전할 수는 없읍니다. "그가 내 이름을

위하여 해를 얼마나 받아야 할 것을 내가 그에게 보이리라."(행:9장
16절)고 주님께서 말씀하셨읍니다. 그러므로 그대가 예수님을 사랑
하고 또 그를 완전히 섬기고자 하면 고통은 당연히 있게 되는 것입
니다. 아! 그대가 예수의 이름으로 무엇인가 고통을 받는다는 것은
얼마나 가치있는 일입니까?(행:5장 41절) 그대가 받을 영광이 얼마
나 크고 오래 남겠읍니까? 그 기쁨에 모든 하나님의 성도들이 일
어날 것이며, 그대의 이웃들은 얼마나 가르침을 받겠읍니까! 고난
을 받기를 원하는 사람은 지극히 적으나 모든 사람들은 인내를 권
장합니다. 세상일을 위하여 많은 사람들이 비통한 괴로움을 받는데
그대가 그리스도를 위하여 조그마한 괴로움을 받는 것이 얼마나 커
다란 일입니까?

   우리는 날마다 죽음으로 향하고 있다는 것을 확실히 아십시오.
(시:42편 22절) 그리고 자신이 죽으면 죽을수록 우리는 더욱 하나님
께 대하여 사는 것이 됩니다. 그가 그리스도의 일을 위하여 적에
대하여 참을 수 있지 않다면 하늘의 일을 이해할 수는 없는 것입니
다. 그리스도를 위하여 즐겁게 고난을 받는 것보다 이 세상에서 하
나님께 더 영광되는 일은 없읍니다. 그리고 두 가지 중에서 그대에
게 선택하라고 한다면 그대는 무엇보다도 괴로움을 받는 일을 선택
해야 합니다. 그것이 그대를 그리스도에게 더욱 가깝게 하는 길이기
때문입니다. 우리의 가치와 영적인 진보는 위로나 즐거움을 찾아
평안을 가짐에 있지 않고 큰 짐과 고난을 받음에 있읍니다.

   진실로 만일 인류를 구원하는 길이 십자가의 고통을 받는 것보다
더 좋은 적당한 방법이 있었다고 하면 그리스도는 그의 말씀과 생
활에서 이것을 보여 주었을 것입니다. 그러나 주님을 따르는 제자
들이나 주님을 따르기를 바라는 모든 사람들에게 주님께서는 분명히
십자가에 대한 참음을 다음과 같이 보여 주셨읍니다. "누구든지 나

를 따르려면 그는 먼저 자기를 이기고 제 십자가를 지고 나를 따르라."(눅 : 9 장 23절) 그래서 우리가 이 구절을 읽고 완전히 이해하게 되면 결국 이러한 결론에 도달하게 됩니다. "많은 환난을 받은 후에 하나님의 나라에 들어갈 수 있느니라."(행 : 14장 22절)

제3부

내적 위안(内的慰安)

그리스도께서 믿음을 말씀하다

"내가 여호와 하나님께서 하신 말씀을 들으리라."(시 : 85편 8절) 주님께서 하신 말씀을 듣고 그의 입에서 위안의 말씀을 받은 사람은 복있는 사람입니다. 하늘의 속삭임에 귀를 기울이고 세상의 속삭임을 멀리 하는 사람은 복있는 사람입니다.(마 : 13장 26~27절) 진실로 속에서 가르쳐 주는 진리에 귀를 기울이고 세상 음성에 귀를 기울이지 않는 사람은 복이 있읍니다. 내적인 일을 향하고 외적인 일을 듣지 않는 사람은 복이 있읍니다. 내적인 일에 깊숙이 들어가며 날마다 그 자신이 하늘의 비밀을 받고자 하는 사람은 복있는 사람입니다. 세상의 얽힌 모든 일을 끊어버리고 전적으로 그 자신을 하나님께 드리는 사람은 복이 있읍니다.

오 나의 영혼이여! 각각의 욕망의 문을 닫고 그대의 주 하나님께서 그대에게 말씀하시는 것을 들을 수 있도록 생각하십시오.(시 : 85편 8절)

그대를 사랑하는 주님은 이렇게 말씀하십니다. "나는 그대의 구원이니라, 그대의 평화이며 그대의 생명이다. 나에게 가까이 와서 화평을 찾으라." 모든 이 세상의 일들을 버리고 영원한 일을 찾으십시오. 이 세상의 일들이란 속이는 것 이외에 무엇이 있겠읍니까? 만일 창조주께서 그대를 버린다면 모든 피조물이 무슨 소용이 있겠읍니까?

그러므로 모든 일들을 물리치고 창조주를 즐겁게 해 드리기 위해 노력하여 진실을 다하십시오. 그리하면 그대는 참 축복을 얻을 수 있을 것입니다.

진리는 내적으로 말한다

"주여 말씀하옵소서, 당신의 종이 듣겠나이다."(삼상 : 3장 9절) "나는 당신의 종이오니 당신의 증거를 알기 위하여 나에게 이해력을 주옵소서."(시 : 119편 125절) "땅은 내 입의 말을 들을지어다. 나의 교훈은 내리는 비요 나의 말은 맺히는 이슬이요."(신 : 32장 1절~2절)

옛날 이스라엘의 사람들은 모세에게 말했읍니다. "당신이 우리에게 말씀하소서, 우리가 들으리이다. 하나님이 우리에게 말씀하시지 말게 하옵소서, 우리가 죽을까 하나이다."(출 : 20장 19절) 그러나 주여, 나는 그렇게 기도하지 않습니다. 선지자 사무엘과 함께 겸손하고 간절하게 구하옵나니 "주여, 말씀하옵소서, 종이 듣겠나이다."

모세나 어떤 선지자도 말하지 말게 하옵시고, 오 주여, 당신이 말씀해 주시옵소서. 모든 선지자들을 감동케 하시고 밝혀주신, 주님 홀로 친히 말씀해 주옵소서. 그들은 당신의 도움 없이는 아무것도 할 수 없읍니다.

그들은 진실로 말씀을 전할 수 있지만 성령을 줄 수가 없읍니다. 그들의 말은 아름답지만, 그러나 당신이 침묵을 지켜 주신다면 저들은 다른 사람의 마음을 뜨겁게 할 수는 없읍니다. 그들은 글로서 사람을 가르치나 당신은 이해하는 마음을 주옵니다. 저들은 신비한 것들을 소개는 하지만 그 모든 비밀의 뜻을 풀어 주시는 분은 당신이옵니다. 저들은 계명을 선언은 하지만 계명들을 지키도록 도우시

는 분은 당신이옵니다. 저들은 길을 가르쳐 주나 당신은 그 길을
걸을 수 있는 힘을 주십니다. 그들은 외적인 갈증을 해결해 주지만
당신은 내적인 성수를 주십니다.(고전 : 3장 6절) 저들은 울부짖으며
말씀을 선포하나 당신은 듣는 속마음에다 이해력을 주십니다.

그러하오니 모세로 하여금 나에게 말하게 하옵시고, 오 하나님
내 주시여, 영원하시며 진리이신 당신이 말씀해 주옵소서. 당신 말
씀으로 견책함을 받지 않으면 내가 아무런 열매도 맺지 못할 것이
오며, 당신이 내 마음에 불붙이지 않으면 내가 죽을 수밖에 없나이
다. 내가 만일 당신의 말씀을 듣고 복종치 아니하며, 또 알기만
하고 사랑하지 아니하며, 믿기만 하고 지키지 아니하면 나는 저주를
받을 수밖에 없나이다. 그러므로, 오 주시여, 당신이 말씀하옵소서,
당신의 종이 듣겠나이다. "당신에게는 영생하는 말씀이 있나이다."
(요 : 6장 68절) 주님이시여 나에게 말씀하여 주셔서 위로하여 주옵시
고 내 혼을 건지시고 당신께 영원한 영광과 존귀함과 찬양함을 드
리게 하옵소서.

하나님 말씀을 겸손히 들음

나의 아들이여, 내 말을 들으라, 내 말은 가장 아름답고 이 세상의
철인과 지혜인의 모든 지식보다 뛰어나리라. 내 말은 영이요 또 생
명이니라.(요 : 6장 63절) 그리고 사람의 이해력으로서는 측량할 수
없느니라. 헛된 자기 충족으로는 얻을 수 없지만, 다만 침묵에서
들을 수 있고 겸손과 사랑을 가진 마음이 이 말을 받을 수 있느니라.

그리고 나는 말합니다. "오 주님이시여, 주의 징벌을 당하여 주의
법으로 교훈하심을 받는 자가 복이 있나니, 이런 사람에게는 환난의

날에 벗어나게 하사 악인을 위하여 구덩이를 팔 때까지 평안을 주
시리이다."(시 : 94편 12~13절)

주님께서 말씀하십니다. 나는 이 세상 처음부터 예언자들을 가르
쳤고(히 : 1장 1절) 오늘날도 모든 사람에게 말하기를 쉬지 않았지만
많은 사람들이 귀머거리가 되어 내 목소리를 듣지 못하고 있느니라.
대부분의 사람들은 하나님의 말씀보다 이 세상에 귀를 기울이기를
즐기며, 또 하나님의 선을 즐기기보다 그 자신의 육체의 소망을 더
따르느니라. 세상의 약속은 지나가 버리는 적은 것에 두고 있지만 사
람은 큰 욕심을 내어 이를 구하고 있도다. 나는 높고 영원한 것을
약속했지만 많은 인간들의 마음은 어리석도다. 세상에서 섬기고 복
종하는 것같이 큰 경건심을 가지고 나를 따르고 섬기는 사람이 누
구인가 ! "오, 시몬이여 부끄러워하라, 바다가 부르짖는다."(사 : 23장
4절) 만일 그 이유를 듣고자 하거든 그 까닭을 들어보라. 적은
보수를 위하여 먼 여행을 다니나 영원한 생명을 위하여는 많은 사
람들이 땅에서 한 발자국도 떼어 놓으려고 하지 않느니라. 사소한
보수를 위하여 분주하고 한 푼의 유익을 위하여 싸우기를 마지 않
느니라. 헛된 일과 사소한 약속으로 저들은 밤낮으로 노력하느니라.
그러나, 아 얼마나 부끄러운 일이냐 ! 영원히 변하지 아니하고 끝
없는 영광과 가장 고귀한 영예를 위하여는 저들은 조그마한 수고도
하려 하지 않는도다 ! 그러므로, 오 게으르고 불평만 하는 종아,
너 자신의 구원보다 멸망에 관한 일에 더 관심과 주목을 하고 있는
자신을 부끄러워하라. 너희들은 진리보다도 헛된 일을 더 기뻐하느
니라.

진실로 저들은 저들의 소망이 때때로 사라지는 것을 보지만 나의
약속은 아직 한 사람도 속아 본 일이 없으며(마 : 24장 25절) 나를
믿고 의지하는 사람을 한번도 빈손으로 돌려보내지 않았느니라. 나

는 약속한 일은 반드시 주며 내가 말한 것은 반드시 이루기 위하여 끝날까지 내 사랑에 충실한 사람을 남기리라. 나는 모든 선한 사람을 그대로 갚아 주며(계 : 2장 23절, 마 : 5장 6절, 25장 31절) 나에게 충성하는 사람을 강하게 변호해 주리라.

내 말을 너희 마음 속에 그대로 기록하라. 그리고 열심히 묵상하라. 시험을 받을 때에 반드시 필요하리라. 네가 이 말씀을 읽을 때에 이해 안 되는 것이 무엇이냐, 내가 재림하는 날 알게 되리라. 나는 내가 택한 사람을 찾는 방법이 두 가지가 있느니라. 즉 시험과 위안이니라. 그리고 날마다 저들을 두 가지 모양으로 가르치느니라. 하나는 그들의 덕을 깨우치는 일이요, 또 하나는 덕을 더욱 심어주는 일이니라. 내 말을 갖고 이를 멸시하는 자는 "끝날에 그를 심판하리라."(요 : 12장 48절)

* 경건의 은혜를 간구하는 기도

오, 주 나의 하나님이시여, 당신은 나의 전부이시며 또 나의 선이십니다. 당신께 말씀을 드려야 할 나는 도대체 누구입니까?(창 : 18장 27절 나는 당신의 가장 비천한 종이오며 내가 생각하고 표현하기보다 더 비천하고 값없는 벌레와 같은 자이옵니다.

그렇지만, 오 주님, 나를 기억해 주시옵소서. 나는 가진 것도 없고 아무것도 할 수 없으며, 나는 아무것도 아니옵니다. 당신만이 선하시고 의롭고 또 거룩하옵니다. 당신은 모든 일을 하실 수 있사오며 당신은 모든 일을 채우시며 악한 자에게는 공허함을 주시지만 모든 것을 베푸시는 분이옵니다. "오 주님, 당신의 자비를 기억하게 하여 주시옵고"(시 : 25편 6절) 당신의 은혜로 내 마음을 채워 주시옵소서. 당신이 하시는 일은 어느 하나라도 가치없는 것은 없사옵니다. 당신이 당신의 자비와 은혜로 나를 강하게 하지 않는다면 내가 어떻게 이 슬픔 많은 괴로움을 참고 견딜 수 있겠읍니까?

"당신의 종으로부터 당신의 얼굴을 내게서 돌이키지 마시옵소서." (시 : 69편 17절) 당신이 내게 오심을 지체하지 마시옵고 내가 물 없는 사막처럼 되지 않게 하기 위하여 당신의 위로를 내게서 거두어 가지 마옵소서.(시 : 143편 6 절) 당신의 뜻대로만 행하도록 가르쳐 주옵소서.(시 : 143편 10절) 당신 앞에서 보람있게 또 겸손하게 살도록 하옵소서. 이는 당신이 나의 지혜이시며, 당신이 나를 참으로 알아 주시며, 이 세상을 창조하시기 전 또 내가 이 세상에 태어나기 전 이미 나를 아셨기 때문입니다.

하나님 앞에서 진리와 겸손으로 살다

나의 아들이여, 진리로서 행하는 단순한 마음으로써 끊임없이 나를 찾으라.(창 : 17장 1 절) 진리로써 내 앞에서 행하는 사람은 악의 침노를 받지 않고, 진리가 그를 속이는 자들에게서 건지시고 악인의 궤휼에서 건져 줄 것이니라.(요 : 8 장 32절) "만일 아들이 그대를 자유케 하면 진실로 그대는 자유하리라."(요 : 8 장 36절) 그리고 사람의 헛된 말에 대해서는 관심도 없게 될 것이다.

오, 주님, 그것이 참 말씀입니다, 당신이 하신 말씀 그대로 내게 임하게 하옵소서. 당신의 진리가 나를 기르치고 나를 보호하고 나를 안전한 끝날까지 인도하소서. 모든 사악한 감정에서 나를 자유케 하옵시고, 값없는 사랑에서 놓임을 받게 하옵소서. 그러면 내가 마음의 커다란 자유함 속에서 당신과 행하겠나이다.

나는 그대에게 말한다(진리는 말한다), 나를 기쁘게 하는대로 내가 너를 가르치리라.

너의 죄에 대해서는 깊은 불만과 슬픔을 가져 그대 자신이 어떤 선행을 하는 자라고 생각하지 말지어다.

진리 안에서 그대는 죄인이고 잡다한 감정에 얽매여 있는 존재이니라. 항상 그대는 그대 자신이 아무것도 아니라는 것을 기억해야 하느니라. 그대는 쉽게 넘어지고 쉽게 정복되고 쉽게 혼란에 빠지고 쉽게 휩쓸려 들어가는 자이니라. 그대가 자랑할 것은 아무것도 없고 (고전 : 4장 7절) 오히려 수치스러운 것만 그대에게 많이 있느니라. 그대 자신이 알고 있는 것보다도 더 연약한 존재이니라.

그러므로 그대가 한 모든 일이 아무것도 아니라는 것을 알아야 하느니라. 아무것도 큰 것이 없고, 아무것도 가치있고 자랑할 만한 것이 없느니라. 아무것도 평가할 만한 가치도 없고, 아무것도 귀한 것이 없으며 단지 영원한 것이 가져야 할 것이라고 생각해야 하느니라. 영원한 권리만을 그대의 소유로 하며, 모든 기쁨에 뛰어나게 우리의 내적 무가치함이 우리를 항상 괴롭히고 있느니라. 그대 자신이 갖고 있는 죄나 부덕함 만큼 더 두렵고 더 부끄럽고 더 피해야 할 것이 없는 것이라고 생각해야 하느니라. 지상의 모든 소유물을 다 잃어버린 것보다도 이러한 죄와 부덕함이 그대를 더 불행하게 만드는 것이니라.

어떤 사람은 내 앞에서 진실하게 살지 아니하고(고후 : 2장 17절) 내 신비나 하나님의 비밀을 막고 이해하기 위한 호기심과 거짓에 따라 살며 그들의 영혼이 구원받을 일에 대해서는 등한히 하고 있다. 종종 내가 그들을 거절할 때 저들은 시험과 죄악을 범하고 있느니라. 하나님의 심판을 두려워하라. 전능하신 하나님의 심판대 앞에 서는 것에 대하여 공포심을 가져라. 그러나 존귀하신 하나님의 일을 헤아리지 말아라. 더욱 더 자신의 생활을 살펴 보며 얼마나 큰 죄를 범했는지를 살펴라. 그리고 얼마나 선을 행함에서 멀어져 있는가를 생각하라.

어떤 사람들은 그들의 경건이 책이나 그림이나, 어떤 미적인 모양이나 표시에 있다고 하느니라. 간혹 입술로 나를 찾는 자가 있으나 마음으로 나를 찾는 자는 적느니라.(사 : 29장 13절)

정신의 명쾌함과 감정의 정화를 위해서 항상 하늘나라의 것을 사모하는 사람들이 있나니, 저들은 이 세상일에 귀가 멀고 육체의 요구까지 엄격하게 거부하느니라. 그들은 그들 속에 진리의 성경이 말씀하고 계신 것을 완전히 이해하고 있느니라.(시 : 25편 5절) 이는 그 진리의 성령이 이 세상일을 멸시하게 하고, 하나님나라의 것만을 사랑하게 하시기 때문이니라. 또 이 세상을 잊어 버리고 하늘나라의 일상생활을 간구하게 하기 때문이니라.(시 : 1편 2절)

하늘의 사랑이 끼치는 아름다운 효과

오, 하늘에 계신 아버지, 우리 주 예수 그리스도의 하나님, 당신의 이름이 영원히 축복받으시옵소서, 당신은 비천한 나를 기억하여 주십니다. "자비의 아버지시며 모든 위로의 하나님이시여"(고후 : 1장 3절) 나는 비록 모든 위로가 필요한 가치없는 존재이오나 당신의 위로로써 나를 새롭게 해 주시니 당신께 감사드리옵니다. 나는 항상 축복과 영광이 당신과 당신의 독생자이신 예수 그리스도와 위로자이신 성령에게 영원토록 함께 하시기를 바랍니다. 아, 주 하나님, 당신은 나의 영광이요 또 내 마음의 기쁨이 되시나이다. 당신은 나의 희망과 환난 중에 있는 나의 피난처가 되시나이다.(시 : 32편 7절,

59편 16절)

그러나 나는 아직 사랑이 허약하옵고 덕이 불완전하옵기 당신의 위로와 담대함이 더욱 필요하나이다. 그러하오니 종종 나를 찾아 주시고 거룩한 율법으로 내 앞길을 지시하여 주옵소서. 악한 감정에서 자유케 하여 주시옵고 모든 무질서한 정욕에서 나를 깨끗하게 고쳐 주옵소서. 고침을 받아 깨끗해진 심령만이 사랑으로 갖출 수 있으며 고통에 잘 견디며 굳세게 되옵니다.

사랑은 강한 힘입니다. 그렇습니다. 또한 크고 완전한 선이옵니다. 사랑은 모든 무거운 짐도 가벼웁게 만들고 거친 것을 평탄하게 만듭니다. 사랑은 고난의 십자가를 십자가같이 느끼지 않게 만들고, 고난의 쓴 잔을 달콤하게 만듭니다. 예수님의 존귀한 사랑은 위대한 행동을 하도록 감격시켜 주십니다. 그것은 또 항상 완성을 원하도록 우리를 인도하십니다. 사랑은 높은 곳을 사모하고 가치없고 헛된 것에서 자기를 물러나게 합니다. 사랑은 자유스럽기를 바라며 모든 세상 욕망에는 이방인이 되게 하고, 그 속에서 오는 환상을 사라지지 않게 하며, 이 세상에 대한 관심을 막아버리고 모든 불행을 쫓아버립니다.

사랑보다 더 달콤한 것은 없으며 사랑보다 더 강하고 더 높고, 더 넓고, 더 기쁘고, 하늘과 땅에서 그 보다 더 완전하고 좋은 것은 없습니다. 이는 사랑은 하나님에게서 나온 것이기 때문입니다.(요일 :4장 7절) 또 사랑은 모든 피조물을 초월하여 하나님께만 자리를 잡고 있기 때문입니다.

사랑은 날고 뛰고 기뻐합니다. 사랑은 자유스럽고 얽매이지 않습니다. 사랑은 모든 것을 아무 조건없이 주며, 모든 것 중에 가장 좋은 것을 갖고 있으며, 모든 것을 초월하시고 가장 높으신 하나님께만 있으며, 그 하나님에게서 사랑은 흘러나오고 나타나나이다.

사랑은 선물에 관계하지 아니하며, 모든 선을 주신 주님께 모든 것을 돌려 드립니다.

사랑은 척도를 가지고 잴 수 없으며 사랑은 척도를 초월해 있읍니다. 사랑은 짐스럽지 아니하며 괴로움을 모르고 그 힘 이상의 것을 언제나 하려고 합니다. 사랑에는 불가능이 없으며 모든 것을 원하는대로 이룰 수 있읍니다. 그러므로 사랑만이 위대한 일을 할 수 있읍니다. 사랑은 강하고, 많은 일들을 완성시키며, 그 일들에 효과를 가져오고, 사랑에 굶주리고 결핍해 있는 자만이 넘어지고 실패합니다. 사랑은 살피고 졸지도 아니 합니다. 허약하지만 기진맥진하지 않으며, 압박은 당하지만 속박을 모릅니다. 놀라지만 두려워하지 않으며, 살아 있는 불꽃처럼 타고 또 타도 없어지지 않으며, 위로만 끓어 오르며, 모든 장애물을 태우고도 남음이 있읍니다. 만일 어떤 사람이 사랑을 한다면 그는 이 소리의 울부짖음이 무엇인지를 알 것입니다. 하나님의 귀에 들리는 큰 소리는 언제나 "나의 하나님, 나의 사랑이신 하나님, 당신은 나의 모든 것이오며 나는 당신 것이오니다."라고 부르짖는 그 소리뿐이옵니다.

나에게 사랑을 깊게 하셔서 당신을 사랑함이 얼마나 달콤하며, 당신 사랑 속에 내가 녹아지고 그 사랑에 사로잡히는 것이 얼마나 행복스러운 것인가를 내 마음으로 알게 하여 주십시오. 사랑으로 나를 붙들어 주시어 내 자신보다 위로 계속적인 열심과 기묘함으로 높여 주옵소서. 나로 하여금 사랑의 노래를 하게 하옵소서. 나의 사랑이신 주님, 나로 하여금 당신을 따라 높은 곳으로 올라가게 하옵소서. 내 영혼으로 당신의 찬양에 전 시간을 보내게 하여 주옵시고 당신 사랑에 즐겁게 하옵소서. 내 자신보다 당신을 더 사랑하게 하시고 내 자신을 사랑하지 않고 당신을 위하여 사랑하게 하여 주십시오. 당신을 진실로 사랑하는 모든 사람을 당신에게서 나온 율법이 명령하는대로 사랑하게 하옵소서.

　사랑은 신속하고 경건하며, 친절하고 기쁘고 또 기쁘고, 용감하고 오래 참으며, 신선하고 순결하고 언제나 자기 유익만을 생각하지 아니합니다.(고전 : 13장 5절) 사람이 자기 자신만을 찾을 때 사랑은 떠나버립니다.(고전 : 10장 33절, 빌 : 2장 21절)

　사랑은 견실하고 겸손하며, 굳세게 포옹하며, 헛된 일들을 좇지 아니합니다.

　사랑은 웃사람에게 복종하며, 비록 천하고 멸시받는 일 같으나 하나님께 경건하게 감사하며, 하나님의 즐거움을 맛볼 수 없는 때라도 의지하며 기다리는 것이 사랑입니다. 이는 괴로움없이 사랑 속에 사는 사람은 아무도 없기 때문입니다. 모든 일에 고통을 받을 준비를 하지 않는 사람과 사랑하는 사람으로서의 뜻을 갖지 못한 사람은 사랑하는 사람이라고 말할 수 없읍니다.(롬 : 8장 35절) 사랑하는 사람은 그의 사랑하는 분을 위해서 모든 고난과 시련을 즐거이 감수하며, 역경 때문에 그의 사랑하는 분을 슬프게 하지는 않습니다.

참 사랑하는 자의 증거

　나의 아들이여, 그대는 아직도 용감하고 지혜있는 사랑하는 사람이 아닙니다. 주님, 어째서 그렇습니까?

　이는 그대가 적은 고난을 당하자마자 그대는 처음 시작한 일을 그만 두고 열심히 위로만 구하기 때문이다. 용감한 사랑을 하는 사람은 시험에 굳세게 대처하며, 사탄의 간교한 변론에 귀를 기울이지 않느니라. 그리고 험난한 때에라도 영화의 때와 같이 나는 항상 그

를 즐거워하느니라.(빌 : 4 장 11~13절) 현명하게 사랑하는 사람은 주
님의 선물을 사랑하기보다는 주님의 사랑을 주는 것을 중히 여기느
니라. 그는 물질보다 사랑하는 마음을 더 높이며 사랑해 주시는 분
을 모든 사물보다 더 귀하게 생각하느니라.

고상한 마음을 가진 사랑하는 사람은 선물에 만족하지 않고 모든
선물보다 나를 더 사랑하느니라.

그러므로 내게 대한 경건과 네가 쳐다보는 성자들에 대하여 충성
을 다하고 있다고 생각하지 않을 때에는 모든 것을 잃고 있는 것을
알아야 할 것이니라. 때로 그대가 느끼는 기쁘고 선한 애정은 내가
그대에게 주는 은혜의 결과이며, 하늘나라의 너의 고향을 미리 맛
보는 것이니라. 그러나 너무나 많이 그것에 기대지 말아라. 그것은
왔다가 곧 가는 것이니라. 그러나 마음 속에 일어나는 여러 가지
악한 생각들과 싸우는 것과(마 : 4 장 10절) 사탄의 제시를 조소하는
것은 그대 자신이 가진 덕과 공로가 있다는 귀한 증거가 되느니라.

어떤 원인에서 일어나는 일이든 그대의 마음에 엄습해 오는 이상
한 공상에 스스로 걱정을 하도록 하지 말아라. 용감하게 그대의 목
적을 지키고 하나님을 향하여 직행하라. 때로 어떤 딴 생각에 열중
했다가도 곧 정상적인 사람의 생각에 돌아가기만 하면 그것으로 환
멸을 느낄 것이 아니니라. 이는 그대가 고의로 이런 것을 가지는
것이 아니고 우연히 가지는 것이나, 그런 것이 그대를 만족케 하지
는 못하더라도 그대에게 유익이 될지언정 해는 되지 아니하리라.

옛 원수는 그대가 선을 갈망하는 것을 방해하기 위하여 온갖 수
단을 다 강구하며, 모든 종교적인 경험에서 떠나도록 항상 투쟁하고
있음을 알아야 하느니라. 이 사탄은 그대가 성자를 존경하는 일을
방해하며, 그대가 나의 고난(주님의 고난)을 명상하는 일도 방해하
며, 그대의 죄를 위한 유익한 시련도 방해하며, 그대 자신의 마음의

보호를 방해하며, 덕의 발전을 가져오는 굳건한 목적도 방해하느니라. 많은 사탄들은 공포와 연약함을 넣어 주어 성서를 읽는 일과 기도하는 일로부터 떠나도록 온갖 방해를 하느니라. 경솔하게 죄를 고백함을 사탄은 극히 싫어하느니라. 그러나 만일 사탄이 생각하는 대로 된다면 사탄은 그대가 성만찬으로 나가는 길을 끊고 말 것이니라.

사탄을 믿지 말아라. 사탄을 중시하지 말아라. 간교에 넘어가지 말아라. 그가 사악한 것이나 깨끗치 못한 생각을 제시할 때 즉시 책망하라. "이 사악한 영이여 내게서 떠나라."(마 : 16장 23절)하고 말하라. 그를 부끄럽게 하고 그를 무찔러 버려라! 나의 귀에 이런 일들을 가져오는 것은 가장 더러운 사탄 바로 너다. 이 가장 사악한 존재여 나를 떠나라! 너는 나를 떠나려 하지 않을지라도 예수님이 항상 나와 함께 계시니 나를 넘어뜨릴 수 없으리라. 그대에게 마음을 주고 그대의 하는 일에 찬동하기보다는 차라리 너는 죽음과 고통을 택하리라. 벙어리가 되어 잠잠하라. 아무리 꾀어도 나는 너의 말을 듣지 않겠노라. "주는 나의 빛이요 나의 구원이시니 내가 누구를 무서워하리요. ……많은 군대가 나를 포위하여 진을 칠지라도 내 마음은 두려워하지 아니하리라."(시 : 27편 1~3절)

선한 용사와 같이 싸워라.(딤전 : 6장 12절) 비록 그대가 약하여 쓰러진다 해도 더 큰 용기와 힘을 가지고 헛된 만족과 거짓에서 그대 자신을 지켜라. 이런 것들이 그대를 잘못으로 몰아넣어 고칠 수 없는 병을 그대의 마음에 심게 하리라. 머리 속은 자기의 힘을 의지하여 교만하지 말고 그대는 항상 겸손을 지켜 경고로써 경배하라.

겸손의 보호 아래 숨은 은혜

경건의 은혜를 감추는 것이 그대를 위해서 더 유익하고 안전한 것이니라. 그대의 경건을 자랑하지 말아라. 그것을 많이 말하지 말아라. 그 자랑 속에 안주(安住)하지 말아라. 그러나 그 은혜가 댓가없이 주어진 것을 두려워하고 그대 자신을 주시해라.

이러한 불완전한 상태에서 아무 열심도 없이 은혜가 임했다는 사실은 곧 그것이 반대로 시련으로 변할 수가 있다는 것을 생각해야 하느니라. 그대가 은혜 가운데 있을 때 은혜없이 그대가 어떻게 고난과 시련을 대체할 것인가를 생각하라.

그대가 위로의 은혜 속에 있을 때 영적인 삶의 진보가 단지 이 안에만 있다고 생각하지 말아라. 경건의 은혜는 오히려 겸손에서 자라고 겸양과 인내에서 자라며, 기도에 지치지 아니하며 경건을 위하여 열심을 내는 다른 일에서 자라나라. 그대가 놓여진 위치에서 즐거움으로 그대의 능력과 이해의 최선을 다하여 행하라. 이 목적을 위해서 마음의 불안이나 무미건조함에 빠지지 말아라.

이는 많은 사람들이 인내력도 없고 게으르기 때문이니라. 사람의 일은 항상 자기의 힘대로만 되는 것은 아니니라. (렘 : 10장 23절, 롬 : 9장 16절) 하나님이 하시고자 하실 때, 또 그가 주시고 싶은대로, 또 주실 자에게 다만 그가 원하시는대로 위로를 주시니라. 그 이외에 딴 길은 있을 수 없느니라.

어떤 충고받지 못한 사람들은 경건의 은혜를 받은 것으로 해서 일을 망쳐버리느니라. 이는 그들이 자기에게 주어진 능력의 한계성을 모르기 때문이니라. 하나님 앞에서 작은 존재임을 잊어버리고

바른 이성의 비판을 따르기보다는 넘치는 감정에 사로잡혀 자기가
하는 일이 곧 하나님이 하는 일인 양 생각하여 받은 바 은혜까지도
잃어버리느니라. 하늘에 그들의 집을 지으려는 사람들은(사 : 14장 13
절) 겸손과 가난을 통해서 피들라 신이 가지고 있는 날개로 날지
아니하고 내 날개(시 : 91편 4절)를 믿고 의지하여 올라가야 함을 배
울 목적으로 곤궁하고 더욱 처참하게 자신을 낮추어야 하느니라.

주님의 길에 서투르고 경험이 없는 사람은 지혜로운 충고를 따르
지 않으면 쉽게 속임을 당하고 난파되어 버리고 말 것이니라.

저들이 만일 더 경험이 있는 다른 사람들의 말을 믿지 않고 자기
자신의 감정을 더 따른다면 스스로 속는 그 일에서 벗어나지 않는
한 그들의 목적은 위험하게 될 것이니라. 스스로 현명하다고 생각
하는 사람은 겸손히 다른 사람들에게 복종하는 경우가 거의 없느니
라. 겸손으로 시정될 수 있는 적은 지식과 이해는 실상 헛된 자만
심으로 가득 차 있는 큰 지식보다 훨씬 더 나으니라.(시 : 16편 2절,
17편 10절) 자만심을 많이 가진 것보다 적은 쪽이 훨씬 더 좋으니라.

이전에 가난했던 것을 잊어버리고 현재의 부요함을 즐기는 사람은
미련한 사람이니라. 이미 받은 은혜를 잃을까 두렵고 주님을 존경
하는 것까지도 잊어버릴까 염려하느니라. 환난과 역경 가운데 절망
하고 나에게다 완전히 의뢰심을 바치지 않는 사람도 지혜로운 사람
은 아니니라. 평화시에 안전함을 느끼는 사람은(살전 : 5장 6절) 종종
전쟁시에는 낙망과 공포를 가지게 되느니라. 만약 그대가 항상 겸
손과 절제를 가지며 또한 그대의 영을 지배하고 제어한다면 그대는
쉽게 위험과 적 속에 빠지지는 않을 것이니라.

정열의 영이 마음 속에서 불탈 때마다, 그대는 그 빛이 꺼질 때
어떻게 할 것인가를 생각함이 좋은 충고일 것이다. 이런 일이 생기
거든 지금은 내게서 얼마 동안 나와 하나님의 영광을 위한 경고로

부터 떠나갔지만 반드시 또다시 올 것을 기억하라.(욥 : 7장) 이와같
은 염려는 그대의 뜻대로 모든 일들이 순조롭게 되어가는 것보다도
훨씬 더 유익하다. 사람의 값은 환성이나, 오락이나, 성경에 대한
지식이나, 그가 만드는 높은 위엄에 있지 않고 오히려 겸손을 기반
으로 한 그의 인격, 거룩한 사랑으로 채워진 그의 마음에 있느니라.
사람의 값은 순결하고 변치 않는 마음으로 하나님의 영광을 찾는
데 있느니라. 그러한 사람은 그 자신을 보잘 것 없는 존재로 생각
하고 그 자신을 정직하게 무가치한 것이라는 생각을(시 : 84편 10절)
할 줄 아는 사람이니라. 또 그러한 사람은 다른 사람들의 영광을
경멸히 여길 줄 알고 겸손을 영예보다 더 생각하는 사람이니라.

우리 자신의 천한 의견

진실로 나는 먼지와 티끌에 지나지 않은 존재이지만 우리 주께
감히 아뢰옵니다.(창 : 18장 27절)
만일 내가 내 자신을 그 어떤 것보다도 더 높이면 당신이 내 앞에
나서시어 이를 만류하시며 나의 죄가 어떤 것인가를 바로 증거하시
므로 나는 결코 내 자신만을 높이지는 못하겠나이다. 그러나 내가
겸손하고 내 자신이 무력한 존재임을 알고 내 자존심과 자부심을
다 없애버리고 현재 먼지 같은 내 자신이란 사실을 잊지 않으면
당신께서 내게 오시고 당신의 빛이 나를 비추어 내 자신이 무력하
다는 것과 아무것도 아니라는 사실이 영원히 사라지고, 그 대신
빛나는 참 나의 자존성을 깨닫게 되옵니다.
당신은 당신 자신을 나에게 보여 주심으로 해서 내가 어떤 사람
인지 내가 무엇을 해 온 사람인지, 또 내가 어떤 사람이 되어가고

있는지를 가르쳐 주십니다. 내 자신은 아무것도 아니며, 또한 나는 이것을 알지 못했나이다. 내 자신이란 아무 가치도 없는 것이며 모든 것이 약할 뿐이옵니다. 그러나 당신이 한 순간이라도 나를 보아 주시면 나는 다시 강해지오며 새로운 기쁨으로 충만케 됩니다. 당신이 나를 높이고 내 자신이 일찍이 맛보지 못한 당신의 은혜로써 나를 둘러싸 주시나이다.

이것은 당신의 사랑의 이루심이며, 모든 어려움 가운데서 자유롭게 지키시며 이끌어 주시고 위험한 압력에서 나를 보호해 주시고 수없는 사악으로부터 나를 건져 주십니다. 그러나 내 마음이 사악하여 내 자신을 사랑할 때는 내 자신을 잃어버리며(요 : 12장 25절) 당신을 순수하게 사랑하게 되면 당신과 나를 함께 찾게 됩니다. 이는 그 사랑으로 인하여 내 자신이 아무것도 아니라는 사실을 말할 수 있을 만큼 겸손해지기 때문입니다. 오, 사랑 많으신 주님, 당신은 내 가치 이상으로 나를 사랑하시며 내가 구하고 바라는 바 이상으로 나를 대접해 주십니다.

오, 축복받으신 나의 하나님이시여, 나는 아무런 축복도 받을 수 없는 자입니다. 그러나 당신의 관대하신 사랑과 무한한 선이 감사할 줄 모르는 이 배은망덕한(마 : 5장 45절), 그리고 당신에게서 멀리 떠나 있는 사람까지 복을 빌어 주십니다.

우리의 마음을 당신께 향하게 하시며, 당신께 감사하게 하시고, 겸손하고 경건하게 하옵소서. 당신은 우리의 구원이시며, 용기이시며, 권능이십니다.

하나님을 증거하는 모든 일

　나의 아늘이여, 그대가 진실로 축복받기를 바란다면 내가 너의 가장 높고 궁극적인 목적이 되어야 하느니라. 이러한 의미로 너의 애정이란 피조물이나 너 자신에 기울어지는 잘못을 했으니 반드시 정결케 되어야 하느니라. 만일 네가 모든 일 중에서 네 자신을 찾으려면 즉시 너의 모든 것을 내게로 돌려야 하느니라.

　모든 것을 준, 제일 높은 선이 되는 나에게서 모든 것이 나왔느니라. 그러므로 그들의 영생의 샘인 나에게로 모두 돌아오게 될 것이니라.

　내게서 작은 자나 큰 자나 가난한 자나 부자나 다 같이 생수(生水)인 살아있는 샘으로부터 물을 마시느니라.(요: 4장 14절) 그리고 나를 즐겁게 또 자유스럽게 섬기는 자는 은혜 위에 은혜를 더 얻을 것이니라.(요: 1장 16절) 그러나 나 이외의 영광을 바라는 자나(고전: 1장 29절) 어떤 개인적인 선함에서 즐거움을 찾으려는 사람은 참 기쁨을 소유할 수도 없고, 그 마음이 높임을 받지 못하고 많은 지장과 어려움을 당하고 말 것이니라.

　그러므로, 그대 자신에게는 아무것도 선한 것을 찾지 말고 모든 것을 하나님께 드리고, 하나님이 없이는 사람들이 아무것도 할 수 없음을 알아야 하느니라.

　내가 모든 것을 주었으니 모든 것이 다시 내게로 돌아올 것이요, 감사하는 마음으로 돌아와야 할 것이니라. 이것이 헛된 영화는 사라지고 말 진리이니라. 그리고 만일 하늘의 은혜와 참 사랑이 마음 속에 들어온다면 야심이나 추악한 마음이나 또한 자기 소유욕의 이기심도 없어질 것이니라. 하나님의 사랑은 모든 것을 지배하고 우리 영혼이 가진 모든 힘을 더 크게 하느니라.

네가 만일 참으로 지혜로우면 너는 다만 내게서만 즐거워하고 내게서만 소망을 가지리라. "선한 사람은 아무도 없고 오직 한 분 하나님뿐이시니"(마 : 19장 17절, 눅 : 18장 19절) 그분만이 찬양을 받으실 분이시며 축복을 받으실 분이시니라.

세상을 멸시하고 하나님께 예배하는 길

오, 주님, 이제 내가 다시 말씀드립니다. 나는 결코 침묵을 지킬 수가 없사옵니다. 나의 주님이시며 가장 높은 곳에 계시는 나의 왕이시여, 나의 하나님 귓전에 삼가 말씀드립니다.

"오, 당신의 선은 얼마나 크시옵니까. 이는 다만 당신을 경외하는 사람에게만 가만히 주시는 복이나이다."(시 : 31편 19절) 그러나 당신을 사랑하는 사람에게 당신은 무엇입니까? 전심전력으로 당신을 섬기는 사람들에게 당신은 어떤 존재입니까! 당신을 이렇게 생각함이 당신을 섬기는 사람들에게 당신은 어떤 존재입니까? 당신을 이렇게 생각함이 당신을 사랑하는 사람에게 측량할 수 없는 아름다움이 되옵니다. 특별히 당신은 내가 아무것도 아니었을 때 당신의 사랑의 아름다움을 나에게 보여 주셨고 나를 창조하셨으며, 내가 당신으로부터 멀리 떠나 방황하고 있을 때 당신을 섬기도록 나를 인도하시고 당신을 사랑하도록 하셨읍니다.(창 : 1장 27절, 시 : 119편 73절, 눅 : 15장)

오 영원한 사랑의 샘이시여, 당신에 관해서 내가 무슨 말을 하겠읍니까? 나에게 기억력을 주신 당신을 어떻게 내가 잊을 수 있겠읍니까? 당신의 종인 내가 원하는 이상으로 당신의 은혜를 베풀어 주십시오. 나는 당신의 은혜를 감당할 수 없는 자이오나 당신은 사랑의 친절과 즐거움을 허락하여 주셨나이다.

이 은혜에 대하여 당신께 무엇으로 갚아드릴 수 있겠나이까?(시: 116편 2절) 우리에게는 모든 것을 버리고 이 세상을 부정하고 신앙의 생명으로 들어가라고 허락되지는 아니했읍니다. 모든 피조물이 마땅히 섬겨 드려야 할 당신을 내가 섬겨야 함이 큰 일이 아니고 무엇이겠읍니까?(삿: 16장 15절) 그러나 내게는 당신을 섬길 만한 무엇이 있는 것 같지 않습니다. 이렇게 못나고 가치없는 자이지만 당신을 섬길 수 있는 당신의 사랑하는 종으로 만들어 주시옵소서. 보십시오, 내가 가진 모든 것은 당신 것이옵니다. 나는 당신을 섬기나이다!(고전: 4장 7절) 그럼에도 내가 당신을 섬기는 것보다도 당신은 나를 섬기나이다. 보십시오, 당신은 사람의 요구를 위하여 하늘과 땅을 창조하셨으며, 마음대로 다스리도록 준비하셨으며, 날마다 당신의 정하신 길을 순종하고 있나이다! 그리고 이렇게 작은 한 존재라도 당신은 당신의 천사를 보내셔서 섬기도록 하셨나이다. (시: 91편 11절, 히: 1장 14절) 그러나 그것보다도 능가하는 것은 당신이 사람을 섬기기 위하여 당신 자신을 그들에게 주시기로 약속하셨읍니다.

이렇게 수많은 은총에 대하여 내가 무엇으로 보답할 수 있겠읍니까? 나는 나의 생명이 다하는 날까지 당신을 섬기는 일 밖에는 할 수 없읍니다. 진실로 당신만이 나의 예배와 영광이며 영원한 찬양이십니다. 진실로 당신은 나의 주님이시며 나는 당신의 미천한 종이옵니다. 온 힘을 다하여 당신만을 섬기도록 지음을 받은 존재이오니 당신을 찬양함에 쉬어서는 아니 될 존재이옵니다. 그리고 이것이 나의 소원이요 희망이오니 이 일을 하기에 부족한 것은 당신이 맡아 주시옵소서.

당신을 섬기는 일과 당신을 위하여 모든 일을 멸시하는 일이 진실로 큰 영광이요, 존귀입니다. 당신에게 기꺼이 거룩한 예배를 드리는 사람만이 큰 은혜를 받을 것입니다. 그들은 성령의 아름다운 위로를 발견할 수 있을 것입니다.(마 : 19장 29절) 이는 당신의 사랑만이 육체의 모든 욕망과 기쁨을 거절할 수 있기 때문입니다. 그들만이 또한 마음의 자유를 얻을 수 있읍니다. 이는 당신의 이름을 위하여 좋은 길을(마 : 7장 14절) 걷는 사람은 세속적인 모든 관심을 끊어버릴 수 있기 때문입니다. 오, 아름답고 기쁜 하나님의 예배(마 : 11장 20절, 오일 : 5장 3절)에서만 사람은 진실로 자유롭고 거룩하게 되옵나이다. 오, 당신을 섬기는 거룩한 일이여, 그 일로 하여금 우리는 천사와 같은 사람이 되어 사탄에게는 공포를 주고 하나님께는 기쁨을 드리나이다. 이 일이 모든 불신자(不信者)들에게 모범이 되는 일이 될 것입니다. 오, 가장 갈망하고 사랑스러운 예배여, 그대에게서 가장 높은 선을 받고 영원히 남을 수 있는 하늘의 즐거움을 소유할 수 있나이다.

마음을 시험하고 지배하다

나의 아들이여, 너는 아직도 잘 배우지 못한 많은 일들을 더 배워야 할 필요가 있느니라.

오 주님, 그것이 무엇입니까?

나의 선한 기쁨에 따르는 즐거움을 그대는 가지고 있는가.(시 : 108

편 1 절, 마 : 6 장 10절) 그대는 그대 자신을 사랑하는 사람이 되어서는 안 되느니라. 내 뜻을 열심히 따르는 사람이 되어야 하느니라. 욕망은 간혹 그대를 사납게 몰아가게 하느니라. 그러나 항상 그대는 어느 것이 나의 영광을 움직이는 것인지, 그대 자신의 이익을 위하여 좋은지를 생각해 보라. 만일 내가 원인이 된다면 내가 정하는 일은 무엇이든지 만족하게 될 것이다. 그러나 그대 자신의 자아관심(自我觀心)이 으뜸이 된다면(빌 : 2 장 21절) 그대를 쓸어뜨리는 장애물이 되고 짐이 될 것이니라. 그러므로 그대 자신을 기쁘게 하고 열심을 내고자 하는 일이 그대에게 후회나 불쾌감을 주지 않기 위해서는 나의 의견을 허락받지 않고 그대 자신의 소원대로만 해서는 안 되느니라. 선하게 보이는 모든 감정대로 즉시 따라서는 안 되느니라. 그대 자신의 구미에 맞지 않는 일이라고 하여 그것을 곧 배척해 버리는 일은 하지 말아야 되느니라.

그대는 규율적인 생활의 결핍 때문에 다른 사람을 노엽게 하지 않도록, 또 다른 사람의 반대에 부딪쳐 실망하지 않도록 하기 위하여, 그대가 열심을 가지는 일 때문에 마음의 혼란이 생기지 않기 위하여 그대의 선한 의지나 노력을 억제하는 것도 때로는 필요하느니라. 그러나 때로는 그대는 육체가 좋아하든 좋아하지 않든(롯 : 8 장 113절, 고후 : 4 장 10절, 10장 3 절) 상관없이 사나이답게 욕정을 막기 위해서는 돌진해야 하느니라.(빌 : 2 장 12절) 그리하여 영에 굴복하기 위해서는(고전 : 9 장 27절) 육체를 굴복시켜야 하느니라. 이는 모든 일에 복종할 때까지 고침을 받아야 하고 통제를 받아야 하느니라. 단순한 일에 기쁨을 가지고 어떤 고난에도 불평하지 않기 위해서는 아무리 적은 일에라도 만족하는 법을 배워야 하느니라.

영(靈) 안에서의 인내의 자람

오, 주 나의 하나님, 나에게는 인내가 매우 필요하옵나이다.(히 : 10장 36절) 이는 인생에 있어서 우리에게 반대되는 많은 일들이 일어나는 것을 명백히 알고 있기 때문입니다. 나는 진정으로 내 자신의 평화를 구하고 있사옵기에 나는 고통과 투쟁을 면할 수가 없읍니다.(욥 : 7장 1절)

나의 사랑하는 아들이여, 과연 그러하니라. 그러나 그대가 시험과 환난이 없는 곳은 찾지 못하도록 하는 것이 나의 뜻이니라. 그대가 많은 고난에 부딪치고(약 : 1장 2절) 또 그것을 인내함으로써 평화를 구하는 것이 오히려 나의 뜻이니라.

이 세상의 사람이 고통을 전혀 받지 않거나 조금 받는 것을 생각할 수 있느냐? 만일 그대가 가장 큰 기쁨을 누리는 사람인가고 묻는다면 그렇다고 말하지는 못할 것이니라. 그러나 그들은 그들 자신의 뜻을 따라 즐거워하고 무엇이든 그들 뜻대로 하고 있다고 말할 것이다. 그들은 그들 뜻대로 함으로써 괴로움을 덜려고 한다. 그러나 얼마나 오랜 동안 지속할 수 있다고 생각하느냐? 보라. "연기가 몰려가는 것같이 저희를 몰아내소서, ……하나님 앞에서 망하게 하소서."(시 : 68편 2절)하지 않았느냐? 그리고 지나간 날의 그들의 쾌락의 기억이 영원히 그들에게 남아 있을 수 없느니라. 그렇도다. 저들이 아직 살아 있을 때 고통이나 피로나 공포없이 즐거움을 계속할 수는 없느니라. 이는 그들을 쾌락으로 인도하던 그것이 바로 슬픔으로 인도하는 경우가 간혹 있기 때문이니라. 그들이 사는 길은

사실 그러하니라. 왜냐하면 지나치게 쾌락을 찾고 좇기 때문에 그
들은 부끄러움이나 괴로움 없이 그것을 즐기는 때문이니라. 아, 이
러한 쾌락이란 얼마나 간단하고, 거짓되고 무질서하고 비열한 것이
냐! 이러한 사람들은 귀가 먹은 짐승처럼 취하고 눈이 멀어 썩어질
육체의 정욕을 추구하다가 죽음으로 끌려들어 갈 것이니라.

그러므로 나의 아들이여, 육체의 정욕을 따르지 말고 네 자신의
뜻을 버려라. "다만 주님을 그대의 기쁨으로 삼으라. 그러면 그대
마음의 소원을 그대에게 허락해 주시리라."(시 : 37편 4절) 그대가 만
일 참다운 기쁨과 위로를 받기를 바란다면 이 세상 일을 멸시하고
비열한 만족을 끊어버리면 그대의 축복이 있을 것이요 넘치는 위로
를 받을 수 있을 것이니라. 그리고 피조물로부터의 위로에서 그대가
멀어지면 멀어질수록 내 안에서 발견되어지는 더 달콤하고 더 강력
한 위로를 맛볼 수 있으리라.

그러나 처음에는 슬픔이나 고통 또는 노력 없이는 이러한 축복을
얻을 수 없으리라. 그대의 도중에 묵은 습관이 맞서게 될 것이나
그것들은 쉽게 극복될 것이다. 육체가 그대에게 불평을 말할 것이나
영의 열성이 그것도 이겨낼 수 있는 것이니라. 옛뱀(사탄 · 계 : 12장
9절)이 그대를 자극시키고 방해할 것이나 기도가 승리하게 할 것이
니라. 더욱이 유용한 노력에 의하여 공격하려는 그의 길을 막을 수
있을 것이니라.

겸손한 순종 속의 복종

나의 아들이여, 복종에서 발길을 돌리는 것은 곧 은혜를 거절하는
것인줄 알아야 하며 자기의 개인적인 이익(마 : 16장 24절)만을 찾아

헤매는 사람은 공중(共衆)을 잃어버리게 되는 것이니라. 자기보다 높은 사람에게 기쁘거나 자유스럽게 복종하지 아니하는 사람은 자기의 육체가 완전히 그에게 복종하지 않는 것을 나타내는 것이나, 때때로 그에게 대하여 반역과 불평을 말하게 되느니라. 그러므로 자기보다 높은 사람에 대하여 자기를 낮추는 것을 배우려거든 언제나 자기보다 높은 사람에게 복종하는 것을 배워야 하느니라. 이는 내적인 사람이 변변치 않다면 외적인 적이 쉽게 정복해 버리기 때문이니라. 만일 성경과 조화를 가지지 못했다면 그대 자신보다 그대에게 더 악하고 괴로움을 주는 원수는 없다는 것을 기억해야 하느니라. 그대가 만일 육신에 대항하여 이기기를 바란다면 그대 자신을 위하여 참된 멸시를 취하는 것이 또한 필요하니라. 다른 사람의 의지에 그대 자신의 의지를 달갑게 주지 못하기 때문에 그대는 항상 그대 자신을 사랑하는 이기심에 사로잡히게 되느니라.

다만 먼지 같고 아무것도 아닌 그대이지만, 하나님의 목적을 위하여 다른 사람에게 그대 자신을 복종시킨다는 것이 얼마나 힘든 일이냐? 또 나는 전능하고 지고(至高)한 자이고 모든 피조물을 창조한 창조자이지만, 그대의 목적을 위하여 다른 사람에게 내 자신을 겸손히 복종시키지 않았느냐? 그대 자신이 내가 가진 겸손을 본받아 그대 자신 속에 있는 교만심을 극복할 수 있는 것을 알아야 하느니라.(눅 : 2장 7절, 요 : 13장 14절) 오, 먼지 같은 존재여, 복종하기를 배워라! 흙과 진흙으로 만들어진 그대여 겸손을 배워라. 그리고 모든 사람의 발 아래 그대 자신을 낮추기를 배워라. 그대 자신이 가진 욕망을 죽이고 완전한 복종을 하도록 그대 자신을 길들여라.

그대 자신 속에 있는 분노심을 고치고 그대 자신 속에 살고 있는 풍선 같은 자만심을 버리도록 해라. 모든 사람들이 그대를 취조하더라도(사:51장 23절), 복종할 수 있는 가장 작은 존재이며 겸손하기를 그치지 말아라.

헛된 인간이여, 무슨 불평을 하려느냐? 이 더러운 죄인이여, 그대를 비난하는 그들에게 무엇이라고 답변할 수 있겠느냐? 그대는 언제나 하나님을 진노케 하였으며, 지옥에 들어가기에 합당한 일을 얼마나 많이 하였느냐? 그러나 내 눈은 그대를 아끼노라. 이는 그대의 영혼이 나의 사랑을 알게 되고 내 사랑에 대하여 항상 감사할 수 있기 때문이니라. 뿐만 아니라 그대 자신에게 오는 모든 멸시를 잘 찾아 복종과 참 겸손을 그대 자신에게 줄 수 있기 때문이니라.

하나님의 은밀한 심판

오, 주님, 당신의 심판은 나를 두렵게 하나이다. 내 뼈는 공포와 떨림으로 흔들리고 내 영혼은 심한 두려움에 사로잡혀 있습니다. 나는 두려움에 떨고 있습니다. "당신의 눈 앞에서는 저 하늘도 깨끗지 못하다."(욥:15장 15절)는 것을 생각하옵니다. 당신은 저 하늘의 천사에게서도 사악함을 발견하오며(욥:4장 18절) 그들까지도 아끼시지 않는데 내 자신은 어떻게 되겠읍니까? 별들도 하늘에서 떨어질 텐데(계:8장 10절) 나 같은 먼지만도 못한 존재가 무엇을 할 수 있겠읍니까? 사람의 행위는 천사의 음식을 먹고 사는 사람이라도(시:78편 25절) 웅덩이에 빠지기에 합당하옵니다. 나는 그들 자신이 돼지의 음식물을 먹으면서 즐거워하는 것을 보았나이다.(눅:15장 16절)

오 주님, 만일 당신이 당신의 손을 우리에게서 거두신다면 우리에게는 진실로 거룩함이 없사옵나이다. 당신이 인도를 그치신다면 지혜도 없사옵나이다. 당신이 보호해 주시지 않는다면 우리가 가진 용기도 도움이 되지 못하옵나이다. 당신이 우리를 지키시지 않는다면 우리 자신의 안녕(安寧)이란 구할 수가 없사옵나이다. 당신이 우리를 버리신다면 우리는 끝내 웅덩이에 빠져 버리고 말 것이옵니다. 그러나 당신이 우리를 찾아 주신다면 우리는 살아 일어날 것입니다. 진실로 당신이 우리를 강하게 하시면 우리는 든든히 설 수 있으나 당신이 우리를 뜨겁게 연단시켜 주지 않으면 우리는 냉랭할 것이옵니다.

아, 내 자신은 천하고 무용한 존재이옵니까! 만일 나에게 조그마한 선이라도 있다면 그것이 얼마나 대단한 일이겠옵니까! 오, 주님, 나는 깊은 겸손으로 당신의 무한하신 판단에 나 자신을 맡기옵니다. 나는 내 자신이 아무것도 쓸데없는 존재라는 것만 말할 수 있사옵니다. 오, 측량할 수 없이 크신 분이시여, 오, 바다라도 건널 수 없는 끝이 없는 바다이옵니다. 나는 당신 앞에서 완전히 무가치한 존재라는 것을 아옵니다.

내가 자랑할 수 있는 것이 어디에 있겠옵니까? 내가 가졌던 덕이 어디에 있겠옵니까? 당신의 심판의 늪 속에서는 오직 헛된 속임만이 꽉 차 있나이다. 당신 앞에서 이 모든 육체가 무엇이겠옵니까? 진흙이 자기를 무엇으로 만들든 토기장이에게 교만을 부릴 수 있겠옵니까?(사 : 45장 7절, 롬 : 9장 20절) 헛된 말로 부풀어 올라 있을 때 어떻게 마음이 하나님께 진실로 복종할 수 있겠옵니까?(사 : 29장 16절)

진리만이 사람을 높일 수 있지, 세상의 모든 말로는 할 수가 없옵니다. 모든 소망을 하나님께 두고 있는 인간은 자기를 과장하고 아첨하는 어떠한 혀에도 넘어갈 수 없사옵나이다. 진실로 이렇게 말하는 그들 자신도 아무것도 아니옵니다. 그들 자신이 하는 말도

바람소리와 같이 사라질 것이기 때문입니다. 그러나 "주님의 진리
만은 영원히 남아 있을 것입니다."(시 : 117편 2절)

모든 일 중의 하나님의 뜻

나의 아들이여, 모든 일 가운데서 이렇게 기도하라.

"주님, 이것이 만일 당신의 뜻이라면 그렇게 이루어지이다.(약 : 4
장 15절) 주님, 이것이 만일 당신의 영광을 나타내는 일이면 당신의
이름으로 이루어지이다. 주님, 이것이 만일 선하고 적당하오면 당
신의 영광을 위하여 이것을 사용하도록 나에게 은혜를 주옵소서.
그러나 당신이 만일 그것이 나를 해칠 줄 아시오면, 그리고 내 영
혼에 해가 되는 것이오면 이 욕망을 나에게서 떠나가게 하옵소서.
그것이 옳고 선한 것같이 보이지만, 이는 성령으로부터 모든 소망
이 나온 것이 아니옴을 믿사옵나이다. 우리의 욕망이 선한 동기에서
나왔는지 또는 우리 자신의 즐거움 속에서 나왔는지 우리가 판단하
기는 진실로 어렵사옵나이다. 비록 처음에는 그것이 성령의 지시대
로 된 것같이 생각되오나 마지막에는 그렇지 않은 것임을 알게 되는
경우가 많사옵나이다."

그러므로 소망하는 마음이 어떠하든지 항상 겸손한 마음으로 하
나님을 두려워하며 기도로서 간구해야 되느니라. 그러므로 그대 자
신을 완전히 내게 맡기고 다음과 같이 기도하라.

"오 주님, 당신은 무엇이 가장 좋은 일인지 아시옵나이다. 모든
일이 당신의 뜻대로 되도록 인도하여 주옵소서. 당신의 뜻이 무엇

인지, 당신의 뜻이 얼마나 많든지 당신의 뜻이 언제 이루어지든지 그것을 주옵소서. 당신이 원하시는대로 나에게 이루소서. 당신이 선하게 생각하시는 것만을 내게서 이루시옵고 당신이 선하다고 하시는 것만을 이루시는 기쁨을 가지게 하옵소서. 모든 것을 당신의 영광만을 위하여 이루게 하옵소서. 나는 당신의 손 안에 있사옵나이다. 나를 돌려 주시옵고 또 풍차처럼 돌려 주옵소서. 보십시오. 나는 당신의 종이옵나니 모든 일을 시키는대로 하고자 준비하였옵니다. 나는 내 자신을 위하기보다 당신을 위하여 살기를 갈망하나이다. 오 주님, 어떻게 하면 당신을 완전하게 보람있게 섬길 수 있겠옵니까?

* 하나님의 뜻을 이루기 위한 기도

오, 가장 자비로우신 주님이시여, 당신의 은혜를 내려 주옵소서. 그 은혜가 나와 함께 머물고, 나와 함께 노력하며, 끝날까지 나와 함께 견디게 하옵소서. 무엇이나 당신을 기쁘시게 하고, 당신이 받으실 만하도록 원하고, 은혜를 주옵소서. 당신 뜻이 나의 뜻이 되도록 하옵시고, 내 뜻을 오직 당신만을 따르게 하옵시며 완전히 그것에 일치하게 하옵소서. 내 뜻이 당신의 뜻과 하나가 되게 하옵시고, 무슨 일이든지 내 뜻대로 원하게 하지 마옵시고, 당신의 뜻 이외의 것을 원하옵거든 아예 아무것도 원치 않게 하옵소서.

이 세상에 속한 모든 일 가운데서 나를 죽게 하시고 당신을 위해서는 멸시받는 일이나 이름도 없는 것이 되는 것을 사랑하게 하옵소서. 세상의 모든 것보다도 당신 안에서 안식하옵시고, 내 마음이 당신 안에서만 평화를 가지도록 하옵소서. 당신은 참다운 마음의 평화이시옵니다. 당신만이 유일한 안식처이시며, 당신 밖에서는 쉴 곳이 아무 곳도 없사옵니다. 당신 안에 있는 이 참된 평화에서만, 즉 가장 주인이시고 영원한 선이신 당신 안에서만 내가 안식을 갖게 하옵소서(시 : 4편 8절) 아ー멘.

참된 위로는 하나님께만 있나니

나의 위안을 위하여 바라고 생각하는 것은 아무것이든지 지금 기대할 수 없고 이 다음에 찾겠습니다. 나 홀로 세상의 모든 위로와 세상의 모든 기쁨을 맛볼 수 있다고 하면(마 : 16장 26절) 그것들은 영원히 남을 것들이 아닌 것이 확실합니다.

그대는 비천한 자의 보호자이시며, 가난한 자의 위로자이신 하나님 이외에는 완전한 만족함이나 완전한 생기를 얻을 수가 없읍니다. 오 나의 영혼이여, 참고 또 참을지어다. 하나님의 약속을 기다릴지어다. 그러면 하늘에 있는 하나님의 선의 풍성함을 맛볼 수 있을 것입니다.

만약 그대가 현세적인 일들을 항상 소망하고만 있다면 그대는 하늘의 일과 영원한 것을 상실하고 말 것입니다. 이 세상의 일들을 유용하게 사용하되 영원한 일들을 소망하도록 하여야 합니다.

이 세상의 순간적인 선이 그대를 만족시킬 수는 없읍니다. 이는 그대가 이런 것만을 위하여 창조되지 않았기 때문입니다. 비록 그대가 세상에 있는 모든 선한 것을 소유한다 해도 그것들이 그대를 행복되게 하거나 복있게 하는 것은 아닙니다. 왜냐하면 모든 피조물을 창조한 하나님에게서만이 그대의 완전한 축복이 있을 수 있기 때문입니다. 이 행복이란 결코 이 세상을 어리석게 사랑하는 사람들에게 뵈어지고 칭찬함을 받는 것과 같은 종류는 아닙니다. 다만 그리스도의 선하고 충실한 종에게서만 찾을 수 있는 것이며, 그 마음이 선량하고 깨끗하여 그 대화는 하늘에 있고(빌 : 3장 20절) 이미 그 나라의 아름다움을 맛본 사람들에게서 찾을 수 있는 행복입니다.

인간이 경험하는 모든 위로는 헛되고 순간적인 것뿐입니다. 그러나 축복을 받을 만한 참된 위로는 내적인 진리로부터 받을 수 있는 것입니다.

경건한 사람은 항상 그 마음 속에 예수님을 그의 위로로 삼고 다니며 "오 주 예수님, 언제든지 어느 곳에 있든지 당신은 나와 함께 계십니다. 이 분만이 모든 세상의 위로 없이 즐겁게 받을 수 있는 나의 위로입니다. 그리고 당신의 위로가 내게 부족하면 당신의 거룩한 말과 내 생활의 바른 시련이 나의 가장 고귀한 위안이 될 것입니다."라고 말합니다.

"이는 당신이 항상 노하지 아니하시며 영원히 나를 저주 아래 두시지 않기 때문입니다."(시 : 103편 9절)

하나님께 모든 신뢰를 바침

나의 아들이여, 내 뜻으로 그대의 인도가 되도록 하라. 나는 무엇이 그대에게 좋은지를 아느니라. 그대는 사랑으로서 생각하느니라. 그대의 판단이 인간의 감정으로서 그대를 설득하는 일이 종종 있느니라.

오 주님, 당신의 말씀은 진실입니다. 내가 내 자신을 돌보는 관심보다 나를 위한 당신의 걱정이 크심을 아옵니다.(마 : 6장 30절, 요 : 6장 20절) 당신에게 전적인 신뢰를 바치지 아니하는 사람처럼

불안한 생활을 하는 사람이 없음을 아옵나이다.(벧전 : 5장 7절)

오 주님, 만일 나의 뜻이 당신을 향하여 옳고 굳건하게 서 있다면 무엇이나 당신이 기뻐하시는 것은 내게서 이루어지게 하옵소서. 당신께서 오는 것은 무엇이든지 선하오니 당신이 나와 함께 이루게 하옵소서. 만일 당신이 나를 암흑에 넣으시는 것이 당신의 뜻이오면 당신이 축복받으시기 바랍니다. 만약 광명 속에 나를 놓아 두심이 당신의 뜻이라고 하면 그것도 당신이 축복을 받으십시오. 만일 친히 몸을 굽혀 나를 위로하셔도 다만 당신이 축복받으시옵소서. 만일 당신이 나를 시험하시는 것이 당신의 뜻이라고 해도 또한 당신이 축복받으시옵소서.

나의 아들이여, 그대가 만일 나와 함께 걸어가기를 원하거든 이와 같은 것이 그대의 태도가 되어야 하느니라. 기뻐함과 같이 고통을 받을 수 있는 준비가 되어 있어야 하느니라. 부유함과 풍성함을 즐기는 것과 같이 가난과 궁핍도 즐길 수 있어야 하느니라.

오 주님, 무엇이든지 당신이 나에게 보내시는 일은 당신의 뜻을 위하여 즐겁게 내가 고통을 받겠나이다.(욥 : 2장 10절) 당신의 손에서 오는 일이라면 선한 일이든 악한 일이든, 단 일이든 쓴 일이든, 기쁜 일이든 슬픈 일이든, 아무 일이 내게 닥쳐온다 해도 나는 그저 당신께 감사를 드리며 구별없이 기꺼이 행하겠나이다.

주님, 다만 나를 모든 죄에서 안전하게 지켜주옵소서. 그러면 나는 죽음이나 지옥도 두려워하지 않을 것입니다.(시 : 23편 4절) 영원히 당신으로부터 나를 물리치지 마시옵고 생명책에서 나를 빼지 마시옵소서.(계 : 3장 5절) 그러면 어떤 어려움이 닥쳐도 그것으로 내가 상함을 받지 아니할 것입니다.

세속적인 불행을 참고 견디는 길

나의 아들이여, 나는 그대의 구원을 위하여 하늘로부터 내려왔노라.(요 : 3장 13절) 내가 반드시 해야 할 일이라기보다는 내가 그렇게 하는 것을 사랑하기 때문에 내가 그대의 불행을 짊어졌노라.(사 : 53장 4절) 그럼으로써 그대는 이 세상 모든 환난을 불평없이 지고 갈 수 있는 인내를 배울 수 있으리라. 나는 이 세상에 태어나는 순간부터 십자가로 이 세상을 떠날 때까지 항상 슬픔을 견디어 왔노라. 나는 세속적인 일시적인 일을 가지지 못하는 일로 괴로움을 받았고, 많은 불평과 비난을 종종 들었노라. 그러나 나는 모든 불명예와 수치를 겸손하게 받아왔으며, 축복 대신에 배은망덕의 쓴 잔을 마셨고, 기적을 행하고도 독신죄(瀆神罪)로 가르침을 베풀고도 비난을 받아왔노라.

오 주님, 당신이 당신 생활에서 참고 견디었기 때문에 당신이 아버지의 명령을 순종하는 것이 되었사오니 이 가련한 죄인인 나도 당신의 뜻에 복종하도록 모든 고통을 찾아야 하겠읍니다. 또 내 영혼의 구원을 위하여 당신이 내게 허락하시는 한도 내에서 이 썩어질 육신의 생활을 무거운 짐처럼 짊어지고 가지 않을 수 없사옵나이다. 비록 이 현세의 삶이 고통스럽다 하더라도 당신의 은혜에 힘입어 덕을 얻을 수 있고, 당신과 당신의 발자취를 따라서 약한 자들을 보다 쉽게 또 보다 행복하게 하시나이다. 그 위로는 구약 아래 있을 때보다 더 풍성하며 하늘의 문이 닫혀질 때보다 더 많습니다. 그리고 소수의 사람들이 하늘나라를 찾을 때(마 : 7장 14절) 하늘로 가는 길은 또한 더 어두워지나이다. 더욱이 당신의 고통이나 당신의 성스러운 죽음 앞에 서기 전에는 외로웠고 구원을 받았어도 하늘나라에는 들어갈 수 없나이다.

당신의 영원한 나라로 가는 거룩하고 참된 길에 서 있는 나와 진실한 백성들에게 나타내신 당신의 은혜가 얼마나 큰가는 내가 이루 형언할 수 없을 만큼 감사를 드려야 하나이다. 당신의 삶은 우리의 길이며, 그리고 거룩한 인내로써 당신을 향하여 꾸준히 걸어갈 수 있으며, 이 길 끝에서는 당신이 우리의 면류관을 주실 것입니다. 만일 당신이 우리 앞에 가시지 않고 우리에게 가르쳐 주시지 않았다면 누가 당신을 따를 수 있었겠읍니까? 아, 만일 당신의 영광된 길을 보여 주시지 않았다면 얼마나 많은 사람들이 그 가던 길을 중도에서 단념하고 말았겠읍니까!

보십시오. 우리가 당신의 기적과 가르침을 수없이 들었다 해도 아직도 우리는 얼마나 냉랭합니까? 당신이 친히 걸으신 그 길이 커다란 빛을 발하지 않았다면(히 : 12장 46절) 우리에게 어떤 일이 생겼겠읍니까!

해침에 대한 참음, 누가 참느냐?

나의 아들이여, 그대는 무슨 말을 하느냐? 나의 고통과 다른 성도들의 고통을 생각한다면 불평을 그만 두도록 해라. 그대는 "아직 피흘리기까지 싸우지 않았느니라."(히 : 12장 4절) 그대가 받은 고통이란 강한 시험과 무거운 시련을 여러 형태로 받아 온 사람들과 비교해서 너무나도 적은 것이니라.(히 : 11장 37절) 그러므로 다른 사람들이 받았던 심한 고통을 항상 생각해야 하느니라. 그러면 그대의 작은 고통은 쉽게 참을 수 있느니라. 그리고 만약 그 고난들이 작게 보이지 않는다면 그대의 인내도 그 시련과 같아야 된다는 것을 알아야 하느니라. 그러나 그 시련이 크든 적든 간에 그대는 전심전력을 다하여 참는 것을 배워야 하느니라. 고난에 대한 그대의 준비가 크면 클수록 그대는 잘 견딜 수 있느니라. 그대 마음이 항상 참는 일을 배우고 준비되어 있으면 그대는 더욱 쉽게 참고 견딜 수 있느니라.

이런 말은 하지 말아라. "이런 사람 손에서 이런 고통을 받을 수 없다. 나는 이런 일들을 견디지 않겠다. 그는 나를 이렇게 비참하게 만들었다. 내가 생각지도 못했던 일이 나를 괴롭히고 있다. 그러나 이 고통이 다른 사람에게서 왔다면 나도 오히려 참았을 것이고, 이 일이야말로 인내할 가치가 있는 것이다."

이와 같은 생각은 어리석은 일이다. 그대는 인내의 덕을 생각하지 않으며, 하나님께서 참는 자에게 주실 상을 알지 못하며, 다만 그대를 해친 사람과 잘못된 일만 생각하기 때문이니라. 그대가 다만 선하다고 생각하는 것 만큼만 고통을 참는다면 참다운 인내를 모르기 때문이니라. 그러나 진실한 인내를 가진 사람은 그가 누구에게 고통을 받고 있든지, 즉 자기보다 높은 사람이든 낮은 사람이든, 대등하든 낮든 간에 무관심하고 마음을 두지 아니하니라. 그러나 얼마나 큰 환난이 또 얼마나 자주 닥치고 또 어떤 모양으로 온다고 해도 하나님께서 온 것이라고 생각하고 즐겁게 받으며, 그 모든 것이 자기에게는 덕이라고 생각하느니라.

그러므로 만일 그대가 승리를 바란다면 싸움에 대해서 준비해야 하느니라. 싸움 없이 인내의 면류관을 받을 수는 없느니라. (딤후: 2장 3~5절) 만일 그대가 고통을 받지 않을 것이면 면류관도 거절해야 하느니라. 그러나 만일 그대가 면류관을 바란다면 사나이답게 참고 견뎌야 하느니라. 노력 없이 안식에 도달할 수는 없으며, 싸움 없이 승리에 도달할 수는 없느니라.

오, 주님, 당신이 은혜를 베푸셔서 내게는 아예 불가능한 것이라도 가능하게 만드시옵소서. 내가 얼마나 참지 못하는지를 당신은 아시옵니다. 조그마한 환난과 시련에도 얼마나 쉽게 절망하는가를 당신은 아시옵니다. 당신의 이름으로 구하옵나니 어떤 시련이라도 사랑스럽게 하옵소서. 당신의 뜻을 위한 고통과 시련은 내 영혼을 위하여 진실로 필요한 것이옵나이다.

인생의 약점과 삶의 환난

오 주님, "당신 앞에 나의 죄를 고백하옵고"(시 : 23편 5절) 나의 연약함을 고백하옵니다. 때때로 나를 슬프게 하고 나를 괴롭히는 것은 적은 일이옵니다. 나는 용기를 가지고 행동하려 하오나, 조그마한 시험이 닥쳐와도 나는 곧 심히 괴로워 하옵나이다. 때로는 아주 사소한 일에서 큰 시련이 닥쳐옵니다. 그리고 내가 안전하다고 생각할 때 나는 숨을 쉴 수 없을 만큼 심한 고난을 받사옵나이다.

오 주님, 그러므로 당신이 알고 계시는 나의 비굴함과 연약함을 살피시옵소서.(시 : 25편 18절) 자비를 베푸소서. "나를 진흙에서 건져내시어 다시는 빠지지 않게 하옵시고"(시 : 69편 14절) 영원히 빠진 채로 남아 있게 하지 마옵소서. 때때로 당신 앞에서 쓰러지는 자이오며 수치를 당하는 자이오니 나는 나를 유지하기에 연약한 자이오며 타락하기 쉬운 존재입니다. 그리고 비록 내 자신을 그 모든 정욕 속에 완전히 맡기지 않는다 하더라도 그것들은 나를 괴롭히며 나를 낙망케 하여 내 자신의 끊임없는 투쟁에서 약하게 만들고 있읍니다. 내 연약함을 나도 잘 알고 있사오니, 진실로 악한 생각이 나를 떠 남보다도 내게 들어앉아 있음이 너무나 지나치기 때문입니다.

가장 능력이 많으신 이스라엘의 하나님, 당신은 진실한 영을 열심으로 사랑하시는 분이시여! 아, 당신의 종은 슬픔과 애씀을 기억하여 주옵시고 그가 하려고 하는 일은 무슨 일이든지 모든 일에 담대하게 앞설 수 있게 하옵소서. 나를 하늘의 용기로 강하게 만들어 주셔서 내 약하고 묵은 원수를 대항하기 위하여 아직도 성령에게 완전히 복종하지 않는 비천한 육체를 굴복할 수 있도록 하여 주옵소서. 이 원수를 대항하여 이 비천한 생명에 목숨이 붙어 있는한 싸워야 하겠읍니다.

아! 수고와 슬픔이 떠나지 아니하는 이 인생이란 얼마나 고생이 많은 생명입니까? 어디에 가든지 함정과 원수들로 가득 차 있읍니다. 한 시험이 왔다가 떠나면 또 다른 시험이 닥쳐옵니다. 그렇습니다. 큰 시험 중에 있는 동안에도 많은 다른 기대하지 않았던 시험들이 꼬리를 물고 닥쳐옵니다.

인생이 이렇게 많은 환난과 비애와 재난으로 가득 차 있사오니 어찌 우리가 사랑할 수 있겠읍니까? 가장 심각한 죽음과 고통으로 가득 차 있는 이 생을 어찌 인생이라 부를 수 있읍니까? 그럼에도 많은 사람들이 사랑하오며 많은 사람들이 그 속에서 기쁨을 찾습니다. 세상이란 허영과 헛된 것으로 차 있는 것을 깨달아 이것을 부끄러워하는 사람도 있나이다. 그러나 아직도 육신이 매우 강하기 때문에 쉽게 포기하지 못하는 사람도 있나이다. 그러나 어떤 일들은 세상을 사랑하도록 우리를 만들기도 하지만 또 어떤 것들은 그것을 저주하게도 됩니다. "육체의 욕망, 안목의 정욕, 그리고 인생의 자랑(요일 : 2장 16절)이 이 세상을 사랑하게 합니다. 그러나 삶 속에

따라다니는 고통과 비애가 세상을 싫어하게 하며, 여기에 권태를
느끼게 합니다. 아! 곁길로 나간 우리의 만족이 세상을 행복케 만
드는 정신을 정복하고, 가시덤불 아래 사는 것을 기뻐하게 만듭니
다.(욥 : 30장 7절) 이는 실로 하나님의 아름다움을 보지 못했기 때
문이오며, 내적인 덕의 즐거움을 맛보지 못했기 때문이옵니다.

   그러나 이 세상을 완전히 저주하고 거룩한 법칙 아래 하나님의
뜻대로 살려고 배우는 사람들은 이 세상을 진실되게 잃어버린 사람
들에게 보상되는 하늘의 아름다움을 맛보게 되나이다. 그들은 또한
명백하게 이 세상의 잘못과 여러 가지 길 속에서 방황하고 있어
비참하게 속고 있다는 것을 알게 되나이다.

모든 것 위에 있는 하나님 안에서의 안식

   오 나의 영혼이여, 모든 것 중에서나 모든 것 위에서 찾지 못하는
평안을 항상 주님 가운데서 찾습니다. 이는 주님이 신도들의 영원한
안식처이기 때문입니다.

   오 사랑하는 예수님이여, 모든 피조물 위에 계신 당신 안에서 평
안을 찾게 하옵소서.(롬 : 8장 19~22절) 모든 건강과 아름다움, 모든
영광과 존귀, 모든 권능과 위엄, 모든 지식과 기술, 모든 부와 재간,
모든 기쁨과 환희, 모든 재미와 위안, 모든 명성과 칭찬, 모든 희
망과 약속, 모든 공포와 욕망, 모든 선물을 당신이 우리에게 주시고
베푸시는 사랑에 뛰어나고, 모든 즐거움과 우리 마음이 가지고 또
알 수 있는 희락, 천사와 하늘의 모든 천군, 모든 보이는 것과 보
이지 않는 것, 이 모든 것에 뛰어난 안식이 나의 하나님 당신이옵
니다.

　오 주 나의 하나님, 당신은 모든 만물을 초월하시며 당신만 가장 지고(至高)하시고 당신만이 가장 권능을 갖고 계시며, 당신만이 가장 만족할 수 있으며 당신만이 가장 완전하시며 당신만이 가장 아름답고 완전한 위로가 있사옵나이다. 당신만이 가장 사랑스러우시며 당신만이 모든 만물을 초월한 가장 고상함과 영광이 있읍니다. 당신 안에서만 모든 선한 것이 완전한 상태로 현재와 미래에 영원히 존속할 수 있사옵니다. 그러므로 당신 자신 이외에 당신이 내게 주시는 모든 것은 너무나 적사오며 내가 당신을 완전히 보고 소유하지 않는 이상은 자신을 나에게 계시(啓示)해 주시거나 약속하실 수 없읍니다. 이는 내 마음이 당신 안에서 쉬지 않는 한 진실로 쉴 수 없으며 완전히 만족할 수 없사옵나이다.

　오, 나의 영혼의 사랑하는 반려자(伴侶者) 예수 그리스도시여, 당신은 가장 순결한 사랑이시며 모든 피조물의 주인이시며 당신은 참 자유의 날개를 나에게 주셔서 나로 하여금 날아가서 당신 안에서 쉬게 하셨나이다.(시 : 55편 6절) 오, 나의 유일한 안식처이신 주님, 오 주 나의 하나님, 내 언제 참 자유를 얻으며 당신 사랑하는 일 이외에 모든 생각을 잊어버리고 아무도 알 수 없는 방법으로 내 홀로 당신의 깊은 사랑을 받겠읍니까? 그러나 지금 나는 때때로 슬퍼하오며 내 불행을 참습니다. 이는 많은 악이 이 비애의 골짜기에서 일어나며 이것이 나를 어지럽게 하고 나를 방해하고 있기 때문입니다. 그것들이 당신으로 나아가는 내 앞길을 막으며 나를 유혹하며 축복받는 영혼을 위해 준비하신 아름다운 즐거움도 안아보지 못하게 하고 있사옵니다.

　오 예수님, 영원한 영광의 빛남과(히 : 1장 3절) 나그네의 위로의 영광이시여, 이 지상에서의 부르짖음을 들으시고 내 파멸의 상태를 보살펴 주옵소서. 당신과 함께 소리 없는 나의 혀가 있사오며 나의 침묵이 오혀려 말하게 하옵소서. 나의 주님이시여, 오시는 것을 얼마나 지체하시렵니까? 가련하고 비참한 종이지만 나에게 오셔서 나를 기쁘게 만들어 주옵소서. 당신의 손을 펴시어 내 비참함과 고통에서 나를 건져 주옵소서. 오, 어서 오시옵소서. 당신 없는 하루 한 시간이 기쁠 리가 없읍니다. 당신은 나의 기쁨이시며 당신 없는 내 식탁은 텅 빈 것이옵니다. 당신이 현현하시어 나를 새롭게 하고 나에게 자유를 주시고 나의 벗으로 내 앞에 오시기 전까지는 나는 불행 속에 있사오며 철창에 갇힌 자이오며 쇠사슬에 매인 자임에 틀림없사옵나이다. 당신 대신에 그들이 즐길 다른 것을 찾더라도 나는 그럴 수가 없읍니다. 당신만이 나의 하나님이시며 나의 소망이시며 나의 영원한 구세주이십니다. 당신의 은혜를 다시 주실 때까지, 당신이 나에게 영적으로 말씀해 주실 때까지 기도를 그치지 않을 것이며 나는 평안을 갈구하지 않겠나이다.

보라, 내가 여기 있노라. 보라, 내가 그대에게 왔노라. 그대가 나를 찾았기 때문이니라. 그대의 눈물과 그대의 영혼의 갈구함과 그대의 겸손과 참회함이 나를 움직여 그대에게 오게 했노라.

주님, 내가 진실로 당신을 찾았사오며 당신을 사모했나이다. 당신만을 위하여 모든 만물을 버리기로 했나이다. 당신은 당신 이외에 딴 것을 찾지 말도록 요구하셨나이다. 그러므로, 오 주님, 당신에게 축복이 같이 하옵소서. 당신의 자비의 풍성함에 따라 당신의 종에게 이러한 선을 내리셨나이다. 당신의 종이 당신 앞에 무슨 말을 하오리까! 다만 당신 앞에 철저하게 겸손한 것뿐이옵고, 그 자신의 악함을 탄식한 것뿐입니다. 천상천하(天上天下)에 있는 모든 신비라도 당신과 비할 분은 있지 아니합니다. (시 : 86편 8절) 당신의 행함은 선이시오며, 당신의 판단은 참이시옵고, 당신의 섭리 아래 우주는 질서를 지키고 있나이다. 그러므로 당신에게 영광과 찬양이 있으옵소서. 오 아버지의 지혜여, 내 영혼, 내 입술, 그리고 모든 피로 만물이 다 함께 당신을 찬양하고 축복하게 하옵소서.

하나님의 여러 가지 축복

오 주님, 당신의 법속에서 나의 마음을 열어 주시고 당신의 계명 대로 걸을 수 있도록 나를 가르쳐 주옵소서.(시 : 119편) 당신의 뜻을 이해하게 하여 주시옵고, 언제나 당신이 일반적으로나 또 특별하게 내주시는 은혜를 기억하게 하시고, 항상 당신께 마땅히 감사를 드려야 할 것을 이후부터 바치게 하옵소서. 그러나 나는 당신께 감사도 드릴 수 없는 자임을 고백하오며 당신이 주신 지극히 적은 축복도 감사할 줄 모르고, 할 수도 없는 자입니다. 나는 당신이 내게 주신 그 축복보다도 더 작은 존재임을 아옵나이다.(창 : 32장 10절) 당신의 형언할 수 없는 은혜를 생각할 때 내 정신은 그 은혜의 크심에 기절할 것 같은 느낌뿐이옵니다.

우리가 영육 속에 갖고 있는 모든 것과 안으로 밖으로, 자연적으로 초자연적으로, 어떤 힘을 가지고 있다고 해도 이는 모두 당신에게서 받은 선물임에 틀림없으며, 모든 선한 축복을 주시는 당신에게서 받은 것임에 틀림없나이다.

비록 우리가 많이 받든 적게 받든 간에 모두가 당신에게서 나온 것이오며, 당신께 받지 않은 것 말고 우리가 가진 것이 무엇이 있겠사옵니까? 진실로 아무것도 없나이다.

아무리 풍성한 것을 받은 사람도 자기 자신이 자랑할 것은 없읍

니다. 그 가진 것을 가지고 다른 사람에게 자랑거리가 되지 못하오
며, 자기보다 적게 가진 사람이라고 해서 멸시할 까닭이 조금도 없
읍니다. 위대하고 선한 사람은 자기에게 공을 돌리는 것보다 더 하
나님께 감사를 드립니다. 자기 자신이 가장 값없는 사람이라고 판
단하는 사람이 하나님의 가장 큰 축복을 받기에 보다 적합한 사람
입니다.

축복을 적게 받은 사람도 그것 때문에 섭섭해 하거나 그 자신보다
더 많이 받은 사람을 부러워할 필요는 없나이다. 그는 오히려 그의
마음을 당신께 돌려 당신의 선하심을 찬양해야 합니다. 이는 당신이
주심을 차별하지 않고 언제나 누구에게나 주시기 때문입니다.

모든 선한 것이 당신에게서 나오며, 그러므로 당신은 찬양받으시
기에 합당하옵니다.

받는 사람에게 무엇이 합당한지 아시는 분은 당신이옵니다. 왜
이 사람은 적게 받고 저 사람은 많이 받는가 하고 판단할 권리는
우리에게 없읍니다. 이는 당신께서 모든 사람의 값을 판단하시기
때문입니다.

오, 주 하나님, 외부로는 칭찬받을 만하고 사람의 눈에 자랑스러
운 은사를 많이 가진 것으로 당신의 큰 축복이라고 생각하지 않습
니다. 자기의 빈곤함과 무가치성을 아는 사람은 슬퍼하거나 답답해
할 일이 없으며, 그 자신 때문에 낙망하게 될 까닭이 없기 때문입
니다. 오히려 기뻐하고 위로를 받을 것입니다. 이는 오직 하나님
당신께서 당신 자신을 위하여 이 세상에서 멸시받는 사람을 택하여
사랑하는 친구와 종으로 삼아 주시기 때문입니다. (고전 : 1장 27절)
당신의 사도들이 증거이오며 그들은 이 세상에 살면서 불평없이 살
았읍니다. (살전 : 2장 10절) 가장 겸손하게 단순하고 악이나 속임이
없이 다만 당신의 이름을(행 : 5장 41절) 높이기 위하여 온갖 것을

참고 견디었읍니다. 세상이 싫어하는 것을 그들은 언제나 반갑게 맞이했읍니다.

그러므로 당신을 사랑하는 사람과 당신의 축복을 받는 사람처럼 즐거움을 갖는 사람은 없읍니다. 이는 당신의 영원한 약속의 선한 기쁨이 그 속에서 이루어지기 때문입니다. 이것으로 그는 만족과 위로를 갖습니다. 비록 그가 사람들에게서 적은 존재 같으나 당신으로 말미암아 큰 일을 이룰 수 있기 때문입니다. 그리고 그가 가장 말석에 있는다고 해도 제일 상석에 있는 사람처럼 평화와 만족을 느낄 수 있사옵니다. 아무 이름도 명예도 없이 멸시받는 사람 같으나 이 세상의 훌륭한 사람들 가운데서 존경과 대접을 받을 수도 있읍니다. 당신의 뜻과 당신의 존귀함을 사랑함이 이 세상 모든 일을 능가하옵니다. 이것은 이미 가진 축복이나 장차 올 축복보다도 더 큰 축복이요 보다 더 큰 기쁨이 되옵니다.

내적(內的) 평안

나의 아들이여, 이제 참 자유와 평화의 길을 가르쳐 주려고 하느니라.

오 주님, 당신이 말씀하신대로 이루어지나이다. 나는 진실로 그것을 알고자 하나이다.

내 아들이여, 네 자신의 일보다 다른 사람의 뜻이 이루어지기를 소망하라.(마 : 26장 37절, 요 : 5장 30절, 6장 38절) 언제나 남보다 많이 가지려고 하지 말고 적은 것을 선택하라.(고전 : 10장 24절) 항상 다른 사람보다도 낮은 자리를 찾아라.(눅: 14장 10절) 항상 하나님의 뜻이 그대 안에서 이루어지기를 소망하고 기도하라.(마: 6장 10절) 이와 같은 사람이 평화와 평안의 영역에 들어갈 수 있느니라.

오 주님, 이 몇 마디 말씀 속에 완전함에 이르는 길이 있음을 아옵니다.(마: 5장 48절) 충실하게 이 말씀들을 지키면 큰 결과를 얻을 것을 아옵니다. 이는 내가 안타까워하고 살 때마다 내가 당신의 교훈에서 멀리 떠나 있음을 알고 있기 때문이옵니다. 그러나 모든 일이 당신 안에서 할 수 있으며, 모든 영혼을 완전하게 하시려고 당신은 늘 원하고 계시옵니다. 그러니 당신의 은총을 풍성히 내려 주시고, 당신의 말씀을 이루도록 도와 주시고 내 구원에 이르도록 이끌어 주옵소서.

＊악한 생각을 물리치는 기도

오 하나님, 나를 버리지 마옵소서. 오 나의 하나님, 나를 도와 주옵소서.(시: 71편 12절) 많은 악한 생각과 공로와 내 영혼을 괴롭히는 일들이 나에게서 일어나고 있사옵나이다. 어떻게 내가 상하지 않고 지낼 수 있겠읍니까? 어떻게 그것들을 떨쳐버릴 수 있겠읍니까?

"내가 네 앞에서 행하며 이 땅위에서 교만한 자를 낮추리라. 내가 옥문을 열고 감추어 있는 보화와 여러 세기의 비밀을 보여 주리라." (사: 45장 2～3절) 하고 주님께서 말씀하셨읍니다.

오 주님, 당신이 말씀하신대로 이루어 주옵소서. 당신 앞에서 모든 사악한 생각들을 날려 보내 주옵소서. 이것이 나의 소망이요 나의 위로가 되오니, 나로 하여금 주여, 당신을 의지하게 하시고 당신을 내 마음으로 부르고 당신의 위로를 참고 기다리게 하옵소서.

*정신적인 광명을 위한 기도

오, 주 예수님, 당신의 찬란한 영적인 빛을 내 마음에 비쳐 내 마음의 지성소에서 모든 어둠을 몰아내 주옵소서. 방황하는 내 생각을 잡아 주시어 포악함으로 나를 둘러싸고 있는 이러한 시험들을 물리쳐 주옵소서. 당신의 힘이 내 싸움의 원동력이 되옵시고, 이 육체에서 악한 짐승처럼 나를 괴롭히고 속이는 욕망들을 이기게 하옵소서. 당신의 힘으로 내게 평화를 주옵시고(시 : 122편 7절) 거룩한 성령의 전(殿)에 당신의 찬양함이 넘치게 하옵소서. 바람과 폭풍을 명하시고 사나운 폭풍의 횡포를 꺾어 주시고 다만 평화를 내게 주옵소서. 이 평화는 당신만이 주실 것입니다.

"당신의 빛과 진리를 보내 주시어"(시 : 43편 3절) 이 지상을 밝게 하여 주옵소서. 당신의 광채가 나를 밝히기 전에는 나를 감싸기 전에는 나는 암흑의 지대와 공허한 장소에서만 살 것이옵니다. 하늘에서 당신의 은혜를 쏟아 주시고 하늘의 이슬로 내 마음을 축여 주옵소서. 이 마른 땅 같은 내 마음에 생생하고 경건한 시냇물이 흐르게 하시고, 선하고 완전한 열매가 맺히게 하옵소서. 죄의 무게로 짓눌려 있는 내 마음을 감동시키어 들어올려 주옵시고, 하늘의 영원한 기쁨을 맛보게 하시어 이 세상의 기쁨을 쓰다고 버릴 수 있게 하여 주옵소서.

나를 풀어 주시고 이 세상 악한 일에서 구해 주시옵소서. 내가 소망하는 평안과 위로는 어떤 피조물로부터도 구할 수가 없읍니다. 끊을 수 없는 사랑의 줄로서 당신 자신과 함께 묶어 주시옵소서. 당신을 사랑하는 사람을 만족시킬 수 있는 분은 오직 당신뿐이옵고, 당신 없이는 모든 일이 헛되고 무의미하고 아무런 가치도 없는 것이 되옵나이다.

호기심을 피하라

　나의 아들이여, 호기심을 주의해야 하느니라. 유익없는 불안을 가지고 걱정하지 말아라.(딤전 : 5장 13절) 그대에게 이것이든 저것이든 무슨 소용이 있느냐? "그대는 나를 따르라."(요 : 21장 22절) 다른 사람이 선하든 악하든 너에게 무슨 소용이냐? 이 사람이 이렇게 하든 저렇게 하든, 이렇게 말하든 저렇게 말하든 무슨 소용이 있느냐? 다른 사람이 어떻게 생각하는지에 대한 답변을 찾을 필요가 있는 것이 아니고 그대 자신의 생활이 어떤 것인가를 보여 주어야 하느니라. 그런데 왜 그대 자신과 관계없는 일에 관심을 갖느냐? 보라. 나는 태양 아래 행해진 모든 일과 모든 사람을 아느니라. 또한 모든 사람의 마음을 알고, 그가 무슨 생각을 하는지 그가 무슨 계획을 갖고 있는지, 그가 무슨 소망을 갖고 있는지를 알고 있느니라. 그러므로 그대는 나에게 자신을 전적으로 맡기고 그대 마음에 평안을 찾아라. 남의 일에 간섭하기를 즐기는 사람은 그 일을 함으로 인한 괴로움을 면치 못할 것이니라. 그가 행하는 것과 말하는 것은 무엇이나 내가 다 알고 있나니 그가 나를 속일 수가 없느니라.
　위대한 이름의 그늘 속에 있는 것은 마음에 두지 말고 만인의 친밀한 우정이나 만인이 즐기는 인기있는 일에 마음을 두지 말아라. 이 모든 일은 혼란을 가져오며 그대 마음에 어둠을 가져오느니라. 만일 그대가 내가 임하기만을 열심히 구하고 그대의 마음의 문을 나를 위하여 열어 놓으면 기꺼이 나는 내 말을 말하고 내 숨긴 신화를 나타내어 보여 주리라. 그러니 만사에 겸손하여 항상 준비하고 항상 기도하라.

마음의 평화와 참된 영혼의 진보

나의 아들아, "내가 주는 평안은 세상이 주는 평안과 같지 않느니라."(요 : 14장 27절)고 나는 말했느니라. 평화는 모든 사람의 소망이지만, 그러나 참 평화를 가져오는 것이 무엇인가는 관심을 가지지 않느니라. 나의 평화는 겸손과 양순한 마음 속에 있고 내 평화를 위하여 인내하는 곳에 있느니라. 그대가 내 말을 듣고 나를 따르면 그대는 참 평화를 가질 것이니라.

그러면 내가 어떻게 해야 하오리까?

그대의 행동과 말에 항상 주의해라. 그대의 온갖 노력은 다만 나를 기쁘게 하고 나 이외에 어떤 것을 구하거나 소망해서도 안 되느니라. 다른 사람의 말이나 행동을 성급하게 판단하지 말고 그대의 의견을 주장하지 말아라. 그러면 걱정이나 근심은 없을 것이니라. 그러나 마음의 슬픔과 육체적 고통을 안 받아야 할 것이란 생각을 하지 말아라! 참된 평화는 이 세상에 있는 것이 아니고 영원한 안식처에서만 있는 것이니라.

그러므로 그대가 지금 아무런 어려움이 없다고 해서 그것이 참 평안인 줄 생각하지 말아라. 아무도 그대를 반대하는 사람이 없다고 하여 원만하다고 생각하지 말아라. 모든 일이 그대가 바라는대로 되었다고 해서 완전하다고 생각하지 말아라. 만일 그대가 큰 경건과 아름다움을 가졌다고 해도 하나님의 은혜를 받고 있다고 생각하지 말아라. 왜냐하면 참된 덕을 사랑하는 사람은 이러한 것이 알려지리라고 생각하지 않으며, 이런 것이 사람의 완전함과 진보에 아무 관계가 없기 때문이니라.

오 주님, 그러면 어디에 있읍니까?

그대의 전 마음을 하늘의 뜻에 완전히 굴복시켜 영원한 일이든 순간적인 일이든, 적은 일이든 큰 일이든 그대 자신의 일을 찾지 않아야 하느니라. 그러면 만사가 순조로울 때나 역경 가운데서나 하나님께 같은 감사를 드릴 수 있으며, 하나님의 손에서 친히 모든 것을 아무 걱정없이 받을 수 있느니라. 용감하라. 소망에 참으라. 영적인 위로가 그대에게서 떠나갔을 때라도 큰 고통과 싸울 수 있도록 그대 마음에 준비해야 하느니라. 이렇게 괴로움을 받는 것이 부당하다고만 생각하지 말고 하나님이 하시는 일에 내가 참여하고 있다고 생각하여, 오히려 나의 거룩한 이름을 찬양하도록 하라. 그러면 그대는 참되고 고상한 평화의 길을 걸어갈 수 있으며, 나는 틀림없이 그대에게 이르러 큰 기쁨으로 그대 마음을 채워 주리라. 그대 자신의 겸손만을 생각한다면 이 세상에 속한 사람들이 세상을 즐기는 것처럼 그대는 평화로 충만해질 수 있을 것이다.

겸손한 기도로 자유의 마음을 얻나니

오 주님, 완전함을 바라는 사람은 그의 마음을 하늘에 두고 있음을 가장 귀한 일로 삼는 사람일 것입니다. 그럼으로써 많은 환난을 환난없이 지낼 수 있읍니다. 그런 사람은 자기에게 닥치는 위험을 인식하지 못하는 사람 같지만, 실상은 자유하는 마음으로 이 세상 일에 대해서 얽매이지 않는 자유를 가질 수 있읍니다.

가장 자비로우신 하나님, 이 세상의 괴로움으로부터 나를 보호하셔서 괴로워하지 말게 하옵소서. 내 육체로부터 얽매이지 말게 하옵소서. 그럼으로 육체의 기쁨에 빠지지 않을 수 있나이다. 내 영혼을 절벽으로부터 떨어뜨려 가루로 만들지 말아 주옵소서. 나는 세상적인 헛된 것이나 세상 사람들이 추구하는 것에 나를 맡겨버리고 싶지 아니하옵고, 당신의 종의 심령을 무겁게 누르고 방해하는 곳에서 풀려나고자 하옵나이다. 진실로 이 연약한 종은 모두 죽을 수밖에 없는 사람에게 공통으로 있는 저주 아래서 고통받고 있나이다.(창 : 3장 17절, 롬 : 7장 23~24절)

오 나의 하나님, 모든 아름다움 중에 으뜸이신 분이시여, 모든 육체적인 위안의 쓴 잔으로부터 돌려 주시고 당신의 영원한 사랑으로부터 나를 멀게 하는 것으로부터 끌어내주시고 모든 악한 유혹들에게서 나를 건져 주소서. 오 나의 하나님, 내 혈육이 나를 지배치 말게 하옵시며(롬 : 12장 21절) 세상과 그 일시적인 영광이 나를 속이지 못하게 하시고 사탄과 그의 재간이 나를 넘어지지 못하게 하옵소서. 참을 수 있는 힘과 인내와 굴하지 않는 투쟁심을 주옵소서. 세상의 위안 대신에 성령의 기쁨을 내게 주시고, 당신의 이름을 사랑함이 이 세상 어떤 사랑보다 더 사모할 것임을 깨닫게 하시고 그 사랑만을 알게 하옵소서.

보십시오. 먹고, 마시고, 입는 것에 관심있는 사람들은 육체적인 요구에만 사무쳐 있사옵니다. 나는 이런 것들을 적당히 조화할 수 있게 하시고 이 모든 것에 대한 지배를 받지 않게 하옵소서. 그런 것을 전혀 무시할 수 없음도 아옵니다. 자연히 그것을 가지도록 요구하고 있읍니다. 그러나 성결의 법은 탐욕에 빠짐을 금하옵나이다.

이는 육체가 항상 성령을 대항하기 때문입니다. 주님, 어떤 일에서나 당신의 손이 나를 이끄시고 지배하셔서 언제나 조절하는 덕이 내 생활에 한 법칙이 되게 하옵소서.

자기를 사랑함이 최고의 선에 방해되다

나의 아들아, 그대는 모든 것을 주인에게 돌려야 하며, 그대 것은 아무것도 없느니라. 세상의 다른 것들을 사랑함보다 네 자신을 사랑하는 것이 더 해롭다는 것을 알아라. 그대가 모든 것에 대해서 참는 사랑과 애정에 따라 그대에게 크기도 하고 작기도 하느니라. 만일 그대의 사랑이 순결과 단순과 잘 정돈된 것이면(마 : 6장 22절) 그대는 모든 고통으로부터 자유롭게 되리라.

그대가 가질 수 있는 것을 꼭 가져야 된다고 생각을 하지 말아라. 그대의 영적인 자유에 장애가 되면 탐심을 가지지 말아라. 그대 자신이 가질 수 있는 것이나 욕망을 가지고 그대의 마음 밑바닥으로부터 나에게 완전히 자신을 바치지 않는 것이 이상한 일이니라. 왜 무익한 슬픔에 그대 자신을 피곤케 하느냐? (출 : 18장 18절,. 미 : 4장 9절) 왜 필요없는 걱정으로 근심을 더 하느냐? 나의 선한 즐거움만 의뢰하라. 그러면 그대는 해로움을 받음이 없으리라.

만일 그대가 이것저것을 구하고 그대 자신의 유익이나 즐거움을 따라 이곳저곳으로 옮긴다면 그대는 근심으로부터 자유로울 수 없으며, 결코 평안을 얻을 수 없으리라. 어떤 예(例)에서든지 사람은 부족함을 발견케 되며, 어느 곳에서든지 그대의 반대자를 만나게 되리라.

사람의 안녕(安寧)은 물적인 소유를 많이 가짐에 있는 것이요,

오히려 이런 것을 멸시하고 마음으로부터 그것을 뿌리째 뽑아버릴 때 참 유익이 있느니라. 그리고 이런 것은 돈의 부유함에 있는 것도 아니요, 영예와 헛된 찬사를 추구하는 것에 있는 것도 아니니라. 그리고 이것은 이 세상과 함께 사라진다는 것을 알아야 하느니라.

열심의 영이 결핍하면 그 장소는 외부의 적과 싸움으로 평화가 오래 지속될 수 없을 것이니라.(사 : 41장 13절) 만일 그대의 마음의 위해가 참된 기초 위에 서 있다면, 즉 그대가 내 앞에 굳건히 서 있지 않다면 그대의 생활을 고친다는 것은 거의 불가능한 일이니라. 그러나 그대 자신을 굴복시킬 수 있는 어떤 경우가 생긴다면 그것을 꼭 붙잡아라. 그대는 앞으로 어떻게 피해야 할 것인가를 발견하게 될 것이니라. 진실로 그대는 꼭 찾을 수 있으리라.

*깨끗한 마음과 하늘의 지혜를 위한 기도

오 하나님, 당신의 성령의 은혜로 나를 붙들어 주소서.(시 : 51편 12절) 속 사람을 강하게 하여 주시옵고(엡 : 3장 16절) 쓸모없는 걱정과 질병으로부터 내 마음을 텅 비게 하옵소서.(마 : 6장 34절) 그것이 천하든 귀하든 당신 이외의 생각 때문에 당신을 떠나지 않게 하여 주옵소서. 오는 것은 지나가 버림을 알게 하여 주옵시고 내 자신도 지나가고 마는 것임을 깨닫게 하옵소서. 태양 아래 아무것도 길이 되는 것이 없사오며, "모든 것은 헛되고 심령에 고난만 주나이다." (전 : 1장 4절, 13장 17~26절) 오, 이런 진리를 아는 사람이 얼마나 현명한 사람인가요!

오 주님, 하늘의 지혜를 내려 주시사 어떤 일보다도 당신을 구하고 찾는 일을 배우게 하시고, 당신을 아는 일과 사랑하는 일에만 열중케 하시고, 만물을 당신의 지혜로 볼 줄 알게 하옵소서. 내게

아첨하는 사람들을 피할 수 있게 하시고, 나를 반대하는 사람에게는
인내로서 참을 수 있게 하옵소서. 왜냐하면 참 지혜는 인간이 하는
언쟁으로 없어지지 아니하니(엡 : 4장 14절) 간사한 말이 귀에 들어오
지 않게 하여 주옵소서. 이렇게 함으로써 우리는 우리가 시작했던
그 길로 안전하게 갈 수 있사옵나이다.

중상하는 자의 혀(舌)

나의 아들아, 만일 다른 사람이 그대에 대하여 악평을 한대도 화
를 내지 말며 불쾌한 말을 하지 말아라.(고전 : 4장 13절) 그들이 악
평하는 이상으로 그대는 더 나쁘며 그대 자신보다 더 악한 사람은
없다고 생각하여라.

그대가 만일 내면생활이 강하다면 지나가는 말에 관심을 가질 필
요가 없느니라. 지혜로운 사람은 악한 때에 잠잠하며 내게로 향하여
사람의 판단에 의해 요동하지 아니하니라.

그대의 평화가 사람들의 말에 따라 좌우된다고 생각하지 말아라.
그들이 선악간에 어느 것을 말한다고 해도 그대 자신과는 틀린다는
것을 생각하여라.

진실한 평화와 영광은 어디에 있느냐? 그것들은 내 안에 있지
않느냐?(요 : 6장 33절) 사람을 기쁘게 하는 일이나 슬프게 하는 일
이나 지나친 관심을 가지지 않는 사람이 참 평화를 즐길 수 있느니
라. 마음의 불안과 정신의 미혹은 항상 질서없는 사랑과 헛된 공포
에서 기인되는 것이니라.

환난이 올 때 하나님을 찾아라

오, 주님, 당신의 이름이 영원히 축복받아지나이다. (시 : 113편 2절) 내게 닥쳐올 시험과 고난이 당신의 뜻대로 오지 않음이 없는 줄 아옵니다. 나는 그것을 벗어날 수 없으나 당신께 벗어날 것을 바라옵나니, 당신이 나를 도우사 내 선을 위하여 필요하게 하옵소서.

주님, 나는 지금 고난 속에 있사옵고 나의 마음은 병들어 있나이다. 나는 현재 고통 속에서 싸우고 있나이다. 오 사랑하는 아버지, 내가 무슨 말씀을 드리겠읍니까? 나는 심한 고난에 처해 있읍니다. "현재 이 시간에서 나를 구하소서. 이 시간까지 내가 오게 된 것도 당신을 위해서이옵니다.(요 : 12장 27절) 이 시간까지 내가 오게 된 것도 다만 당신의 영광을 위한 것임을 아오며, 당신만이 나를 구해 주는 것을 알게 하는 줄 아옵니다. "오 주님, 나를 건져내어 기쁨을 받으소서."(시 : 40편 13절) 나 같이 아무 소망이 없는 사람이 무엇을 할 수 있겠읍니까? 당신 없이 내가 어디를 갈 수 있겠읍니까? 오 주님, 지금 이 순간조차도 인내를 허락하여 주옵소서. 나의 하나님, 나를 도우소서. 그러면 어떤 비참한 상황하에서도 두려워하지 않을 것입니다.

이제 이런 일 속에서 내가 무슨 말을 할 수 있읍니까? 주님, "당신 뜻만이 이뤄지나이다."(마 : 6장 10절) 나는 이 고난을 받아 마땅한 자이오니 참고 견디게 하옵소서. 폭풍이 지날 때까지 이 고난을 참고 견디게 하옵소서. 당신의 전능하심이 이 시험을 물리쳐 주실 것을 분명히 아옵나니 그 환난의 횡포를 줄게 하시어 나를 완전히 멸망케 하지 못하게 하옵소서. 오 나의 하나님, 나의 자비로우신 분이시여! 때때로 지금까지 나를 보살펴 주셨나이다. 지존하신 당신께서 하시는 일은 저로서는 어찌할 수 없사오나, 당신의 섭리를 고치시는 일은 당신이 능히 하실 수 있는 쉬운 일인 줄 아옵니다. (시 : 77편 10절)

하늘의 도움을 구함과 은혜의 소생

나의 아들이여, 나는 "고난 중에 힘을 주는" 자이니라.(나 : 1장 7절) 고민이 자심할 때 내게로오라.(마 : 11장 28절) 하늘 위로의 큰 장애는 기도에 게으른 것이니라. 이는 그대가 열심히 나를 구하기 전에 세상 위로에 눈을 돌리게 되고 세속적인 일에 그대 자신을 맡기게 되기 때문이니라. 나를 떠나서는 보람있는 도움이 없으며, 건전한 의논도 없으며, 영속되는 구제 방법도 있을 수 없느니라.

그러나 시험 후에 심령의 소생을 받아서 새로운 힘을 받고 내 자비에 빛을 받을지니라. 이는 내가 말했듯이 그대에게서 가깝고 모든 것을 완전하게 할 뿐만 아니라 너그럽게 또 모자람이 없이 회복하리라. 나에게 어떤 일이 어렵겠느냐? 내가 말한 것을 이루지 않는 사람과 같다고 생각하느냐?(마 : 23장 3절) 그대의 믿음은 어디 있느냐? 굳게 서서 왼강히 대항하라. 인내를 가져라. 용기의 사람이 되어라. 나를 기다려라. 그렇다, 기다려라. 그러면 내가 친히 가서 그대를 도와 주리라.(마 : 8장 7절)

유혹은 다만 그대를 시험하는 것이나 겁낼 필요는 조금도 없느니라. 미래의 일을 걱정한다고 슬픔이 더욱 줄어질 수 있겠느냐? 한낱 괴로움은 그 날에 족함을 알아야 하느니라.(마 : 6장 34절) 미래를

염려하거나 불안해 함은 실로 무익한 일이니라. 아마도 그대는 지금
당면한 일을 다시는 당하지 않으리라. 그러나 사람의 마음이란 흔
들리기 쉬우며 악마의 유혹에 빠져 넘어가기 쉬운 것이 영혼의 약
점이니라. 사탄은 자기가 속이고 조롱하는 것이 진리냐 허위냐 하는
것에 관심을 두지 않느니라. 그대가 또한 현재를 사랑하는 일 때문
이냐 미래에 대한 염려를 하는 일 때문이냐 함에는 관심을 두지
않는다. 그러므로 그대 마음의 염려에 사로잡히지도 말 것이며 미
래를 겁낼 필요도 없느니라.(로 : 14장 27절) 나를 믿고 그대의 믿음을
나의 은혜에 바쳐라.(시 : 91편 2절) 내가 그대 자신으로부터 멀리
떨어져 있다고 생각할 때가 바로 내가 그대에게 가장 가까우니라.
싸움에서는 거의 실패했다고 생각할 때가 그대의 가장 힘쓴 수고가
값있게 빛날 때가 된다는 것을 잊지 말아라. 그러므로 그대의 생각
을 순간이라도 흐리게 하여 그대의 판단을 잘못하게 하는 길을 없게
하여라. 그리고 모든 희망을 다시 회복한다는 것이 거의 불가능하
다고 실망할 필요는 없느니라.

내가 잠시 동안 그대에게 시험을 주었다 하더라도, 또 그대가 원
하는 위로를 거둔다고 해서 그대를 완전히 떠난다고 생각하지 말아
라. 왜냐하면 이것이 하나님나라의 방법인 것이기 때문이니라.

그대가 원하는대로 무엇이나 가지는 것보다는 고난에 대항하여
싸우는 것이 그대를 위해서나 내 모든 종들을 위해서 의심할 것도
없이 더 좋은 길이 되는 것이니라. 나는 그대의 비밀의 생각을 아
느니라. 그리고 때때로 영적인 기쁨의 맛을 잃어버리는 것이 그대의
안녕을 위하여 좋은 일이 되며, 그대 자신을 현재의 사실보다 더
낮게 생각하는 자만심을 내리게 하는 의미에서도 필요한 일이니라.
내가 준 것은 돌려받을 수도 있으며 내가 원할 때 다시 그것을 소
생할 수도 있느니라. 내가 은혜를 주어도 그것은 내 것으로 남아

있고 내가 그것을 거두어도 그대의 것은 하나도 빼앗는 것이 아니니라. 이는 나의 것은 모두 선한 선물과 모두 완전한 선물이니라. (약 : 1장 17절)

만일 내가 어떤 시험이나 어떤 고난을 준다고 해도 화를 내거나 실망하지 말아라. 내가 언제나 쉽게 도와 줄 수도 있고 모든 슬픔을 기쁨이 되게도 할 수 있느니라. 그러나 나는 정의자(正義者)이고 내가 그대를 대하는 어떤 일에나 다만 찬양만 돌릴지어라. 만일 그대가 현명하고 진리가 무엇인지를 생각한다면 실망하거나 낙담하지 않을 것이며, 오히려 고난으로써 그대를 징계하고 그대를 아끼지 않아도 기뻐하고 감사하라. 그리고 고마운 것으로 생각하라. 그렇다, 이것은 그대의 특별한 기쁨이니라. 이는 "내 아버지가 나를 사랑하신 것처럼 내가 너를 사랑하노라."(요 : 15장 9절) 함이 내 사랑하는 제자들에게 준 나의 말이니 나는 제자들을 이 세상에 보낼 때에 세상 기쁨을 차지하라고 함이 아니었으며 심한 싸움을 겪도록 함이었느니라. 또 영광을 차지하라고 함이 아니요 오히려 멸시를 받게 하려 함이니라. 게으름을 맛보기 위함이 아니고 부지런하게 함이었고, 쉽게 하려 함보다 "인내의 열매를"(눅 : 8장 15절) 통하여 많은 결실을 맺도록 하였던 까닭이니라. 나의 아들이여 ! 이 말들을 기억하라 !

피조물의 명시

오 주님, 사람이나 피조물이 나의 영적 진보를 방해하는 것이 없는 경지에 이르기 위하여는 나는 넘치는 은혜가 필요하옵니다.

나를 뒤에서 붙잡는 것이 있는 한 나는 당신에게 자유로이 나갈 수 없나이다. 자유로이 당신에게 나아가기를 갈망하는 사람들은 "뉘가 내게 날개를 주리요. 내가 날아가서 편히 쉬리라."(시 : 55편 6절)고 말할 것입니다. 단순한 눈을 가지고 사는 사람보다 더 자유로운 사람이 어디 있겠읍니까? 그리고 이 세상에서 아무것도 원하지 않는 사람보다 더 자유로운 사람이 어디에 있겠읍니까? 그러므로 정신에 걸리는 것을 가지지 아니한 사람은 모든 괴로움을 초월할 수 있고, 그 자신을 완전히 잊어버리고 창조주보다 더 훌륭한 것이 있다고는 절대로 생각하지 아니합니다. 사람이 피조물로부터 자유를 얻지 못하는 한 그는 자유로이 하나님의 일에 참가할 수는 없읍니다. 그렇기 때문에 이 땅 위에 멸시해야 할 것이 그렇게 많지도 아니합니다. 왜냐하면 이 세상의 순간적인 것들에게서 자유롭지 못하는 사람이 그 자신에게서 자유를 찾는다는 것은 어렵기 때문입니다.

이런 것을 얻기 위해서는 큰 은혜를 필요로 하여 그 영혼 자신이 바로 되기 위해서는 큰 은총을 받아야 합니다.

그러므로 영혼이 일깨워지고 모든 피조물로부터 벗어나서 완전히 하나님과 결합하지 않는 한 그 외의 지식이나 소유는 아무런 가치도 가지지 못하는 것입니다. 단 한 분이시며, 영원하고 무한하고 거룩하신 하나님 이외의 것을 위대한 것으로 알고 있는 사람은 비천함과 세속적인 것에서 오랫동안 떠나지 못하는 것입니다. 하나님이 아무것도 아니라고 하는 일은 아무런 가치도 있을 수 없읍니다. 하나님으로 말미암은 경건의 지혜를 가진 사람과 세상 학문을 배우고 닦은 세상 학자들과는 큰 차이가 있읍니다. 하늘로부터 오는 은혜로 배움을 받은 사람은 세상에서 자기 자신의 노력으로 배움을 얻은 사람보다도 분명히 훨씬 더 고상합니다.

많은 사람들은 심사숙고할 수 있는 은혜를 원합니다만, 그 은혜

로부터 얻는 것을 실천함에 수고를 가져야 한다는 것을 아는 사람은
없읍니다. 눈에 보이는 외부적인 증거나 감각적인 일들만을 의존하
고 있다면 우리는 큰 방해를 받을 것입니다. 자기 자신을 완전히
하는데 관심이 적은 사람은 어려움을 겪게 될 수밖에 없읍니다.

  영적이 되기를 원하는 우리가 너무 많은 괴로움을 가지고 조그마
한 그날 그날 되어지는 일에 자니치게 신경을 쓰고 우리의 내부적인
생활에 완전하고도 열심있는 관심을 가지지 못하는 사람에게는 무
엇이 그를 감동시킬 것이며, 그의 살아가는 생의 목적이 무엇인지
의심하지 않을 수 없읍니다. 아! 가벼운 명상을 하고도 곧 싫증을
느끼고 우리 생활을 엄하게 시험하지 못하고 있다는 것은 가련한
일이 아니겠읍니까? 우리는 진실로 우리 애정을 어디다 쏟아야 할
지 모르고 있읍니다. 우리의 전 생활이 얼마나 죄악에 가득 차 있는
것도 알지 못하고 있읍니다. 노아 홍수가 임한 것도 그 때 사람들의
죄악이 관영함으로 되어진 것입니다.(마 : 6장 12절, 7장 21절) 우리의
속마음이 부패되어 있으면 그것으로부터 나오는 우리의 행동도 또한
부패했다는 증거요, 우리 속에 내적인 강한 힘을 가지고 있지 못하
다는 증거입니다. 깨끗한 마음에서만 선한 생활의 열매가 맺혀지기
때문입니다.(마 : 7장   16절)

  사람들이 무슨 일을 성사했느냐고 많이들 묻지만 그가 어떻게 그
와같이 성공할 수 있었느냐 하는 것은 주의를 갖지 않습니다. 그가
용감하고 잘 생겼고, 또 재질이 있고, 부유하고 글을 잘 쓰고 노래를
잘 부르고, 또 노력하는 사람이라는 것만 알려고 합니다. 그러나
그가 참으로 겸손한 마음을 가졌느냐, 참는 마음, 온순함, 경건함,
영적인 마음으로 그들이 바라는 평화를 가졌느냐 하는 것에는 등한
히 합니다. 사람은 외부적인 일에만 관심을 가집니다. 그러나 은총
은 내적으로 변화를 가져오는 것입니다. 자연성(自然性)은 가끔 우

리에게 실망을 주지만 하나님의 은총은 우리를 속이지 않습니다.

자신의 극기(克己)

나의 아들이여, 그대는 그대 자신을 부정(否定)하지 않는 한 완전한 자유를 소유할 수 없느니라.(마 : 16장 24절, 19장 21절) 정욕의 노예가 되어 있는 사람들은 자기 이익과 자아 사랑에 사로잡혀 있는 자들이니라. 그들은 탐욕과 쓸데없는 호기심과 방황과 불만만 가지고 있는 자들이니라. 그들은 예수 그리스도의 일이 아닌 쾌락에 자기를 맡기고 다만 일시적으로 지나가는 일에만 참견하고 있느니라. 하나님의 탄생이 무엇인지를 모른다면 모두 멸망하고 말리라.

다음과 같은 간단하고 완전한 말을 기억하라. 모든 것을 잊어라, 그러면 모든 것을 얻으리라. 욕망을 버려라, 그러면 평안을 얻으리라. 그대의 마음에 이 말을 완전히 기억하고 그대로 실천하면 모든 것을 알 수 있으리라.

오 주님, 이것은 어린이 놀이처럼 단 하루에 될 일이 결코 아닙니다. 이 단순한 말에 종교를 갖는 사람들의 모든 완전함에 이르는 길이 포함되어 있나이다.

나의 아들아, 그대가 이 완전함의 길을 들을 때에 낙심하거나 마음을 변경할 필요는 없고, 오히려 그것이 그대를 더 높은 곳으로 인도하는 일에 박차를 가할 것이며 그 고상한 것에 그대의 생각을 두게 할 것이니라.

그대가 만일 이렇게 한다면 그대 자신이 사랑하는 마음을 버릴

수 있는 자리까지 나아갈 것이다. 그리고 내 뜻을 행하기에 충분한
준비가 되어 있다고 하면 그대는 나를 크게 기쁘게 할 것이며, 그
대의 전 생애는 기쁨과 평화로 가득 차게 될 것이니라. 그대는 아
직도 버려야 할 것을 갖고 있으며, 그리고 그대가 완전히 나에게
바쳐지지 않는 한 내게 구하고 있는 것을 그대는 얻을 수 없으리라.

"내가 너를 권하노니 내게서 불로 연단한 금을 사서 부요하라."
(계 : 3장 18절) 즉, 무용한 땅의 것을 경멸하는 하늘의 지혜를 가져
라. 세상의 지혜를 멸시해 보라. 그리고 그대 자신과 세상을 기쁘게
하는 모든 유혹을 경멸해 보라!
  사람이 즐기고 높이는 것과 값을 낮게 여기는 것을 바꾸라고 내가
이미 말했노라. 왜냐하면 하늘의 참된 지혜는 아무 소용없고 무가
치한 것같이 생각하기 때문이니라. 많은 사람이 입으로 높이기는
하지만 그들의 생활로부터는 거리가 먼 것이니라. 그러나 "참된 가
치의 진주는"(마 : 13장 46절) 많은 사람으로 숨겨져 있느니라.

마음의 경박함과 궁극적인 의지

  나의 아들이여, 그대의 현재의 감정을 신뢰하지 말아라. 감정이란
변하기가 쉬우니라. 그대가 살고 있는 동안 그대의 의지대로 되지
않고 변하는 것이니라.(욥 : 14장 2절) 한 때는 기뻐하는 일이 있다
가도 또 한때는 슬퍼하게도 되느니라. 한때는 평화스럽다가도, 또
한때는 괴로움에 몸부림쳐야 하느니라. 지극히 경건한가 하면 그
다음에는 속된 인간이 되며, 지극히 부지런한가 하면 게을러지고

침울하다가도 밝아지게 되느니라.

그러나 성령에 따르며 참 지혜가 있는 사람은 이렇게 변하는 일들을 초월한 사람이니라. 그는 자기 자신의 감정이나 바람에 날리는 갈대와 같은 세상일들에는 관심을 두지 않고 자기 마음의 완전한 의지를 바르고 참된 의지에다 두고 있느니라. 그는 항상 그 자신의 생각과 의지를 내게다 집중시키고 있기 때문에 그의 목적은 항상 단순하며 어떤 환경 속에서도 자신을 굽히지 아니하느니라.

인간의 목적을 단순하게 가지면 가질수록(마 : 6장 22절) 인생이 경험하는 온갖 파란곡절에도 무난히 지나갈 수 있느니라.

그러나 많은 사람들의 목적은 이와같이 확실하지 못하고 희미하기 때문에 그가 직면하는 여러 가지 환경에 유혹을 받으며 자기만을 중심하고 있는 여러 가지 죄에서 좀처럼 떠나지 못하는 것이니라. 마르다와 마리아의 베다동네에 많은 사람들이 모였던 것은 예수의 목적을 따르기 위해서가 아니라 그들은 나사로를 보려고 한 것이니라.(요 : 12장 9절)

그러므로 우리의 의지로 눈은 순결하고 단순하고 올바라서(마 : 6장 22절) 모든 여러 가지 목적들 속에서 내게로 빠져 나오는데 조금도 지장이 없어야 하느니라.

하나님은 하나님을 사랑하는 자에게만 아름답나니

사랑하는 나의 하나님, 나의 전부이신 분이시여, 내가 무엇을 원하오리까? 그리고 내가 행복을 당신 이외에 어디서 찾을 수 있겠읍니까? 오, 달콤하고 꿀맛 같은 당신의 말씀이여! 세상 어느 것과 그 말씀을 바꿀 수 있겠읍니까?

나의 하나님, 그리고 나의 전부이신 분이시여! 이 모든 말씀이 우리를 가장 지혜로운 사람으로 만들며, 당신을 사랑하는 사람으로 하여금 그것을 되풀이하여 읽고 또 생각케 하곤 하나이다.

당신이 임재하실 때는 모든 것이 나를 거두나 당신이 떠나시면 모든 것이 비참하옵니다. 당신은 평안한 마음과 커다란 평화와 참다운 즐거움을 만드십니다. 당신은 모든 환경 속에서도 선하게 생각하도록 우리들을 만드시며, 모든 일에 당신만 찬양케 하오며, 당신 없이는 영원한 기쁨을 가질 수 없나이다. 그러나 만일 기쁨과 좋은 맛이 필요하다면 당신의 은혜가 있어야 하며, 당신의 지혜의 맛으로 맛을 내지 않으면 안 됩니다. 즉, 당신의 기쁨을 잘 아는 사람에게 당신은 기쁨을 주시지 않겠읍니까? 당신의 기쁨을 알지 못하는 사람이 당신의 기쁨이 무슨 소용이 있겠읍니까?

그러나 세상일에 현명하고 감수성이 빠른 사람은 당신의 지혜를 생각지 못하오니(고전 : 1장 26절, 롬 : 8장 5절, 요일 : 11장 16절) 이는 이 세상이 헛된 것으로 가득 차 있으며 육신은 죽음에 기초를 두고 있기 때문입니다. 그러나 세상일을 멸시하고 육신의 소유욕을 버리고 당신을 따르는 사람은 참으로 지혜로운 사람입니다. 그들은 공허로부터 진리를 찾아내고 육신으로부터 영을 키우는 사람들입니다. 이런 기쁨은 저들이 다만 하나님에게서만 찾는 것이며, 괴로움에서 찾는 어떤 선에서라도 다만 창조주의 영광을 높이고 말하게 됩니다. 그러니 만드신 창조주를 즐기는 일과 그가 만드신 괴로움에서 기쁨을 구하는 일이란 얼마나 차이가 있는 것입니까? 물론 차이가 있읍니다. 영원과 순간과 차이가 있으며, 지목을 받을 수 없는 빛과 지목을 받은 빛과 차이가 얼마나 크겠읍니까?

오 영원한 빛이시여! 모든 창조된 빛들을 초월하신 분이여, 하

늘로부터 당신의 빛을 내려 주시며(시 : 144편 6절) 내 마음 속 깊은
곳까지 꿰뚫어 비추어 주시기 바라나이다. 당신의 힘으로 성화(聖
化)하시고 기쁘게 하시고 빛나게 하시고 내 영혼이 살아 있게 하옵
소서."기쁨의 황홀경으로 당신에게만 속하게 하옵소서. 언제 사모
하고 축복하던 시간이 오며, 모든 것 중에 모든 것으로 당신이 오
시어 나에게 만족을 주시겠읍니까? 당신이 나에게 이런 것을 주지
않는 한 완전한 기쁨을 느낄 수가 없읍니다.

아 ! 그러나 아직도 나에게는 옛 사람이 살아 있고(롬 : 7장) 나는
완전히 십자가에 못박혀 죽지 않았읍니다. 나는 아직도 성령에 대
항하는 더러운 성질이 강하게 살아 있고 내 속에서 싸우며 하나님의
평화가 내 마음에 자리잡는 것을 싫어하고 있사옵니다.

그러나, 주께서 바다의 훌륭함을 다스리시며 그 파도가 일어날
때에 평정케 하시나이다.(시 : 89편 9절) 일어나셔서 나를 도와 주소
서. 전쟁을 즐기는 백성을 당신이 흩으시옵고(시 : 68편 30절), 당신의
능력으로 그들을 깨우치십시오. 당신의 손을 들어 영광을 나타내
주시옵고, 또 당신의 영광스런 모습을 보여 주옵소서. 오, 주 나의
하나님, 당신 이외에는 희망도 피난처도 없사옵나이다. 나를 구하
소서.(시 : 31편 14절)

유혹에는 안전함이 없다

나의 아들이여, 그대는 생을 가지고 있는 한 안전함이란 없느니
라. 그대가 살아가고 있는 동안(욥 : 7장 1절) 항상 영적인 갑옷이
필요하느니라. 그대는 적 가운데 살고 있고 오른손과 왼손위에 싸
움이 있느니라.(고후 : 6장 7절)

그러므로 그대가 인내의 무구함으로 사면팔방을 방어하지 않는다면 상처없이 이 길을 갈 수 없을 것이니라. 더욱이 그대 마음을 내게다 두고 가지 아니하고 또 나를 위하여 모든 일을 달게 받겠다는 각오를 가지지 아니하면 그대는 이 싸움을 이겨낼 수가 없고, 성도가 받을 면류관을 받을 수도 없으리라. 사나이답게 모든 일을 행하고 그대 원수에게 강하게 대항하라.

이기는 자는 생명양식으로 갈아 주실 것이며(계 : 2장 17절) 게으른 자는 많은 고초 가운데 남아지리라.

그대가 이 생에서 안식을 구한다면 어떻게 영원한 안식을 얻을 수 있겠느냐? 커다란 인내로 이 세상의 안식으로 그대 자신을 병들게 하지 말아라. 참된 평화를 찾아라. 참된 평화는 땅에 있는 것이 아니고 하늘에 있느니라. 사람에 있는 것도 아니요 어떤 피조물에 있는 것도 아니요 오직 하나님 한 분 안에만 있느니라.

하나님을 사랑하기 위하여 모든 것을 기쁘게 참아라. 즉 수고와 슬픔, 시험과 분노, 불안과 궁핍, 연약함과 모욕감, 비난과 경멸, 학대와 모든 멸시 등 하나님을 사랑하기 위하여 참아라! 이런 것들이 덕이 되어 그대를 도우며 그 인내를 통하여 그대가 그리스도의 종인 것의 확신을 얻으며, 또 그것들이 장차 받을 하늘 면류관에 달린 보석이 되리라. 그대가 잠시 견디는 수고에 나는 영원한 보수를 주며 순간적인 고통에 대하여 무한한 영광을 주리라.

그대는 그대가 원하는대로 신령한 기쁨을 항상 가질 수 있다고 생각하느냐? 내 성도들은 그렇지 못했느니라. 그들은 많은 고통과 셀 수 없는 시험과 영혼을 해치는 패망을 맛보았느니라. 그럼에도 그들은 이 모든 것을 잘 참았으며 그들 자신보다도 오히려 하나님을 더 믿었느니라. 그들은 "이 현재의 고통은 장차 오는 영광과 족히 비교할 수 없음"을 알았느니라.(롬 : 8장 16절) 많은 사람들이 심한

고통과 슬픔을 겪은 다음에 얻은 승리를 그대도 즉시 가지고 싶어
하느냐?

"주님을 기다려라. 큰 용기를 가져라."(시 : 27편 14절) 실망하지
말아라. 그대가 서 있는 위치를 떠나지 말고 몸과 마음을 다하여
하나님의 영광만을 위해 바쳐라. 나는 풍성히 그대에게 갚아 줄 것
이니라. "어려움 가운데서 나는 그대와 함께 하리라."(시 : 91편 15절)

사람의 헛된 판단

나의 아들아, 그대 마음을 굳건히 주님 위에 세워라. 그대의 경
건과 결백함을 그대 양심이 증명한다면 사람의 판단을 두려워하지
말아라.

이와 같은 일로 고통을 받는다는 것은 선하고 즐거운 일이니라.
자기 마음을 의지하는 것보다 하나님을 의지하는 것이 겸손한 마음
에는 결코 짐이 되지 않느니라. 사람들은 그 대부분이 일에 대하여
고심을 적게 하여서 모든 사람을 기쁘게 할 수가 없느니라.

비록 바울이 주 안에서 모든 사람을 기쁘게 하려고 했고 모든
사람에게 비위를 맞추어 보려고 했지만(고전 : 9장 22절) 그 사람들이
그에게 하는 비평은 개의치 아니했느니라.(고전 : 4장 3절) 그는 다만
어떤 일에서나 다른 사람을 구원으로 인도하는 일에만 관심을 쏟았
고, 다른 사람의 욕설과 멸시를 받아도 그것을 개의치 아니했느니
라.(골 : 1장 29절) 그러므로 그는 하나님께 모든 것을 의지할 수 있
었고 또 하나님께서 모든 것을 알려 주었느니라. 불의한 일을 말하
는 자와 헛된 것과 거짓을 생각하는 자와 훼방하는 자고자(自高者)
들에게 대항하여 그는 겸손과 인내로써 자신을 지켰느니라. 그러나

때로 그는 침묵이 약한 자에게 거치른 돌이 되지 않게 하기 위하여 대답을 하기도 했느니라.(행 : 26장, 빌 : 1장 14절)

그대는 누구이길래 죽고 말 인생을 두려워하느냐?(사 : 51장 12절) 오늘은 여기 있으나 내일은 사라질 것이다. 하나님을 두려워하라. 그러면 그대는 사람을 두려워할 필요가 없느니라. 사람이 주는 행동이나 말이 그대를 얼마나 상하게 하겠느냐? 그런 사람은 그대를 해하기보다는 오히려 자신을 해함을 당할 것이니라. 그는 "하나님의 심판을 벗어나지 못하리라."(롬 : 2장 3절) 하나님을 항상 그대 앞에 모셔라. 그러면 심한 변론에 빠지지 아니하리라. 현재에는 슬픔과 고통과 모욕을 당함이 부당한 것 같으나 불평도 하지 말며 인내를 더하여라. 그리하여 하나님의 보수가 줄어지지 않게 하라.(히 : 12장 12절) 오히려 하늘에 있는 나에게 그대 눈을 들어라. 내가 모든 수치와 허물에서 그대를 구해 주리라. "모든 사람이 행한대로 갚아 주는 공의가 내게 있느니라."(롬 : 2장 6절, 마 : 16장 27절)

마음의 자유를 위한 육신의 굴복

나의 아들아, 그대 자신을 부정(否定)하라. 그러면 그대는 나를 볼 것이니라.(마 : 16장 24절) 사적인 선택이나 관심을 없이 하라, 그러면 항상 이득을 얻을 것이니라. 그대 자신에 대하여 다시 미련을 갖지 않고 그대 자신을 부인하면 그대에게 보다 큰 은혜가 함께 하리라.

주님, 내가 얼마나 자주 나를 당신께 드리며 어떤 방법으로 나를 버릴 수 있겠읍니까?

언제나, 어떤 시간이나 큰일에서나 뿐만 아니라 작은 일에서도 그대 자신을 바쳐라. 나는 그대가 완전히 바쳐지기를 바라기 때문에 절대로 예외는 없나니라. 만일 그대 자신을 완전히 내게 바치지 않고서야 어찌 내 것이라고 말할 수 있겠느냐? 그대가 이렇게 빨리 하면 할수록 더욱 더 그대와 함께 있게 될 것이다. 그대가 나를 기쁘게 하면 할수록 보다 더 큰 축복이 그대와 함께 하리라.

어떤 사람들은 그들 자신을 바쳤다고 하면서도 어떤 것들은 제외하고 있느니라. 그들은 완전히 하나님을 믿는 것이요, 그들 자신을 위하여 어떻게 준비할 것인가를 생각하고 있는 것이니라.

또 어떤 사람은 처음에는 모든 것을 바치나 나중에는 시험과 유혹에 넘어가 아무것도 안 바쳤던 옛날 상태로 돌아가고 마느니라. 이것은 덕으로 나아가는 길에 방해를 가져 오느니라. 또 이것은 청결한 마음에 참 자유를 가져오는 것도 아니요, 나를 사귀는 진실한 기쁨을 가져오는 것도 아니니라.

완전히 나에게 굴복하고 날마다 자기 희생이 따라야 하느니라. 이렇게 하지 않고서는 나와 함께 하나가 되는 일은 결코 있을 수가 없느니라.

나는 종종 그대에게 말해 왔느니라. 이제 다시 또 말하느니 그대 자신을 부정하라.(마 : 16장 24절) 그대 자신을 바쳐라, 그러면 그대는 내적인 평화로 즐거워하리라. 그대 자신의 모든 것을 드리고 아무것도 구하지 말아라. 뒤를 돌아다 볼 필요도 없느니라. 다만 내 안에서 순전하게 또 전적으로 의지하는 마음을 가져라, 그러면 나를 소유하리라. 그대 마음 속에 자유함을 가지면 어둠이 그대를 덮지 못하리라.(시 : 139편 1절) 이를 위하여 기도하고 이를 소망하라. 모든 이기심에서 벗어나서 벌거벗은 자가 되어 벌거벗은 예수를 따르라. 자신을 죽이고 영원히 내 안에서 살아라, 그러면 모든 헛된 상상이나 사악한 혼란이나 근거 없는 두려움이 떠나가리라. 또한 무절제한 공포가 떠나가고 무절제한 애정이 죽으리라.

위험 속에서의 하나님에 대한 의지와 참된 지배(支配)

나의 아들아, 어느 곳에서나 어떤 행동에서나 내적으로 평화를 갖고 자기 자신을 제어하는 데 열심을 가져야 하느니라. 이런 일들을 지배해야 그대가 그들 아래 있지 않고 그대 행동의 주인이 되며, 모든 일에 주인이 되어 자기 자신에 대한 노예나 고용인이 되지 않느니라. 이렇게 되면 오히려 그대는 자유로운 사람이 되어 참 크리스찬으로서 하나님의 자녀가 가지는 자유와 높은 권위를 즐기게 되느니라. 이런 사람은 그 세대에 속한 모든 것을 초월하며 현실 속에서 영원을 보며 하늘에 속한 것과 이 땅에 속한 것에서 똑같이 거룩한 빛을 보느니라. 이 세상의 것으로는 결코 하나님의 자녀를 만들지 못하며 오히려 세상 것을 취하기 때문에 그것들의 종이 되느니라. 그러나 하나님의 자녀들은 세상 것들을 자기들의 이용물로 만들며, 하나님이 작정한대로 그것을 바로잡을 수 있으며, 하늘의 창조주가 계획하는대로 그것들을 사용할 수 있느니라. 이는 창조주 하나님만이 만물을 참 바른 위치에 둘 수 있기 때문이니라. 그러니 어떤 환경 가운데서도 굳건히 서야 하느니라. 겉모양으로 무슨 일을 판단하거나 사람이 말하는대로 따라갈 필요는 없느니라. 다만 모든 일에 있어서 모세와 함께 하나님의 장막으로 들어가라.(출 : 33장 9절) 그리고 주님과 의논하라, 그러면 현재와 앞으로 올 미래의 일에 대해서 많은 교훈을 얻게 될 것이니라. 모세는 항상 의심과 문제를 풀기 위하여 하나님의 장막 안에 들어갔으며, 기도의 도움으로 어려움을 극복했으며 모든 위험과 사람의 궤휼에서 참된 지지를 받았

느니라.   그러므로 그대도 그대 마음의 깊은 곳에 주의 성소를 만
들어 피난처로 삼고 하나님의 도움만을 간절히 간구하라.(마 : 6장
6절)

우리는 성서를 통하여 여호수아와 이스라엘 백성들은 처음에 하
나님께 구하지 않았기 때문에 기브온 사람들에게 속임을 당하셨다고
알았느니라. 그리하여 이런 사람들의 말을 믿어서 혼란을 받은 사
실을 잊지 말아야 하느니라. (수 : 9장 14절)

염려를 지나치게 하지 말아라

내 아들아, 그대의 관심을 나에게 바쳐라. 그러면 내가 때에 따라
적당히 해결하여 주리라. 내가 그것에 대하여 명령할 때까지 기다
려라, 그러면 이로운 길을 발견하게 되리라.

오 주님, 나는 가장 기꺼이 당신에게 모든 것을 맡기나이다. 내
생각은 보잘 것이 없기 때문입니다. 미래의 일에 대하여 나는 미리
염려하지 않기를 바라며 다만 모든 것을 당신의 뜻에 맡기기를 원
하옵나이다.

나의 아들아, 흔히 사람들은 자기의 소망을 채우기 위하여 끊임
없이 싸우고 있느니라. 그러나 그것을 완전히 이룬 뒤에는 그 마음
이 변하고 마느니라. 이는 사람의 애정이란 항구적인 것이 못되고
대상에 따라 변하는 것이 보통이기 때문이다. 그러므로 사람이 작은
일에 있어서도 자기를 부정할 수만 있다면 이익이 적지 아니할 것
이니라.

사람의 참된 유익은 자신을 부정하는데 있으며, 자신을 부정하는 사람은 완전히 자유와 안전을 가질 수 있느니라. 그러나 옛 원수는 (벧전 : 5장 8절) 사람을 시험하기를 그치지 아니하며, 낮에나 밤에나 수풀에 숨어서 그의 수렁으로 사람을 빠뜨리도록 유혹하고 있느니라. 그래서 "시험에 들지 않기 위하여 쉬지 않고 기도하라."(마 : 26장 41절)고 주님께서 말씀하셨느니라.

사람은 자기를 자랑할 만한 선이 없나니

"사람이 무엇이길래 주께서 저를 생각하시며 인자가 무엇이길래 주께서 저를 권고하시나이까?"(시 : 8장 4절) 사람이 어떻게 당신이 주시는 은혜를 받기에 합당하겠읍니까? 오 주님, 당신이 나를 버리신다고 하여 어찌 내 뜻만 고집할 수가 있겠읍니까? 당신의 뜻이 내 뜻에서 벗어난다고 해도 할 수 없는 일이 아니겠읍니까? 확실히 나는 이렇게 밖에 생각할 수가 없읍니다. 오 주님, 나는 아무것도 아닙니다. 나는 아무것도 할 수가 없읍니다. 나 자신에 대한 선이란 하나도 없으며, 모든 점에서 불완전하며, 항상 보잘 것 없는 일에 기울어지는 자입니다. 당신이 나를 도와 주시지 않고 내적으로 나를 인도하여 주시지 않는다면 나는 온전히 약하고 절망자에 불과합니다.

그러나 오 주님, 당신이 영원히 함께 하시고(시 : 102편 12절) 당신은 항상 선하시고 의로우시며 거룩하시옵니다. 그러하오니 당신께서 모든 것을 선하고 바르고 거룩하도록 만드시고 지혜롭게 하여 주옵소서. 그러나 나는 항상 앞으로 나아가기보다는 뒷걸음치기를 즐기는 자이오니 "짐승의 마음을 받아 일곱때를 지내나이다."(단 : 4장)

그러하오나 당신이 나를 도와 주시려고 당신의 팔을 뻗치시면 내 상태도 신속히 변화될 수 있으리라는 것을 믿사옵나이다. 사람의 도움없이 당신만이 나를 도와 주실 수 있사오며 나를 강하게 하실 수 있사오며 나를 평화롭게도 하실 수 있사옵나이다.

만일 내가 당신을 찾도록 내 자신을 몰아내며, 다만 경건을 크게 하기 위하여 모든 육적인 위로를 거절할 수 있게만 되면 나는 전적으로 당신의 은혜에 나를 맡기며 당신이 새롭게 해 주시는 위로를 큰 선물로 기뻐하겠나이다.

모든 일이 순조롭게 잘 될 때에 당신께 감사를 드립니다.

그러나 당신 앞에서 나는 헛된 자이며, 무가치하고 약하고 요동하는 사람입니다. 그런데 어떻게 내가 자랑할 수 있겠읍니까? 어떻게 존경받기를 바라겠읍니까? 아무것도 아닌 존재입니까? 이는 실로 더 큰 허영에 불과할 것입니다. 공허한 자랑은 실로 악한 병과 같으며, 가장 흉악한 공허로 우리를 참 영광에서 멀어지게 하고 하나님의 축복에서 우리를 몰아내고 맙니다. 사람이 자만에 차 있을 때는 당신을 기쁘게 해드릴 수가 없읍니다. 인기와 찬양을 사람들에게 받기를 원하는 이상 참 덕에서 먼 사람이 되고 맙니다.

그러나 참 영광과 거룩한 기쁨은 영광을 자기 자신에게 돌리는 데 있지 않고 당신께 돌리는 것에 있사옵니다.(합 : 3장 18절) 자신의 힘을 내세워 기뻐하지 아니하고 당신의 이름에만 의지하고 당신만을 위하는 것이 아니면 이 피조물에서는 아무런 즐거움도 받지 못하는 것입니다.

당신의 이름을 찬양하고 나에게는 찬양을 돌리지 말아야 합니다. 당신의 일에만 높임을 드리고 내 일에는 그리 할 수 없읍니다. 당신의 거룩한 이름만 찬양하여 사람을 높이는 일에 나는 가담할 수 없읍니다.(시 : 113편 3절, 115편 1절) 당신은 나의 영광이십니다. 당

신은 나의 마음의 기쁨이십니다. 당신에게만 내가 찬송과 영광을
날마다 드리겠나이다. 내 자신의 약점 이외에는 나를 자랑하지 아
니하겠읍니다. (고후 : 12장 5절)

　유대인들은 다른 데서 오는 영광을 찾았지만(요 : 5장 44절) 나는
하나님만이 주시는 영광을 찾겠나이다. 당신의 영광에다가 인간의
온갖 존귀, 영화, 온갖 지위를 비교한다면 이런 것들은 모두 헛된
것이며 어리석은 것들입니다. 오 나의 하나님, 나의 진리이시여,
나의 자비이시여, 오 찬양을 받으시기에 합당하신 삼위신이시여,
당신에게만 찬양을 드려야겠사오며 존귀와 권능과 영광이 세세토록
영원히 당신에게만 있게 하옵소서.

순간적인 영화에 대한 멸시

　나의 아들이여, 다른 사람이 영화를 누리고 큰 성공을 하고 내
자신은 낮고 천한 자리에 있으라고 해도 결코 실망하거나 비관하지
말아라. 그대의 마음을 나에게 높이 올려 보아라, 그러면 지상 위의
사탄의 시험에서 괴롭지 않아도 되리라.

　주님, 우리는 장님이어서 쉽게 헛된 것에 속아 넘어갑니다.
　내 자신을 면밀히 조사해 보면 이 세상의 어떤 피조물이 잘못했
다기보다도 내 스스로 한 잘못입니다. 그러므로 나는 당신 앞에서
불평을 할 수가 없읍니다. 그러나 나는 가끔 당신 앞에 큰 죄를
저지르기 때문에 만물이 대항하는 것같이 생각하고 있읍니다. 그러
므로 진실로 수치와 멸시는 내가 받아야 하오며 당신은 찬송과 존
귀와 영광을 받으셔야 하옵나이다.

그리고 나는 모든 만물에게서 멸시와 버림을 받기를 각오하고 즐겨하여 아무런 결과에도 개의치 않는 마음 준비가 되지 않는 이상 나는 진실로 참된 내적인 평화와 견고성을 가질 수 없으며, 당신과 완전히 하나가 되도록 영적인 발전을 가질 수가 없습니다.

우리의 평화는 사람에게 있지 않나니

나의 아들이여, 그대의 평화가 그대 자신의 감정이나 그대가 함께 사는 사람 때문에 얻어진다고 하면 그대는 불안하며 사람만 의지하는 결과를 가지고 말 것이다. 그러나 영원히 살아 계신 진리에 의지하고 있다면 친구의 죽음이나 이별이 결코 그대의 마음을 당황하게 만들지 않을 것이다.

그대의 친구에 대한 사랑은 반드시 나에게 기반을 두어야 하고, 이 세상에서 가장 정답고 가까운 사람을 사랑함도 다만 나를 위하여 사랑함이 되어야 하느니라. 내가 없이는 우정도 강해질 수 없고 또 영속되어질 수도 없는 내가 연합케 하지 않는 이상 그 교제도 참다운 사랑과 순결도 있을 수 없느니라.

그대는 그대 자신이 사랑하는 사람에게 보내는 애정을 극복함으로 그대는 모든 인간의 교제를 경멸할 수 있느니라. 사람은 이 세상의 위로에서 멀어질수록 하나님께는 더욱 더 가깝게 갈 수 있느니라. 자기 자신을 낮출수록 하나님께로 더욱 높이 올라갈 수 있느니라. 자기 자신의 어떤 선함을 자랑하는 사람은 하나님의 임함을 막는 자니라. 이는 거룩한 신의 은혜는 항상 겸손한 자를 찾으시기 때문이니라. (벧전 : 5장 5절) 만일 그대 자신이 아무것도 아니라는 것을 알고 피조물의 사랑에서 벗어날 수 있다면 너에게 네가 은혜를 보내주리라.

그대가 피조물에게서 관심을 찾는다면 창조주를 보는 눈이 어두워지니라. 창조주의 뜻을 위하여 그대 자신을 극복하는 것을 배우라, 그러면 그대는 하늘의 지혜를 얻을 수 있으리라. 그러나 어떤 일에서나 그대 자신에 대한 사랑과 관심이 깊어져 있을 때 그대 영혼은 상처를 받으며 가장 높으신 분을 찾는 일에 방해가 되느니라.

헛되고 세상적인 지식에 대하여

나의 아들아, 그대를 현혹케 하는 아름다운 문구와 찬란한 말에 쏠리지 말아라. "하나님의 나라는 말에 있지 아니하고 나의 능력에 있나니"(고전 : 4 장 20절) 내 말을 가슴 깊이 간직하라. 이 말이 그대 마음을 뜨겁게 하고 그대의 이해심을 밝게 하고 또 회개하는 마음과 모든 위로를 가져오게 하리라.

더 많은 학식을 가졌다는 것을 자랑하기 위해서 배우지 말아라. 그대의 죄를 회개하기 위해서 배우라. 이것이 많은 어려운 질문에 대한 지식을 배우는 것보다도 더 유익한 것이니라. 그대가 많은 일을 배우고 읽을 때라도 언제나 다음과 같은 기본문제로 돌아가야 하느니라.

나는 사람에게 지식을 가르치는 사람이며(시 : 94편 10절) 나만이 내 자녀들에게 사람이 주는 것과는 비교할 수 없는 많은 이해력을 주니라. 그리고 내가 가르치는 사람은 신속하게 지혜의 사람이 되며 영적인 생활에 큰 진보를 가지는 것이니라. 그러나 사람에게서 얻는 지식에 호기심을 가진 사람은 다만 슬픔만을 발견하게 되리라. 때가 오면 선생의 선생으로서, 그리스도가 천사의 주로서 모든 사람의 양심과 지식을 판단하시리라. 그는 "등불을 들고 예루살렘을 찾을 것이며" "어두운 데 감추어진 것이 드러나게 될 것이며"(고전 : 4장 5절, 습 : 1장 12절) 모든 변론의 혀는 잠잠하게 되리라.

나는 그대가 학교에서 배운다면 10년 이상 걸릴 영원의 진리를 한 순간에 알려 줄 수 있는 자이니라.

나는 말의 번잡함이 없이, 의견의 복잡함도 없이, 명예의 자랑도 없이 침묵 속에서 가르치느니라.

나는 사람들에게 이 세상의 것을 멸시하도록 가르치며 이 세상 일이란 수고와 괴로움 뿐임을 가르치며, 영원한 것을 사모하게 하며, 세상 명예에는 무관심케 하며, 여러 가지 손해에도 개의치 아니하고 오직 모든 일에 있어서 내게다 전적으로 의뢰케 하며, 내 자신 이외에는 아무것도 원하지 않게 하며, 모든 것보다 더 뛰어나게 나를 사랑하도록 가르치느니라. 전에 어떤 사람들이 가장 열심히 나를 사랑하고 내게서 신비한 모든 진리를 배우고 내게 대하여 열심히 증거하였느니라. 그는 교묘한 것을 배우는 일보다 모든 것을 포기함에 항상 유익을 보느니라.

그럼에도 나는 어떤 사람에게는 일상생활에 대한 얘기를 해 주고 또 어떤 사람에게는 특별한 일로 말해 주며, 또 어떤 사람에게는 이적과 기사로써 내 자신을 보여 주며, 또 다른 이에게는 내가 친히 보내 주는 신비로써 나를 나타내느니라. 책의 소리는 단 한 가지 뿐이니 읽는 모든 사람들에게 다같이 유익한 것은 아니니라. 그러나 내 자신만이 참 진리의 교사이며 사람의 마음을 꿰뚫어 알고 있는 자이며, 그의 모든 행사를 결정짓는 자이며 또한 내가 모든 사람에게 어느 것이 바르냐 하는 판단을 주는 자이니라.

외적인 일로부터의 미혹을 피함

나의 아들이여, 그대는 많은 일에 대해서 무지해야 하며 그대 자신이 죽은 것같이 생각하고 온 세상에 대하여 십자가에 못박힌 것같이 생각해야 하느니라.(갈 : 4 장 14절) 또 많은 일에 대하여 귀머거리 노릇을 해야 하며 오직 그대 마음이 평화에 속하기만을 생각해야 하느니라. 변론적인 것에서 떠나는 것만이 참으로 좋은 일이며, 변론으로 다른 사람을 설득시키려 하지 말고 그 사람의 의견을 그대로 가지고 있게 하라. 만일 그대가 하나님 안에 있고 그대의 심판을 가지고 있다면 그대는 쉽게 미혹받은 일에서 피할 수 있을 것이니라.

오 주님, 우리가 어떤 길을 지나왔읍니까 ! 보십시오. 우리는 물질적인 손해를 슬퍼하고 있으며, 조그마한 유익을 얻기 위하여 다른 사람의 심령을 상하게 하는 일은 개의치도 아니하며 자기에게 좋을 대로만 행동하고 있사옵니다. 우리는 아주 적은 일에 관심을 두고 있으며 가장 크고 중요한 일에 대해서는 관심조차 두고 있지 않습니다. 이는 우리가 이 세상일에 자기의 전 능력을 경주하고 있을 때는 그는 즉시로 그 일 속에 자기를 던지고 말며 속히 자기 의식을 회복하지 못하면 그는 그 속에 빠지고 맙니다.

아무 말이나 듣지 않음

"근심으로부터 우리를 도와 주옵소서. 사람의 도움은 헛된 것입니다."(시 : 60편 11절) 마땅히 충성을 해야 한다고 생각하는 일에 충성을 못하는 사람들이 얼마나 많은지요! 또 기대하지 않았던 곳에서 오히려 충성을 찾아 볼 수 있는 일이 얼마나 많은지요! 사람에게 둔 소망이란 헛된 것입니다. 오 하나님, 구원은 당신한테서만 찾을 수 있읍니다. 오, 주 나의 하나님, 우리에게 일어나는 모든 일에 우리는 당신만을 찬양합니다.

우리는 약하고 항상 흔들립니다. 우리는 쉽게 변하고 또 쉽게 속임을 당하는 자이옵니다. 아무도 자기를 지켜서 속임과 의심에 빠지지 않을 만큼 조심성 있게 완전하게 자기를 살피지 못합니다. 그러나, 오 주님, 당신을 믿으며 깨끗한 마음으로 당신을 찾는 사람은 쉽게 넘어지지 아니합니다.(잠 : 10장 29절) 만일 그가 어떤 시련에 봉착하게 되면 비록 그 시련이 크다고 해도 당신이 그를 신속히 건져내 주시며 당신이 그를 위로해 주십니다. 이는 당신은 당신을 믿고 따르는 사람을 결코 버리시지 않기 때문입니다.

친구의 고난을 계속해서 충실하게 돌보아 주는 친구는 참 친구이나 이런 친구는 구하기가 힘듭니다. 오 주님, 그러나 당신만은 언제나 가장 신실한 친구이시니 당신같은 분이 없사옵나이다.

어떤 성스러운 영혼을 가진 사람이 현명하게 말했읍니다. "내 마음은 그리스도 안에 굳건히 자리잡고 서 있나이다." 만일 내게도 이런 마음이 있다면 나는 어떤 사람도 두려워하지 않을 것이며, 어떤 비평이라도 나를 괴롭히지는 못할 것입니다.

누가 미래에 닥쳐올 악이나, 미래를 바라다볼 수 있겠읍니까?
만일 우리가 기대한 일이 우리를 해친다고 하면 기대하지 않는 일이
우리를 해친다는 것은 얼마나 가치있는 일이 되겠읍니까? 왜 나는
나에게 닥칠 미래의 불행을 대비해서 보다 나은 준비를 하고 있는
사람이 되지 못합니까? 왜 나는 다른 사람을 그렇게 쉽게 믿고
있읍니까? 그러나 우리는 다만 사람입니다. 많은 사람들이 아무리
우리를 천사와 같다고 해도 우리는 죽을 수밖에 없는 아무것도 아닌
존재들입니다.

오 주님, 내가 누구를 믿겠읍니까? 당신 이외에 누구를 믿겠읍
니까? 당신은 진리이시며 남을 속이거나 속임을 당하시지 않는 분
이십니다. 반면에 "모든 사람들은 거짓말장이이며"(롬 : 3장 4절) 허
약하고 불안정하며 넘어지기 쉬우며, 특히 무슨 말을 할 때가 더욱
그러하옵니다. 그러므로 우리가 처음에 바르게 보인다고 해서 반드
시 그대로 믿을 수는 없사옵니다.

당신의 지혜는 사람이 어떤 존재인가를 알게 하오며 사람의 적은
그 집안 사람이며(미 : 7장 6절) "주가 여기 있다, 저기 있다."(마 :
24장 23절)하는 사람들의 일은 쉽게 믿을 수 없나이다.

나는 내 마음의 애씀으로 알았으며, 나는 더 조심해야 하겠다는
마음을 더욱 가지며, 내 어리석음이 없어지기를 바라고 있사옵니다.
"생각을 깊이하라." "내가 그대에게 말하는 것은 무엇이나 지키도록
생각을 깊이 하라."고 말합니다. 그리고 그것이 비밀이라고 생각할
때에 침묵을 지키오나, 그는 이와 함께 침묵을 지키지 못하고 그
자신과 내게 반역하여 그 자신의 길을 걷고 맙니다.

이런 이야기와 이렇게 생각이 깊지 못한 사람에게서 나를 보호하
여 주십시오. 오 주님, 그들의 손에 내가 쓰러지지 말게 하시고
내 자신이 그와 같은 일들을 하지 않게 하여 주옵소서. 내 입을

신실케 하시고 참된 말만을 하게 하여 주시옵고, 간사한 혀를 제거
시켜 주옵소서.

다른 사람에게 대하여 침묵을 지키는 것은 평안과 착한 마음을
가지게 함이며, 들려지는 말 전체를 믿지 않고, 사람이 말한 것을
그대로 반복하는 잘못을 하지 않게 됩니다.(잠 : 25장 9절) 우리의
마음을 관찰하시는 당신만을 찾게 하옵소서.(사 : 26장 3절) 우리의
마음을 다른 사람의 말에 따라 움직이지 않게 하옵소서. 그러나 바
라는 것은 우리의 공적 생활과 사사로운 생활이 당신의 뜻에 일치
하게 하옵소서.

하나님이 주시는 은혜를 가장 확실하게 받는 길은 사람의 외모에
관한 일에 관심을 두지 않고 심령의 열심과 바른 생활을 가지도록
노력하는 데 있습니다. 가장 인기있는 일을 구하고 찾는 것은 피해
야만 합니다. 많은 사람들이 인기를 얻으려다가 해를 보고 있으며,
다른 사람에게서 칭찬을 들으려는 일 때문에 망신당하는 사람이 많
습니다. 은혜는 시험과 싸움으로 불려지는 이 세상의 일시적인 생
활에 조용히 감추어져 있을 때가 진실로 유익한 은혜가 됩니다.

세상의 화살이 공격할 때

나의 아들이여, 굳게 서서 나를 믿으라.(시 : 37편 3절) 말만의 말이
무슨 의미가 있겠느냐? 말이란 이리저리 날아다닐 수 있지만 돌처
럼 해치지는 않는다. 그대가 무고하다면 그대 자신을 증명하려고
생각하지 말아라. 그대의 양심에 잘못이 없다면 하나님의 목적을
따라서 즐거이 참아야 한다고 생각하라.(벧전 : 2장 19~20절) 때때로
괴로운 말을 참는 것은 그대가 큰 공격을 받지 않고 듣는 것이라면

그다지 큰 일은 아니니라.

어째서 이런 작은 일에 신경을 쓰고 있느냐? 이는 아직도 그대가 육신적인 증거이니(고전 : 3장 3절) 그대가 마땅히 해야 할 인간의 참 의견에 대하여 더 큰 관심을 가져라. 그대는 사람들의 멸시를 두려워하지만 그대는 남에게서 그대의 잘못이 고침받는 것을 원하지 아니하며 변명으로 그대는 안심하려고 하느니라. 그대 자신을 좀더 주의깊게 바라본다면 그대 마음은 아직 세상 욕심으로 가득 차 있는 사람들을 기쁘게 하려는 어리석음이 있음을 알게 될 것이니라. 그대 자신이 가진 잘못에 맞는 멸시를 받음으로 움츠러든다면 그대는 아직도 완전히 겸손하지 못한 증거이며, 세상에 대하여 죽었다고 하거나 세상이 그대에게서 십자가에 못을 박아 없어졌다고 할 수는 없느니라.

그럼 나의 말만 들어라. 그러면 사람이 하는 천만 마디 말에도 관심을 두지 않으리라. 보라, 그대를 해치기 위하여 만들어진 여러 가지 악행에도 그대는 관심을 가질 필요가 없으며 오직 그것은 그것대로 지나가 버리게 하라. 이런 악으로부터 나온 말이 그대의 머리털 하나라도 상할 수 있게 하겠느냐?(눅 : 12장 7절)

자기 마음을 돌아보지 않고 그의 눈속에 하나님을 붙들어 두지 않고 사람은 사람들의 비난하는 말에 몹시 초조하여 불안을 느끼기 쉬우니라. 그러나 나를 믿고 자기의 판단에 얽매이지 않는 사람은 사람의 하는 일을 무서워하지 않느니라. 나는 심판자요(시 : 7편 8절) 모든 비밀을 통찰하는 자이니라. 나는 모든 사람이 하는 행동의 동기를 알며 잘못을 하게 하는 사람과 그 잘못된 흉계 때문에 고통을 받고 있는 사람을 다같이 알고 있느니라. 내 자신의 의지와 허락으로 사건이 발생하나니 이는 많은 사람이 가진 그 속의 생각을 드러나게 하려 함이니라.(눅 : 2장 35절) 나는 범죄자와 무죄자를 심판하리라. 그러나 나는 은밀한 가운데 나의 판단으로서 그들 둘 모두를 시험하느니라. 사람이 하는 증거란 종종 거짓으로 나타나지만 나의 판단은 참되느니라. 내 판단은 영원히 설 것이요 결코 버림을 받지 아니하리라. 많은 사람들에게는 숨겨져 있지만 소수의 사람에게는 모든 일이 알려져 있느니라. 어리석은 눈에는 어리석게 보일지 모르나 잘못 판단되거나 그릇 판단될 수는 없느니라.

그러므로 모든 판단에 대해서는 나를 따르고, 자기 자신의 의견을 버려야 하느니라. 의로운 사람은 염려하지 않느니라.(잠 : 12장 13절) 어떤 일이든지 하나님이 하시는 일로 생각하느니라. 만일 불의한 사람에게 공격을 받는다 할지라도 그는 관심을 두지 않느니라. 쓸데없는 공격일지라도 분개하지 않느니라. 이는 그가 지혜로운 사람으로 그의 마음과 감정을 알고 있는 자는 나만인 것을 생각하느니라.(시 : 7편 9절) 그러므로 사람은 외모나 외적인 모양을 가지고 판단하지 말아라. 때때로 내 앞에서 가치있게 보이려는 것이 부끄러운 것이 있고, 사람의 판단에 따라 행하는 것이 칭찬받을 일이 있느니라.

오, 주 하나님, 공의의 심판자이시고 가장 강하고 인내하신 분이시여, 당신은 인간의 약점과 약함을 아시옵나니 나의 힘과 나의 의지가 되어 주시옵소서. 내 양심이란 보잘 것 없사옵나이다. 당신은 내가 알지 못하는 것도 알고 계시오니 책망하실 때 나는 겸손히 받아야 하겠사옵고 순순히 받아야 하겠옵니다. 자비를 베푸셔서 이렇게 겸손하지 못한 나를 용서하여 주시옵고 모든 일에 인내할 수 있는 은혜를 주옵소서. 당신의 넘치는 자비로우심이 나로 하여금 용서의 은혜를 받게 하시고, 당신으로부터 용서함을 받았다는 이 사죄함을 받는 것이 내 양심을 만족시키나이다. 비록 내 자신에 대

하여 아무것도 모른다 할지라도 당신 앞에 당당하게 나설 수 있는
것이 되는 것은 아닙니다.(고전 : 4장 4절) 당신의 자비가 없이는 아
무도 당신 앞에서 정의롭게 살 수 있는 사람은 없나이다.(시 : 143편
2절)

비참한 일들을 참고 견디다

나의 아들아, 나를 위하여 노력하는 일이 그대의 영혼을 손상치
않도록 하며 당하는 어떤 고난이나 그대를 낙망케 하지 않도록 하
여라. 내 약속이 어떤 환경에서든 항상 그대의 힘과 위로가 되도록
하여라. 나는 넘치는 생을 그대에게 베풀 수 있느니라.

그대는 이 땅 위에서 오랫동안 땀을 흘릴 것이 아니며 항상 슬픔
으로 억압받지도 않으리라. 잠시 동안만 기다려라, 그러면 그대의
괴로움이 신속히 지나감을 볼 것이니라. 모든 괴로움과 수고가 없는
날이 올 것이니라. 가난과 일시적인 것은 시간과 함께 사라져 버리
리라.

전력을 다하여 열심히 일하라. 내 포도원에서 성실히 일하라.(마 :
20장 7절) 내가 그대의 보응이 되리라. 글을 쓰고, 읽고, 예배하고,
참고, 침묵을 지키고 기도하라. 사나이답게 모든 고난을 맞이하라.
영생은 보다 더 큰 싸움에서 얻을 수 있느니라. 평화는 주님만이
아시는 날에 오리라. 낮도 밤도 아니니라.(슥 : 14장 7절) 영원한 빛과
무궁한 영광과 영속하는 평화 가운데이니라. 그 때에는 "이 죽음으
로부터 나를 누가 구원해 주리오"(롬 : 7장 2절) 하고 탄식하지는
않으리라. "메섹에 거하는 것이 나의 화로다"(시 : 120편 5절) 하고
울부짖지 않도록 하라. 사방은 영원히 죽고 온전한 구원이 얻어지

며, 아무런 염려도 없고 다만 성도들과의 기쁘고 즐거운 교제만이 있을 것이니라.

오, 만일 그대가 하늘 위에 영광의 면류관을 쓴 성도들을 보고 그들이 영광을 받고 기뻐하는 것을 안다면 그대는 땅에 머리를 숙일 만큼 겸손하고 한 작은 사람에도 그를 지배하는 일보다 그를 섬기는 일을 하도록 하여라! 성도들은 이 세상에서 낮고 천하고 살 자격이 없다 할 만큼 멸시받고 놀림받은 사람들이니라. 그대는 이 세상의 낙을 찾아 침 흘리고 다닐 것이 아니라 하나님을 위해서 괴로움도 달게 받고 그 사람들에게서 가장 작은 자로 취급받는 것을 복인 줄 생각하여라. 하나님의 일이 만일 그대의 참 기쁨이요 그것이 그대의 중심에 사무치는 것이라고 하면 그대는 결코 불평함을 가지지 아니하리라. 우리들이 하는 수고가 영생을 얻기 위함이 아니겠느냐?

그대의 얼굴을 하늘로 들어라. 보라, 거기에 내가 모든 성도들과 함께 있나니 이 성도들은 이 세상에서 큰 싸움들을 잘 싸운 사람들이니라. 그들은 지금 기쁨과 위로에 가득 차 있으며 지금 편히 쉬고 있느니라. 그들은 나의 아버지나라에서 영원히 나와 함께 거하게 되리라.

영원의 날과 인생의 유한성에 대하여

오, 항상 축복만이 있는 하늘의 나라여! (계 : 21장 2절) 밤이 영원히 있지 않고 전능하신 진리만이 영원히 빛나며 영광의 광채만이 있을 날만이 계속되는 곳이여! 기쁨이 끝 없으며 영원하고 불변하는 안식의 날만이 계속하는 곳이여! 아 이런 곳에서 살기를 내가 얼마나 기대했으며, 그 영광의 빛이 찬란한 아침의 품에 안겨지기를 내 얼마나 바라고 있었읍니까!

그 날이 오면 이 모든 세상일이 끝날 것이 아니겠읍니까! 성도들에게는 이 날이 영원한 영광이 빛나는 날이 되겠지만 아직도 이 세상에서 나그네가 되어 있는 우리는(고전 : 13장 12절) 그 빛이 유리를 통해서 오듯이 희미하게 멀어져 있을 뿐입니다. 하늘의 시민은 아름다운 날의 완전한 기쁨을 맛보고 있지만 우리는 아직 포로중에 있는 하와의 후손으로 우리의 괴로움과 피곤함에 울고 있을 따름입니다.

인생의 날들이란 짧고 악과 슬픔으로 가득 차 있읍니다.(욥 : 7장) 여기는 사람의 죄로 인하여 사람이 더러워지고 많은 정욕에 빠져 신음하며 끝없이 공포에 싸여 떨고 있을 뿐입니다. 많은 근심으로 고단하고 많은 일로서 당신의 갈피를 잡지 못하며, 헛된 일에 자기 몸을 매고 부자유하게 지낼 뿐입니다. 많은 실수와 수고, 고달프고 많은 시험에 중압을 느끼고 환락에 시달리고 궁핍에 신음하고 있나이다.

오, 이 모든 악의 끝이 언제이옵니까? 오 주님, 언제 당신만을 염두에 둘 수 있겠읍니까?(시 : 71편 16절) 언제 당신의 가득 찬 기쁨이 내 것이 되겠읍니까? 나는 언제 몸과 마음이 짓밟히지 않는 참 자유를 가질 수 있겠읍니까? 언제 당신 나라의 영광을 세울 수 있겠읍니까? 언제 당신 나라의 영광을 맛볼 수 있겠읍니까? 언제 당신은 나의 전부가 되어 주시겠읍니까? 당신이 영원 전부터 준비하신 당신의 나라에 내가 언제나 함께 살 수 있겠읍니까?

나는 원수의 땅에서 사로 잡힘과 황폐만을 맛보고 있사오니 이는 여기에 전쟁과 재난이 있기 때문입니다.

이 유형의 때에 가질 참 위로를 주시옵고 내 슬픔을 없이 하시고 내 모든 소망이 당신에게만 쏠리게 하여 주옵소서. 이 세상이 내게 제공하여 좋다는 것은 모두가 가증할 것뿐입니다. 나는 당신과 내적으로 가장 가까운 교제를 갈망하오나, 나는 이것을 얻지 못하고 있습니다. 하늘의 일들을 굳게 붙잡고 있으려 하지만, 세상 일과 욕망이 나를 굴복시키고 있습니다. 마음 속으로는 이 모든 것을 초월하고 싶지만 내 몸이 원치 않는 포로가 되어 있읍니다. 이처럼 나는 불행하게 내 자신과 투쟁을 하고 있사오니 진실로 내 자신이 나에게는 짐이 되오며, 내 마음은 하늘을 향해 날기를 원하지만 내 육체는 나를 이 낮은 곳에 머물게 하고 있습니다.(롬:7장 24절) 오, 나의 내적인 고충이 얼마나 큰지요. 내가 하늘의 것을 생각하려고 하면 이 세상 일들이 홍수처럼 내게 몰려 오나이다.

"오 하나님, 나로부터 멀리 떠나지 마십시오. 오 나의 하나님, 나를 도와 주옵소서."(시:71편 12절) 당신의 번갯불로 나를 치시고 이 속된 생각들을 흩어 주옵소서. 당신의 화살로 원수를 향해 쏘아 주십시오.(시:146편 6절) 그리고 그의 모든 생각을 꺾어 주옵소서. 내 모든 감각이 당신께로 향하게 하시고 세상일은 모두 잊어 버리게 하여 주옵소서. 모든 악을 채찍을 들어 쫓아내 주옵소서. 오 영원의 진리이신 분이시여, 나에게 오셔서 어떤 헛된 것이라도 나를 습격치 못하게 하옵소서. 당신은 하늘의 기쁨이십니다. 당신 앞에서 부정한 것은 모두 떠나게 하옵소서.

또 나를 용서하시고, 내가 기도할 때마다 당신만을 생각하도록 나에게 자비로우심을 내려 주옵소서.

진실로 내게 고백하옵는 것은 여러 가지 혼란으로 정신을 차릴 수가 없나이다. 종종 나는 내 몸이 머물러 있지 아니하고 오히려 생각을 따라 떠다니는 것을 압니다. 내 생각이 쉬게 되는 그 곳에 내가 있고 내 생각은 내가 사랑하는 것들과 항상 함께 있습니다.

그 생각 자체가 좋거나 한갓 습관으로 즐길 수 있는 것은 무엇이나
내 마음을 사로잡고 있나이다. 이런 이유로 진리는 명백히 이렇게
말씀하십니다. "너의 보물이 있는 곳에 너의 마음도 있도다."(마 : 6
장 21절) 내가 만일 하늘을 사랑한다면 하늘나라의 일들을 사모할
것이요, 내가 만일 세상을 사랑한다면 세상의 낙을 즐거워하고 그
괴로움에는 슬퍼하나이다. 만일 내가 내 몸을 사랑한다면 내 생각은
항상 내 몸에 속한 것에 있나이다. 만일 내가 성령을 사랑한다면
나는 신령한 것을 사랑하기를 좋아합니다. 내가 사랑하는 대상에
따라 내 마음은 쏠리고 관심을 가지게 됩니다.

오 주님, 당신의 목적을 위하여 모든 피조물에게서 떠나 모든 자
연적 경향을 이기고 오직 신령한 열심으로 육체의 욕심을 못박아
버린 사람은 진실로 행복한 사람입니다. 그는 진실로 당신에게 고
요한 양심으로 드리는 깨끗한 기도를 드릴 수 있나이다. 그의 마음
과 생활에서 모든 세속적인 것을 끊어버림으로써 그는 진실로 하늘
의 천사들이 잡고 있는 거룩한 자리를 차지할 수 있나이다.

영생의 소망과 약속된 댓가

나의 아들이여, 영원한 축복을 원하는 그대의 마음이 하늘로부터
온 줄을 알고 나의 변하지 않는 영광을 사모하기 위하여 육체라는
감옥에서 벗어나기 원하거든 서슴지 말고 그대 마음을 열고 이 거
룩한 영감을 열심히 받을지어다. 내가 베푼 거룩한 관용에 대하여
그대가 뜨거운 감사를 드리나니, 이는 내가 그대를 친절히 대접하고
긍휼로써 그대를 찾으며 열심의 불을 붙여주고 세속적인 것에 너
자신이 떨어지지 않도록 힘을 주는 나의 관대한 마음을 받기 때문

이니라. 이러한 선물을 받음이 그대 자신이 가지는 어떤 결심이나 노력으로 말미암은 것이 아니고 오직 하나님의 사랑과 은혜 그리고 그의 관심으로 말미암은 것이니라. 덕과 보다 큰 겸손이 자라도록 하나님이 돌보시고 앞으로 닥치는 고난을 능히 견딜 수 있도록 준비시켜 주시고, 다만 내게 굳건히 전심으로 경건한 생활을 하도록 노력하여 진실된 마음으로 나를 섬기게 하느니라.

나의 아들이여, 종종 불은 크게 타느니라. 그러나 연기가 아무리 하늘을 찌를 듯이 올라간다 하더라도 불꽃은 같이 올라가지 아니하느니라. 이처럼 우리의 어떤 욕망이 하늘에 속한 것을 불붙이기는 하나 그 자신들은 육의 욕망에서 완전히 놓여지지는 아니하니라. 그러므로 그들이 하나님께 대한 강렬한 욕망을 가지면서도 그들은 하나님의 영광을 위하여 일하지는 않느니라.

또한 이처럼 그대의 욕망이란 것도 하나님의 영광을 위하여는 움직이지 않느니라. 자기 자신을 중심으로 갖는 소망은 깨끗하고 신선할 수 없기 때문이니라. 그대 자신에게 좋고 유익한 것만을 구하지 말고 무엇이 내가 받을 만한 것인지 어떤 것이 내 영광을 위하여 필요한 것인지 알아서 구하여라. 그대가 세상 모든 일을 중심에서 바라본다면 그대 자신의 소망에 따르기보다도 내가 지시하는 길을 더 따르고 또 그렇게 행할 것이니라.

나는 그대의 소망이 무엇인지를 알고 있고 또 그대의 간구하는 음성을 많이 듣노라. 그대는 "하나님의 자녀들의 영광된 자유"를 원하고 있느니라.(롬 : 8장 21절) 그대의 영원한 집과 하늘나라의 기쁨이 이미 그대 중심에 인한 것임을 아느니라. 그러나 아직도 때가 이르지 아니했노라. 아직도 싸움과 수고와 노력의 때가 남아 있느니라. 가장 높은 선으로 가득 차 있기를 원하나 그대는 아직 이 축복을 받을 때는 되지 아니 했느니라. 내가 곧 선이니 나를 기다

려야 하느니라.(요 : 8장 58절, 눅 : 22장 18절) 하나님의 나라가 임할
때까지 나를 기다려야 하느니라.

그대는 아직도 이 세상에서 여러 가지 시험을 받아야 하느니라.
그러므로 많은 시련이 남아 있느니라. 때때로 위로를 받기는 하지만
완전한 위로를 받고 있지는 않느니라. "그대의 비위에 맞지 않는
일에 대해서도 강하고 담대하라."(수 : 1장 7절)

새 사람이 되어 다른 사람으로 변하는 것이 그대의 의무이니라.
(엡 : 4장 24절, 삼상 : 10장 6절) 종종 그대의 마음에 맞지 않는 일을
함과 그대 자신의 소원이 짓밟힘을 당함이 그대의 의무가 되느니라.

다른 사람의 일을 찬성하지만 그대의 소원은 뜻대로 되지 아니
하느니라. 다른 사람의 말은 듣지만 그대의 말은 배척을 받기도 하
리라. 다른 사람은 저마다의 소망이 이루어지기도 하나 그대의 소
망은 하나도 들어주지 않을 경우도 있느니라. 다른 사람은 높이 대
접을 받으나 그대는 알려지지도 않을 것이니라. 다른 사람은 이 일
저 일 다 행할 수 있지만, 그대는 아무것도 할 수 없는 것이니라.
그대가 이러한 대접을 받음을 안타깝게 생각할 것이니라. 그러나
이런 일에 침묵을 지킬 줄 알면 그대는 큰 성과를 얻을 수 있느니라.
왜냐하면 그대 앞에 있었던 신실한 종들이 다 이런 대접을 받았기
때문이니라. 그들은 어떤 일을 당하든지 자기를 부정할 줄 알고 그
환경에서 처해야 할 바를 알고 있었느니라.

우리가 우리 의사에 어긋나는 일을 보고 또 그것 때문에 괴로워
한다고 해서 우리 자신이 죽을 필요가 있다고 생각하는 것은 아무
것도 아니니라. 특히 우선 불편하고 무용한 듯한 일을 하게 되었다
고 해서 그렇게 생각할 필요는 없느니라. 또한 어떤 큰 능력 아래
있어 그 높은 일에 항거할 줄 모르기 때문에 다른 사람의 뜻에 복
종하는 것이나 그대 자신의 의견을 발표하는 것이 큰 고통같이 보

이느니라.

그러나 나의 아들들이여, 그대 자신이 하는 일을 생각하라. 그 결과는 곧 오게 되겠고 반응이 오고 있으니 그대 자신을 불행하게 생각하지 말고 마음을 더욱 강하게 가져라. 그대 자신의 의사를 주님께 항복시킴으로써 그대의 의사가 하늘에 있는 것을 알아 기뻐할 수 있느니라. 거기에 그대가 원할 수 있었던 것과 그대가 원하던 모든 것이 있는 것이니라. 그대 자신의 뜻은 언제나 내 뜻에 일치하게 되며 그대 자신의 선을 찾지 아니하고 오직 무엇이나 내게 좋은 것만을 찾게 될 것이니라. 거기에는 아무도 그대를 반대하는 사람이 없을 것이니라. 무엇이나 그대가 원하는 것은 곧 그대 손에 잡힐 수 있으며 그대의 사랑을 더 일으키고 넘치게 할 것이니라. 이 땅에서 모욕을 받아 괴로워한 그 일 때문에 그대는 영광을 받으리라. 영광의 옷이 슬픈 베옷을 대신하여 이 세상에서 받는 천대로 인하여 그대는 하늘나라의 보좌에 있게 되리라. (사 : 61장 3절) 거기에서 그대가 행한 복종의 열매를 차지할 수 있으며, 수난으로 가득 찼던 그대의 생에 기쁨을 가져오며, 그대가 받았던 낮은 대접이 영광으로 인도되리라.

그러니 현재 모든 사람에게 겸손하며 그대에게 명령하고 또 지배하는 사람이 누구냐에 대하여 관심을 두지 말아라. 과연 그가 그대보다 높은 사람이냐 낮은 사람이냐, 또 동등한 사람으로써 의견을 구할 때 그대는 그들에게서 선한 것만 찾고 그들이 바라는 소원을 채워 주기를 힘써라. 이 사람은 이 일에서 기쁨을 얻고 저 사람은 저 일에서 기쁨을 얻고 각각 많은 사람들에게 칭찬받도록 하여라. 그대는 다만 이런 것에서는 기쁨을 구하지 말고 그대 자신을 겸손하게 하는 일과 내 영광 내 기쁨을 구하는 일에서만 기쁨을 구하여라. 이것이 언제나 그대가 관심을 가질 일이니 "죽음이나 생명에서

나" 다만 하나님께서 영광을 받으시도록 하여야 하느니라. (빌 : 1 장 20절)

환난에서 하나님을 의지함

오 주 하나님, 거룩하신 나의 아버지, 영원토록 축복받으시옵소서. 당신이 뜻하신대로 모든 뜻이 이루어지기를 바라오매 당신이 하시는 일은 무엇이나 선하게 하옵소서. 당신의 종은 당신 안에서 기쁨을 갖게 하시고 내 자신이나 아무것에서도 기쁨을 찾지 않게 하옵소서. 당신만이 진실한 나의 기쁨이시며, 나의 소망 나의 면류관이시며, 나의 자랑 나의 영광이십니다. 오 주님, 당신의 종이 무엇이오며 당신의 자비가 없이는 당신 것은 아무것도 받을 수가 없지 않습니까 ? (고전 : 4 장 7절) 모든 것이 당신 것이오며 당신이 주셨으며 또 당신이 만드신 것이옵니다.

"나는 젊었을 때부터 가난하오며"(시 : 88편 15절) 내 영혼은 슬픔 속에 눈물을 지었으며, 내게 둘러싼 고통으로 큰 압박을 받았나이다. 나는 평화의 기쁨을 간구하였읍니다. 당신의 자녀들이 모두 평화를 누리도록 열심히 기도하오며 당신의 위로로 새롭게 되기를 바라나이다. 만일 당신이 평화를 주시면, 만일 당신이 거룩한 기쁨을 내게 내려 주시면, 당신의 종의 영혼은 노래로 가득 차고 당신을 찬양하는 일에 전력을 기울여 바치겠나이다. 그러나 당신이 당신 자신을 거두신다면 당신의 종도 계명대로 살 수가 없사옵나이다. (시 : 119편 32절) 이는 당신의 빛이 내게 늘 비추어 주던 그 때와 같지 않기 때문이옵고, 또한 당신의 날개 그늘 아래 피하여 숨지 못하게 하기 때문에 많은 유혹이 나를 공격해 넘어뜨리나이다. (욥 :

29장 3절, 시 : 17편 8절)

　오 정의로우신 아버지, 영원히 찬양받으실 주님이시여, 지금 당신의 종은 괴로움이 다가올 시간이옵니다. 오 사랑하는 아버지, 당신을 위하여 내가 어떤 괴로움을 받든지 그것이 당연한 일인 줄 알게 하옵소서. 오 아버지, 찬양받으실 분이시여, 영원 전부터 가지고 계시는 지혜로서 당신의 종이 완전히 패망케 된 것을 아실 때는 왔옵니다. 당신의 종으로 하여금 당신이 임재하심을 알게 하옵소서. 사람 앞에서 푸대접과 천대를 받고 고통과 질병으로 마음이 상하오니 당신이 보내 주시는 새로운 아침이 동틀 때 다시 일어나고 하늘의 영광을 받을 날이 있을 것을 믿습니다.

　거룩하신 아버지시여, 이것이 당신이 주실 약속이시며 당신이 명령하신대로 이루시는 것이옵니다. 당신의 친구들에게는 당신의 사랑을 베풀어서 어떠한 환난이라도 참을 수 있게 하옵소서. 당신의 예비와 당신의 허락없이는 아무것도 이 세상에서 일어나지 않기 때문입니다. "내가 괴로워함이 나에게는 선한 일이요"(시 : 119편 1절) 내가 당신의 공의로운 심판을 배우는 것이며 내 마음에서 온갖 속임과 파렴치를 없게 하시는 길임을 아옵나이다. "내가 남의 멸시를 받을 수 있음이"(시 : 69편 7절) 내게 참 좋은 일이 됨은, 이는 사람에게서 보다 당신에게서 위로를 받을 수 있기 때문입니다. 또한 평등과 정의로 의인(義人)을 바로 인도하시는 당신의 헤아릴 수 없는 판단을 두려워할 수 있음을 배우고 있습니다.

　나는 당신이 나의 잘못함을 책망하시고 큰 고통으로 나를 벌하시며 슬픔의 잔을 마시게 하시고 여러 가지 고난을 보여 주심을 감사드리옵나이다. 오 주 나의 하나님, 하늘 아래 당신 외에 나에게 위로가 될 수 있는 분은 아무도 없사옵니다. 당신은 우리 영혼을 고치는 하늘의 의사이시며 지옥에 던져질 자도 다시 돌아오게도 하

십니다.(시 : 18편 16절) 당신의 징계가 나를 바르게 하시고 당신의
아픈 채찍이 나를 고치나이다.

 오 가장 사랑하시는 아버지, 나는 당신의 손 안에 있사옵니다.
당신이 바르게 하시는대로 나를 맡기나이다. 당신의 뜻이 무엇인지
를 알 때까지 나의 고집을 쳐부수고 당신이 원하시는대로 어떠한
일에서나 당신만을 섬길 수 있도록 참되고 겸손한 제자가 되게 하
옵소서. 주님이 고치심에 내 자신과 나의 전부를 드리나이다. 이는
진실로 이 세상에서 벌을 받음이 다음 세상에서 벌을 받는 것보다
더 좋기 때문입니다.

 당신은 일반적인 일이나 특별한 일이나 간에 다 알고 계시며, 당
신 앞에서는 사람의 양심이 숨은 것이 드러나지 않음이 없나이다.
모든 일이 생겨지기 전에 당신은 미리 아시니 이 세상에 일어나는
어떤 일이라도 당신에게 알릴 필요가 없는 줄 아나이다. 모든 일이
일어나기 전에 당신은 알고 계시기 때문에 알려드릴 필요도 없읍니
다. 내가 나아지기에 무엇이 필요한지 당신은 아시오며 내게 받은
고난이 얼마나 효과있게 내 악함을 없이 해가는 것을 아옵니다. 당
신의 선하신 뜻대로 나를 대접하시고, 당신에게만 가장 완전히 밝혀
알려진 내 죄악의 생활도 배척하지 마옵소서.

 오 주님, 내가 알아야 할 가치가 있는 것을 하시고 사랑해야 할
가치가 있는 것을 사랑하게 하옵소서. 또 당신을 기쁘게 하는 것을
항상 높이 평가하게 하시고, 당신 보시기에 악한 것은 언제나 거
절하게 하옵소서.

 내가 외양으로 보는대로 판단케 마옵시고, 무지한 사람에게서 들
은 말을 그대로 믿지 말게 하시고, 영적인 것과 물질적인 것에 대한
구별을 똑똑히 하게 하시고, 언제나 또 무엇보다도 당신의 뜻과 당
신을 기쁘시게 하는 일만 구하게 하옵소서. 사람의 마음은 종종 스

스로의 판단에 따라 속고 세속적인 사람은 자기들이 가지고 있는 물질적인 관심으로 인하여 속임을 받고 있습니다. 크게 높임을 받게끔 지어진 인간이 어디 있겠읍니까? 사람이 사람에게 아첨할 때 헛된 것이 헛된 것을 속이고 약한 것은 약한 것을 속여서 아첨이 클수록 수치는 더욱 심한 것이니 이렇게 속임을 나타냅니다. "오 주님, 당신의 눈앞에 있는 사람만이 참 사람이고 그 이외의 것은 아닙니다."고 겸손한 종은 말했읍니다.

겸손에 관한 일들

나의 아들이여, 그대는 언제나 덕을 위한 열정을 가질 수 없고 거룩하고 고상한 명상에 언제까지나 잠겨 있을 수 없는 사람이니라. 죄인의 성격 중 약한 것은 때로는 낮은 것을 가지려고 자기를 억지로 낮추려 하며 이 육신의 짐을 슬픔으로 짊어지는 것이니라. 그대가 죽을 수밖에 없는 몸을 가지고 있기 때문에 그대의 마음이 언제나 강건할 수 없고 피곤과 슬픔을 가지게 되리라. 그러므로 이 세상에서 종종 그대는 육체의 짐을 슬퍼하게 되리라. 이는 영적인 생활 경건한 묵상에 전적으로 그대 자신을 드리는 일을 다하지 못하기 때문이니라.

이와 같이 그대 자신이 나약한 것을 알 때마다 외부적인 일에 그대 자신을 맡기고 선한 일로 그대 자신을 회복하는 것이 지혜롭다고 할 것이니라. 내가 오기를 흔들리지 말고 믿음을 가지고 기다려라. 내가 다시 와서 그대의 모든 염려에서 자유케 할 때까지 그대의 방탕과 영혼의 황폐를 인내로서 담당하고자 하느니라. 그러면 전에 행하여 오던 모든 수고를 잊고 내적인 평화를 즐기게 될 것이

니라. 나는 그대를 하나님 말씀의 아름다운 동산으로 인도할 것이
며, 자유라는 마음으로(시 : 119편 32절) 또는 내 계명의 길로 행하게
할 것이니라. 그 때 그대는 말하리라. 이 세상의 고난은 장차 올
영광과 족히 비교할 수도 있느니라."(롬 : 8장 18절)

합당하지 않은 위로와 매를 맞음

오 주님, 나는 당신의 위로를 받을 만한 가치가 없사오니 어떠한
영적인 안위도 받을 수 없는 자이옵니다. 당신이 나를 가난하게 하
시거나, 비참하게 하시거나, 당신의 행하심은 합당하옵나이다. 나는
칭찬을 받는 일보다도 꾸지람과 벌을 받기에 합당하옵나이다. 이는
내가 너무도 심히 당신을 진노하게 하고 큰 악을 행했기 때문입니
다. 그러므로 모든 일을 생각할 때 나는 당신의 위로를 받기에 부
당한 자이옵니다.

그러나, 오 가장 자비로우시고 은혜로우신 하나님, 당신이 만드신
피조물이 망하는 것을 원치 아니 하옵나이다. 당신의 은총을 받은
사람에게(롬 : 9장 23절) 당신이 너그러우심과 선함을 주시기 위하여
황폐한 사막에 거하는 종에게까지 오셔서 사람의 지식으로서는 측
량할 수 없는 방법으로 불쌍히 여겨 주시나이다. 이는 참으로 당신
의 위로가 사람들이 하는 말처럼 실속이 없는 것이 아니고 진실한
내용을 가진 것이기 때문입니다.

오 주님, 당신의 하늘에서 보내 주시는 위로를 받을 만한 일을
한 것이 무엇이 있옵니까? 내가 어떤 선을 행했는지 찾을 수가 없고
다만 죄를 짓기만 했고 또 고치기를 싫어하는 자입니다. 이것이
사실이오며, 그것을 부정할 수 없옵니다. 당신이 만일 내가 지은 죄

만을 생각하신다면 나는 당신 앞에 설 수가 없읍니다. (롬 : 9장 2,
3절) 내가 지은 죄와 악의 댓가대로 한다면 나로 하여금 영원한 불에
던져지는 것이 합당할 것이 아니고 무엇이겠읍니까? 진실로 나는
징계와 멸시를 받기에 합당함을 고백합니다. 내가 당신의 진실한
종들 가운데 기억되기는 합당하지 아니 하옵니다. 이런 이야기를
다시 한다는 것은 괴로운 일이지만, 그러나 진리를 위하여는 내 죄
를 공개하여 당신이 베푸시는 은혜를 받기에 합당한 것으로 삼고자
하나이다. 나는 죄악과 의혹이 가득 차 있는 자이온데 무슨 말을
할 수가 있겠읍니까? 내 입으로는 이 말밖에 할 것이 없사옵나이
다. 나는 죄인입니다. 오 주님, 나는 죄인입니다. 나를 용서하시어
자비를 베풀어 주옵소서. (시 : 51편) "나를 잠시 찾아 주셔서 어둠과
죽음의 골짜기로 내려가기 전에 내 슬픔을 내가 알 수 있도록 하여
주옵소서. "(롬 : 10장 20~21절)

　악을 행한 자와 가련한 죄인에게 당신은 어찌하여 회개할 것과
자기를 낮출 것을 요구하나이까? 이는 참 인내와 겸손의 마음에서
용서의 소망이 잉태될 수 있기 때문입니다. 괴로워하는 양심이 화
해함을 받고 잃어버린 은혜가 다시 얻어지고 하나님이 보내시는 진
노에서 놓임을 받을 수 있는 희망이 있기 때문입니다. 오 주님,
이렇게 통회하는 심령은 향수의 구름보다도 당신 앞에서는 더욱 향
기롭습니다. 이것이 당신의 성스러운 발에 부었던 값비싼 향유이옵
니다. (눅 : 7장 38절) "오 하나님, 상하고 통회하는 마음을 주께서 멸
시치 아니하실 것입니다. "(시 : 51편 17절) 원수의 분노에 직면하였을
때 피난할 수 있는 곳이 여기이옵니다. 여기는 어떠한 죄의 흔적이
라도 없이 할 수 있는 사죄의 곳이기도 합니다.

세속적인 일로부터 분리된 하나님의 은혜

나의 아들이여, 내 은혜는 고귀한 것이니라. 이것을 세속적인 관심과 낙으로 혼동할 수 없음을 알아야 하느니라. 그러므로 그대가 은혜를 얻고자 한다면 이 은혜를 받음에 지장되는 모든 것으로부터 떠나야 하느니라.

은밀한 장소를 찾아 홀로 있기를 즐겨라. 사람과 더불어 답하기를 바라지 말고 심령을 하나님 앞에 쏟아 붓는 마음과 깨끗한 양심을 소유하도록 힘써라. 전 세계를 아무것도 아닌 것으로 평가하고, 외부적인 것보다 하나님께 나아가는 것을 먼저 하라. 세속적인 즐거움과 내 앞에 나아가는 것을 동시에 할 수는 없느니라. 사랑하는 친구들과 사랑을 멀리 하고(마 : 19장 29절) 모든 순간적인 위로를 피하도록 마음을 지켜라. 사도 베드로는 이 세상에서 "나그네와 순례자" 같은 사람으로 지내라고 말했느니라.(벧전 : 2장 11절)

그대는 죽는 시간에 문제가 없을 만큼 세상 애정에서 떠날 수 있느냐! 약한 마음을 가진 사람은 모든 세상일에서 떠날 마음을 가질 수 없으며, 또 세속적인 사람은 영적인 사람이 가지는 자유를 이해하지도 못하느니라. 그러나 사람이 참으로 신령하게 되고자 하면 그는 친구와 손님 등 모든 것을 부정하며 그대 자신이 영혼의 생사문제에 직접적인 책임자인 것을 잊어서는 아니 되느니라. 만일 그대가 그대 자신을 완전히 극복할 수 있다면 모든 것을 쉽게 극복할 수 있느니라. 완전한 승리는 자기를 이기는 데 있느니라. 자기 자신을 완전히 복종시킬 수 있는 사람은 자기의 감정을 이성으로 이길 수 있는 사람이며, 또 이성이 완전히 내게 복종할 수 있는 사람은 진실로 그 자신과 세계를 자기 안에서 정복할 사람이니라.

만일 그대가 이처럼 높은 곳에 오르기를 바란다면 제일 첫발을 잘 옮겨 놓아야 하느니라. 도끼를 나무뿌리에 놓아서(마 : 3장 10절) 그대 자신이 가진 모든 부정한 것과 비밀의 사랑을 쳐부숴야 하느니라. 그리고 사리사욕과 지상의 유익을 가지지 말아라.

사람이 자기 자신을 무절제하게 사랑하기 때문에 이런 결점들에 의해서 모든 실수가 생기느니라. 이런 악들이 정복당하고 복종되기만 한다면 큰 평안과 영속적인 승리가 따르게 되리라. 세상에 자기 자신을 완전히 극복하려고 애쓰는 그 자신을 완전히 이기려는 사람은 적으리라. 결과적으로 그 노력이 실패하면 자신에게 삼킴을 받아 영적인 것으로 자신을 끌어 올리기가 힘드느니라.

그러나 나와 함께 자유 속에서 걷기를 바라는 사람은(시 : 119편 45절) 불규칙적이고 정상적이 아닌 모든 욕망을 죽여야 하고, 어떤 피조물에 대해서도 이기적인 욕심을 가져서는 아니 되느니라.

자연과 은총

나의 아들이여, 인간의 자연성과 하늘의 은총이 하는 일을 열심히 살펴보아라. 이 둘은 서로 대립되어 있어서 신령하고 내적으로 깨달은 사람이라도 쉽게 구별하기 어려우니라. 모든 사람은 진실로 선하다는 것을 소망하고 있지만 그들 말과 행동 가운데 선한 체하고 있기 때문에 선의 모양 아래 많은 사람은 속고 있느니라.

자연은 기묘하여 많은 사람을 유혹하며 그들을 함정에 빠지게 하고 속이기도 하며 또 항상 자연 그 자체의 목적을 위해서 일하느니라. 그러나 은총은 단순하게 움직이며 악은 겉모양만 보여도 버리며, 또 속임을 받지 아니하며, 모든 일은 하나님의 순수한 사랑으로 행하여 이를 은총의 목적으로 하느니라.

자연은 죽기를 싫어하고 쓰러지고 지배당하고 복종하는 일을 싫어하느니라. 그러나 은총은 자기 자신을 죽이고자 하고 감각적인 것을 싫어하고 복종받고자 하고 극복되기를 바라며 자기 자신의 자유를 위하여 일하지 않느니라. 또 은총은 규율 아래 있기를 즐기며 어떤 사람이라도 지배하기를 즐기지 아니하며, 오히려 하나님의 지배 아래 살고자 하며 하나님을 위해서는 모든 사람에게 무엇이나 주려고 준비하고 있느니라. (벧전 : 2 장 13절)

자연은 자기 자신의 이익을 위해서 움직이며 다른 사람에게서 어떤 유익을 얻을 수 있을까를 생각하느니라. 그러나 은총은 자기 자신에게 유익하고 유용한 것에 대해서는 생각하지 아니하고 오히려 많은 사람에게 무엇이 좋겠는가를 생각하느니라. (고전 : 10장 33절)

자연은 영광과 보수를 원하지만 은총은 신실하게 하나님의 영광과 존귀를 위하느니라.

자연은 수치와 멸시를 싫어하지만 은총은 주님의 이름을 위하여 고통받는 것을 즐기느니라. (행 : 5 장 4 절)

자연은 안일과 자기 몸의 안식을 좋아하지만 은총은 게으르지 아니하고 명랑하게 일하기를 즐기느니라.

자연은 기묘한 일과 아름다움을 즐기며 헐하고 보기 싫은 것을 미워하느니라. 그러나 은총은 단순하고 낮은 일에 기쁨을 가지고 못난 것을 멸시하거나 낡고 남루한 것을 입기 싫어하는 법이 없느니라.

자연은 일시적인 일을 존경하고 이 세상의 소유를 즐기며 손실을 슬퍼하고 경멸히 취급받는 것을 싫어하느니라. 그러나 은총은 영원한 일에 관심을 가지고 일시적인 것에 착심치 아니하며 (고후 : 4 장

18절) 손실에 실망치 아니하며 고언(苦言)에 화를 내지 않느니라. 이는 하늘에 보화와 기쁨이 있기 때문이며, 그것은 아무것도 잃어 버림이 없는 것을 알기 때문이니라.(마 : 6장 20절)

자연은 탐욕적이고 주기보다 받음을 즐기며 사적이고 자기 자신의 일을 가지기를 좋아하느니라. 그러나 은총은 친절하고 관대하여 개인적인 유익을 끊으며 적은 것에 만족하고 받는 것보다 주는 것을 즐거워하느니라.(행 : 20장 35절)

자연은 사람을 다른 피조물로 변질시키려 하고, 즉 육신적이나 허영으로 나가려고 덤비며 애쓰느니라. 그러나 은총은 사람을 하나님과 덕으로 끌고 오며 피조물에 대하여 냉담하며 세상을 피하고 육신의 소망을 미워하며 방황함을 제거하며 공중(共衆) 앞에 서기를 바라지 않느니라.

자연은 감각에 만족을 주는 외부적인 위로는 무엇이나 즐기느니라. 그러나 은총은 하나님 한분에게만 위로를 구하고 모든 보이는 것을 초월한 하나님의 지고한 선을 즐거워하느니라.

자연은 자기 자신의 유익과 보수를 위하여 일을 한다. 또 그것은 동등한 대접을 받거나 그렇지 않으면 그 자신을 보다 높은 자로 대접받기를 바라며 칭찬과 존대받기를 바라느니라. 그러나 은총은 세상 사람들이 바라는 보수를 원치 아니하며 세상이 하는대로 따라 가지 아니하며, 다만 하나님만을 원하며 영원을 얻기 위하여 봉사하는 이외에는 아무것도 하지 아니하느니라.

자연은 많은 친구나 친척의 대접을 즐거워하느니라. 높은 계급과 가문을 좋아하며, 자신의 권력에 웃음지으며 부귀에 아첨하고 그와 같은 사람을 사랑하느니라. 그러나 은총은 원수조차 사랑하며 친구의 숫자를 뽐내지 않으며, 위대한 덕을 위해 도움되는 일이 아니라면 높은 가문이나 출신도 문제삼지 않느니라. 부한 자보다도 가난한 자를 더 사랑하며 권력있는 자보다도 존경을 받을 만한 사람을 더 사랑하느니라. 그것은 정직한 사람을 즐기며 속이는 자를 싫어하느니라. 선한 사람으로 하여금 더 나은 축복을 받도록 더욱 선을 향하게 하며(고전 : 12장 31절) 이러한 덕에 의하여 하나님의 아들과 같이 되게 하려 함이니라.

자연은 어려움과 결핍에 쉽게 불만을 토로하나 은총은 용감하게 참느니라.

자연은 자기 자신을 위하여 투쟁하며 모든 일을 자기에게 유익하게 하려 하느니라. 그러나 은총은 어디서 오든지 간에 그 모든 일을 하나님께 돌리고, 자연에게는 아무것도 돌리지 아니하느니라. 그는 교만하지 아니하고, 건방지게 굴지 않느니라. 그는 다른 사람 앞에서 그 자신의 의견을 높이거나, 그것만을 고집하지 아니하느니라. 그 마음의 모든 힘과 깨달음을 영원한 하나님의 판단에 맡기느니라.

자연은 비밀을 알고 새로운 소식을 듣기를 갈망하느니라. 대중 앞에 나타나 보이기를 좋아하고 자기 자신의 감각에 의하여 많은 일들의 증거가 되기를 바라느니라. 남에게서 인정받기를 바라며 찬사와 찬양의 대상이 되기를 애쓰느니라. 그러나 은총은 새로운 소식을 듣기에 관심을 두지 아니하며 기묘한 일들에 관심을 두지 아니하느니라. 왜냐하면 이 모든 것은 구습을 쫓는 사람에게서 나오기 때문이며, 이 세상의 것은 아무것도 새로운 것이나 오래 계속하는 것이 없기 때문이니라. 그러므로 은총은 우리가 각각 어떻게 제재받아야 할 것인가를 가르쳐 주며 어떻게 헛된 자기만족에서 떠나야 할 것인가를 가르쳐 주느니라. 칭찬과 선망의 욕망을 일으키도록 하는 모든 것을 감추어 두고 모든 일과 지식에서 유용한 열매만을 찾으며 하나님의 영광과 존귀만을 구하느니라. 그 자신에게서 그의 일에서 칭찬받기를 원하지 아니하며, 하나님이 주신 선물에서 어떻게 하나님만이 찬송을 받으실 수 있을까 함을 권하느니라.

이는 그가 모든 것을 깨끗한 사랑으로 주시기 때문이니라.

은총은 초자연적인 빛이며 하나님의 특별한 선물이며 택하심과 영원한 구원을 보증하는 표이니라. 은총은 사람이 땅의 일로부터 하늘의 일을 사랑하는 것까지 끌어 올리며 육신적인 것을 영적인 것으로 만드느니라.

그러므로 자연이 정복당하고 지배를 받을수록 은총은 더욱 더 풍성히 내리고 하나님의 모양대로 날마다 새로워지느니라.

자연의 부패와 하늘 은혜의 힘

오, 주 나의 하나님이시여, 당신은 나를 당신의 형상대로 만들어 주셨사오니(창 : 1장 26절) 나에게 은총을 주셔서 내 속에 움직이는 자연의 천박한 소질들을 극복케 하옵소서. 내 자신 속에는 내 마음의 원을 항상 거스르는 죄악의 세력이 있음을 아오니(롬 : 7장 23절) 이것이 나를 여러 가지 감각적인 욕망에 충실하는 종으로 만들고 있읍니다. 당신의 은총이 내 마음에 부어져 나를 도와 주지 않으면 나는 이 정욕에 항거할 수 없읍니다.

거기에 당신의 은총의 필요성이 있읍니다. 그렇습니다. 당신의 자비를 힘업어 젊었을 때 부터(창 : 8장 21절) 악으로 기울어지게 하는 자연을 굴복시키게 하옵소서. 최초의 사람인 아담으로부터 자연은 세력을 발동시켜 죄로서 물들이고 그 죄의 값으로 받는 형벌이 전 인류에게 내리게 되었나이다. 당신에 의하여 선과 참으로 만들어진 자연이 지금은 죄악과 부패의 대명사가 되어 있나이다. 그대로 내버려 둔다면 흉악하고 천한 것으로 기울어지고 맙니다. 조그마한 불빛이란 타다 남은 재에서 나타나는 불티 같은 것에 불과합니다. 이것이 자연적인 이성(理性) 자체입니다. 이성은 비록 선과 악을 알 수 있고 진리와 거짓을 가릴 줄 아나, 그러나 선한 줄을 앎에는 무력하며, 전적으로 진리와 본래 가지고 있었던 건전한 애정을 즐기기에는 무력하나이다.

오 나의 하나님, "내 속사람으로는 하나님의 법을 즐거워 하며" 선하고 의롭고 거룩한 당신의 율법을 즐기고 있어 모든 악을 저주하고 죄를 멀리 하고 있옵니다. 그러나 내 육신 속에는 죄의 법을 섬기며 이성보다도 감정에 치우치고 있나이다.

그러므로 "내 속, 곧 내 육신에 선한 것이 거하지 않는 줄 아노니, 원함은 내게 있으나 선을 행함은 없옵니다."(롬 : 7장 18절)

나는 종종 선을 행할 결심을 하나 내 약함을 돕는 당신의 은총이 없기 때문에 지극히 적은 장애에서도 나는 실패하고 맙니다.

또한 완전으로 나아가는 길을 내가 알고 내가 마땅히 해야 할 일을 분명히 보면서도 내 자신의 부패의 무게에 눌려 완전한 데까지는 나아가지 못하고 있사옵니다.

오 주님, 선한 일을 하기 위해서는 당신의 은총이 내게 얼마나 필요합니까? 은총이 있어야 나아갈 수 있고 선을 이룰 수도 있읍니다. 은총이 없이는 나는 아무것도 할 수 없읍니다.(요 : 15장 5절) 당신 안에서 나는 모든 일을 할 수 있고 당신의 자비로 나를 담대하게 만들어 주어야 가능합니다.(빌 : 4장 13절)

오 자비로우시고 참된 은총을 내리시는 주님, 은총이 없이는 우리가 가진 것은 모두 가치가 없읍니다. 자연 속의 모든 선물들은 아무 가치가 없읍니다. 예술도 부유함도, 아름다움도 강함도, 위트나 웅변도 당신 앞에서나 유용한 것이지 당신의 자비 없이는 아무 가치도 없읍니다. 오 주님, 자연이 준 선물은 선한 사람에게나 악한

사람에게나 공통되지만 당신이 택하신 사람들에게는 은총과 사랑을
베푸시고 당신이 사랑하는 자에게는 영생에 이를 아름다운 증표로
두시나이다. 예언의 선물이나 기적의 행함이나 또 깊은 사색이 아
무리 훌륭하다고 해도 당신의 은혜 없이는 아무 가치가 없는 것입
니다. 아니, 믿음이나 소망 또는 덕이라 할지라도 당신의 사랑과
은총을 떠난 것이라면 그것은 당신이 받으실 만한 가치가 없는 것
입니다.(고전 : 13장 13절)

은총은 우리 마음을 가난하게 하며 선행에는 부하게 하며 겸손한
자는 크게 복을 빌어 주십니다. 오 주님, 당신께서 내게로 내려
오시옵소서. 아침부터 내게 오사, 영혼의 피로와 마음의 고갈함에
빠지지 않도록 당신의 위로로 채워 주시옵소서.

오 주님, 당신에게 바라옵나니, 당신 앞에서 은총을 입게 하옵소
서. 비록 자연이 갈망하는 것은 아무것도 이루지 못한다 하더라도
"당신의 은혜는 내게 만족하옵나이다."(고후 : 12장 9절) 그러나 나는
많은 시험과 유혹을 받고 있나이다. 그러나 당신의 은총이 나와 함
께 하는 한 "나는 어떤 재난도 두려워하지 않나이다."(시 : 23편 4절)
당신의 은혜만이 나의 힘이요, 당신의 은혜만이 나의 교사요, 나의
도움이십니다. 당신의 은총이 모든 적보다도 더 강하며 세상의 어떤
지혜보다도 더 지혜롭습니다. 당신의 은총은 진리의 교사이며, 법
률의 선생이며, 마음의 빛이며, 고난의 위로자가 되십니다. 슬픔도
두려움도 몰아내고 경건을 자라게 하며 참회를 하게 하옵니다. 은혜
없이는 한 조각의 마른 나무막대기에 불과하며 벌거벗은 나뭇가지에
불과하며 파멸이 떨어져야 할 굴레에 불과합니다.(요 : 15장 8절)

그러므로, 오 주님, 당신의 은총이 항상 나를 인도하시고 나를
따르게 하시고 당신의 아들이신 예수 그리스도를 통하여 항상 선한
일을 하도록 만들어 주옵소서. 아—멘.

자기 부정과 그리스도를 본받음

나의 아들이여, 그대 자신을 잘 버리면 버릴수록 내게로 들어올 수 있느니라. 외적인 것을 갈망하는 마음이 없어야만 내적 평화를 가지고 하나님과 그대 자신이 연합할 수 있도록 자기를 버리게 될 것이니라.

나는 내 뜻 속에서 그대 자신이 완전히 항복하는 것을 배우기를 바라며 불평이나 불만없이 따르기를 바라느니라. "나는 길이요 진리요 생명이니" 그대는 나를 따르라.(요 : 14장 6절)

길이 없이는 갈 곳이 없으며 진리가 없이는 지식이 있을 수 없으며 생명이 없이는 삶이 있을 수 없느니라. 나는 길이니 그대는 따라야만 하며, 나는 진리이니 그대는 믿어야만 하며, 나는 생명이니 그대가 소망해야 할 것이니라. 나는 멸하지 않는 길이요 잘못이 없는 진리이며, 영원한 생명이니라. 나는 가장 곧은 길이요, 가장 높은 진리요, 가장 진실한 생명이요, 축복받은 생명이요 지음을 받지 않은 참 생명이니라. 만일 그대가 내 길에 머문다면 "진리를 알지니 진리가 그대를 자유케 하여 주리라."(요 : 8장 31~32절) 그리고 영원한 생명을 소유케 될 것이니라.

 ""만일 그대가 영생에 들어가려 하거든 내 계명을 지켜라.(마 : 1장 17절) 만일 그대가 진리를 알려 하거든 나를 믿어라. "만일 그대가 완전하기를 바란다면 그대가 가진 것을 모두 팔아라."(로 : 19장 21절) 만일 그대가 내 제자가 되기를 원한다면 그대 자신을 부정하라.(눅 : 9장 23절) 만일 그대가 축복받은 하늘의 생명을 가지려거든 이 현세의 생명을 등한히 하라. 만일 그대가 하늘에서 높임을 받기를 바란

다면 이 세상에서 그대 자신을 겸손히 하라.(요 : 12장 25절) 만일 그
대가 나와 함께 다스리는 자가 되려거든 나와 함께 십자가를 짊어
져라.(눅 : 14장 26절) 십자가의 종만이 축복의 길과 참빛의 길을 발
견할 수 있느니라.

오, 주 예수님, 당신의 길이 이 세상에서 멸시받고 좁은 길을
가셨던 것처럼 나도 당신을 본받아 따르게 하옵소서. 이는 "종이
주인보다는 크지 못하며 제자가 선생보다 크지 못한 까닭입니다."
(마 : 10장 24절)
당신의 종으로 하여금 당신의 생활대로 살게 하옵소서, 그 안에
나의 구원과 참된 거룩함이 있사옵나이다. 이 일 이외의 것을 내가
알거나 듣거나 간에 새 기쁨이나 완전한 즐거움을 누릴 수는 없사
옵나이다.

나의 아들이여, 그대가 이런 일들을 다 알고 연구해 왔기 때문에
이런 일을 그대로 하면 복을 받을 것이니라.(요 : 13장 17절) "나를
참으로 사랑하는 사람은 내 계명을 알고 또 순종하느니라. 또 내가
그를 사랑하고 내 자신을 그에게 계시해 줄 것이며"(요 : 14장 21절)
그리고 그가 "나와 함께 내 아버지의 나라에서 앉아 있게 하리라."
(계 : 3장 21절)

오, 주 예수님, 당신이 약속하신대로 이루시고 당신이 약속하신
바를 받기에 합당한 사람이 되게 하옵소서. 나는 당신의 손에서 십
자가를 받사오니 그것을 당신이 내게 주신대로 순종하여 죽기까지
이 십자가를 짊어지겠나이다. 진실로 선한 사람의 삶은 십자가의
길이지만 하늘에서 그를 인도하게 됩니다. 우리는 이미 출발하였사

옵고 결코 돌아서지 않사오니 우리가 또 그것을 버릴 수도 없사옵니다.

형제들이여, 다 같이 주께로 나아갑시다. 예수님께서 우리와 함께 계십니다. 이는 예수를 위하여 우리는 십자가를 져야 하겠읍니다. 예수님을 위하여 십자가를 참고 견뎌야 합니다. 예수님은 우리를 도와 주시며 우리의 인도자이시며 앞에서 달리시는 분이십니다.

보십시오. 우리의 왕이 우리 앞에 서시어 우리를 대신하여 싸워 주십니다. 대장부같이 따라갑시다. 어떤 공포도 우리를 두렵게 할 수는 없읍니다. 싸움에 용감하게 나아가서 그리스도의 십자가에 욕을 들리면서까지 우리 영광을 더럽히지 말도록 하여 주옵소서.

사람이 타락할 때

나의 아들이여, 환난 중에서 인내와 겸손을 가지는 것이 편안할 때의 경건과 위엄보다도 더 나를 기쁘게 하는 것이니라.

적은 일로 남에게 비평받는 것을 왜 그대는 괴롭게 생각하느냐? 그 일이 비록 중대한 일이었다고 해도 네 마음이 혼동되어서는 안 되느니라. 그러나 지나가도록 내버려 두어라. 그 일이 그대가 범한 처음이 아니요, 새로운 사실도 아니요, 그대가 오래 사는 동안 마지막 실수가 될 수도 없느니라.

그대가 아무런 반대도 받지 않을 때 그 때는 상당히 용감하게 보이느니라. 다른 사람의 환난에 대해서 좋은 충고와 권면을 해 주느니라. 그러나 환난이 기대치 않은 때에 닥쳐오면 그대는 아주 무력한 사람으로 남아지고 마느니라. 조그마한 어려움 가운데서도 그대는 그대의 어려움을 견디지 못해 왔느니라. 그러나 이런 어려움이 그대를 온전하게 만들고 유익하게 하려고 그대를 찾은 것인 줄을 알지 못하느니라.

최대의 노력을 다하여 실망하지 않도록 하여라. 만일 환난이 오거든 그것이 결코 그대를 실망케 하거나 그대의 앞길을 막는 방해가 되지 않도록 하여라. 그대가 기꺼이 그 환난에 대처할 수 없거든 용감하게라도 대처하도록 하여라. 비록 그것을 당하기 싫어하고 또 분노를 느낀다고 해도 그대 자신을 제어하여 그리스도가 사랑하는 한 작은 사람이라도 상하지 않도록 조심해야 할 것이니라. 지금 일어난 광풍은 곧 사라져 잠잠해질 것이며 그대 속에 가진 내적 상처도 고칠 수 있는 은혜가 임하게 될 것이니라. 주님이 말씀하신다. 네가 만일 나를 의지하고 경건함으로 나를 구하면 내가 전보다 더욱 너를 돕고 위로하리라. (사 : 49장)

착한 마음을 가지도록 하여라. 그리고 보다 큰 인내로 무장하여라. 그대가 시험에 들어 비참하게 괴로움을 당한다 할지라도 모든 것을 잃어버리는 것은 아니니라. 그대는 사람이지 하나님은 아니니라. 그대는 육신이지 천사가 아니니라. 하늘의 천사도 실패했고 에덴 동산의 첫 사람도 또한 실패했는데, 그대가 어찌 항구적인 선행을 할 수 있다고 생각하느냐? 고난에 처한 사람에게 고침과 위로를 주는 자는 나이니라. 스스로 자기 자신이 약점을 알고 있는 사람들에게 나는 나의 신성한 권위를 주어 그들을 높이 들어올리리라.

오 주님, 당신의 말씀은 축복된 말씀이십니다. 꿀과 꿀덩이보다도 더 달콤한 말씀입니다. (시 : 19편 10절, 119편 103절) 당신의 말씀으로 나를 붙드시고 나를 소생시키시지 않으시면 이 고난과 환난의 때에 내가 어찌하겠읍니까? 내가 이내 하늘의 구원의 집에 이르러 있는 이상에 내가 어떤 고통을 받든지 그 아픔이 어찌 나를 요동케

하겠읍니까? 거룩한 소망을 내게 주시고 이 세상 쾌락은 내게서
물러가게 하옵소서. 오 나의 하나님, 나를 기억하여 주시옵고 당신
의 나라에 통하는 길로 나를 바로 인도하옵소서.

하나님의 비밀스런 심판

나의 아들이여, 중대한 일과 하나님의 비밀스런 심판을 바판하지
말아라. 왜 이 사람은 하나님을 떠나고 이와 같은 큰 은혜를 저버
리게 되는가 시비하지 말아라. 왜 또 저 사람은 풍성한 보응을 받고
있는데 다른 사람은 고통을 받고 있는지 논란하지 말아라. 이런 일
들은 사람의 힘을 초월하여 이성적인 비판이나 논란으로써 알 수
없으며, 하나님의 심판을 인간이 설명할 수는 없느니라.

그러므로 원수가 이런 일에 대하여 의심을 일으켜 줄 때, 또는
호기심을 가지고 이런 일을 물어와도 옛날 예언자가 답변한 것처럼
이렇게 답하여라. "오 주님, 당신은 의로우시며 당신의 판단은 정
직하나이다."(시 : 119편 137절) 그리고 또 "주님의 심판은 진실하고
의로우시나이다."(시 : 19편 9절) 나의 파탄은 두려운 것이요 논란의
대상이 아니니라. 이는 내 판단이 사람의 이해력을 초월하기 때문
이니라.

사람이 만일 스스로 만족하기를 바란다면 자기들의 헛된 담화들을
조절해야 하느니라. 그런 사람들은 자기 자신의 공적을 자랑하지
아니하고, 그들 자신의 선이라고는 추호도 말하지 아니하느니라.
다만 모든 것을 내게 돌리나니 이는 내가 끝없는 사랑으로 그들을
축복하기 때문이니라. 그들은 하나님을 사랑하는 깊은 사랑으로 가
득 차 있으며, 또 넘치는 큰 기쁨이 있기 때문에 그들의 영광에는

아무것도 결핍된 것이 없고 그들 행복을 저해시킬 만한 아무런 부족도 없는 것이니라. 모든 성도들은 그들이 영광 중에 높이 서 있으면 높이 서 있을수록 자기는 더욱 겸손하며, 내게 더욱 가까이 올수록 더 나은 사랑을 받은 사람들이니라. 그래서 성경에는 "자기의 면류관을 보좌 앞에 던지며 가로되, 우리 주 하나님이시여 영광과 존귀와 능력을 받으심이 합당하나이다."(계 : 4장 10절)고 기록되어 있는 것이니라.

많은 사람들이 묻기를 천국에서는 누가 가장 큰 자이냐고 묻지만 자신이 천국에서 얼마나 작은 자인가를 모르고 있느니라. 하늘에서 가장 작은 자가 된다는 것도 굉장히 큰 일이니라. 이는 모든 사람이 하늘에서는 큰 자요 모든 사람이 하나님의 자녀라는 칭호를 받는 것이요, 또 진실로 하나님의 자녀가 되어질 것이니라.(요일 : 3장 1절) "지극히 작은 자도 천을 이룰 것이며"(사 : 60장 22절) "백세가 못되어 죽는 자는 저주를 받으리라."(사 : 65장 20절) 제자들이 천국에서는 누가 크니이까 하고 물었을 때 그들은 이와 같은 대답을 들었느니라. "너희가 돌이켜 어린 아이들과 같이 되지 아니하면 결단코 하늘나라에 들어가지 못하리라. 그런고로 누구든지 이 어린아이와 같이 자기를 낮추는 그이가 천국에서는 가장 큰 자이니라."(마 : 18장 3절)

너무 지나치게 어린 아이처럼 겸손해졌다고 자랑하는 자에게는 화가 있을 것이니라. 그들에게는 겸손한 하늘의 문은 결코 열리지 아니하리라. 이 세상 재물로 위안을 삼는 사람도 화가 있을 것이니라.(눅 : 6장 24절) 이는 가난한 자는 하늘나라에 들어가지만 그들은 밖에서 울고 있느니라. 그대 겸손한 자여 기뻐하라.(마 : 5장 3절) 오 가난한 자여, 기뻐하라! 그대가 진리 안에서만 산다면 하나님의 나라는 그대들의 것이 되느니라.(요이 : 4장)

하나님 한 분만의 믿음과 소망

주님, 내가 이 삶을 갖고 있는 동안 무엇을 의지하오리까? 하늘 아래 이 땅위에서 찾는 나의 가장 큰 위로가 무엇이 되겠읍니까? 오, 주님, 나의 하나님, 무한한 자비를 베푸시는 당신만이 나의 의지가 되지 않겠읍니까? 당신 없이 내가 어디서 잘 될 수 있겠읍니까? 당신이 나와 함께 계실 때 내게 어떤 잘못됨이 있을 수 있겠읍니까? 당신이 없이 부유함을 얻는 것보다 당신을 위하여 가난한 것을 오히려 더 원하나이다. 당신 없는 하늘을 소유함보다, 당신과 함께 이 세상의 순례자가 되기를 더 원하옵나이다. 당신이 계시는 곳은 어디나 그 곳이 천국이오며, 당신이 계시지 않는 곳은 그 곳이 곧 죽음과 지옥이옵니다. 당신은 나의 전 소망이시니 당신을 위해 나는 기도하고 탄식하고 부르짖나이다.

간단히 말씀드리면, 내가 어찌 나의 요구를 만족히 채워 줄 수 없는 사람을 의지하오리까? 그러나, 당신만은 내 모든 요구를 채워 주시오니, 당신만 의지하옵나이다. 오, 나의 하나님이시여, 당신은 나의 소망, 나의 의지, 나의 위로이시며, 모든 일에 가장 신실한 주님이 되십니다.

"모든 사람은 자기 자신의 이익을 구합니다."(빌 : 2장 21절) 그러나 주님, 나는 오직 나의 구원과 행복을 당신에게서 구하오니 내 선을 위하여 모든 것이 합당하고 유익하여짐을 비나이다. 당신께서 말할 수 없는 시험과 환난 가운데 나를 두신다고 해도 당신은 선을 위하여 이런 것을 주시는 것인 줄 압니다. 이는 당신이 택하신 자녀들을 많은 시험에 영단하시기 위함인 줄 아옵나이다. 이런 시험

속에서도 내 심령을 하늘의 위로로 채워 주시는 당신 밖에는 나의
사랑과 찬송이 없나이다. 그러므로, 오, 주 하나님, 나의 소망과
신뢰를 당신 앞에 놓습니다. 당신 앞에 나의 모든 환난과 고난을
맡기옵니다. 당신 이외에는 모든 것이 허약하고 불안정한 것뿐이옵
니다.

많은 친구들도 믿을 것이 못 되옵고, 동료자들의 도움도 무력하
옵고, 지혜로운 고문들도 쓸모있는 대답을 주지 못하고, 많은 책들
도 위로를 주지 못하고, 귀한 보화도 나를 대신 속죄하지 못하고,
어떤 사랑스럽고 안락한 장소도 나의 피난처가 되지 못하옵나이다.
당신이 없이는, 나를 돕게 해 주시고, 용기와 훈계를 주시고, 보호
하여 주신다 해도 그것은 다 헛된 것입니다. 당신이 내게 거하시지
않으면 평화나 행복도 다 무의미하옵니다. 이는 그런 것이 참다운
축복을 가져올 수 없기 때문입니다.

그러므로 당신은 모든 선의 목적이시며 생명의 가치이며 오묘한
지혜이십니다. 당신의 종이 누릴 최대의 행복은 다만 당신에게만
의지하는 것이옵니다. 그러므로 내 눈을 들어 당신을 쳐다보며, 나
의 하나님이며, 자비로우신 나의 아버지시여, 나는 당신만을 믿사
옵나이다.

당신의 하늘의 축복으로 내 영혼을 축복하시고 거룩하게 하옵소
서. 이 심령이 당신의 거룩한 성소(聖所)가 되고 당신의 영원한 영
광의 자리가 되게 하옵소서. 당신의 영광이 거할 이 성전(聖殿)에
당신의 거룩한 위업을 손상시킬 아무런 것도 거하지 말게 하옵소서.
당신의 크신 선과 넘치는 자비로서 나를 굽어보시사(시 : 51편 2절)
당신의 가난한 종의 기도를 들어주소서. 이 종은 죽음의 골짜기에서
당신으로부터 떨어져 있사옵나이다.(사 : 9장 2절) 이 부패한 인생이
맛보는 많은 멸망 중에서 이 종의 영혼을 지켜 주시고 보호하시어

당신의 은혜가 나와 함께 언제나 같이 하게 하시고 영원한 생명의
빛이 영원한 그 평화스런 나라에 나를 인도하소서. 🌿

제 4 부

성례전(聖禮典)을 위한 경건한 권고

*그리스도의 말씀

"수고하고 무거운 짐진 자들아 다 내게로 오라, 내가 너희를 편히 쉬게 하리라."(마 : 11장 28절)

"내가 주는 이 떡은 세상의 생명을 위한 내 살이니."(요 : 6장 51절)

"받아 먹어라. 이것은 너희를 위하여 주는 내 몸이라. 너희가 행하여 나를 기념하라."(눅 : 22장 19절)

"누구든지 내 살을 먹고 내 피를 마시는 자마다 그는 내 안에 거하고 나도 그 안에 거하나니."(요 : 6장 57절)

"내가 너희에게 이른 이 말은 영이요 생명이다."(요 : 6장 63절)

큰 경외심으로 예수님을 받음

*제자들의 말씀

오 영원한 진리이신 그리스도여, 이 말씀들은 한 곳에서 기록되지 않았고 한 때에 기록된 것은 아니더라도 당신의 말씀이십니다. 그러므로 이 말씀들은 당신의 것이오며 진리입니다. 이 말씀들을 나는 감사하게 진실하게 받아들입니다. 당신의 말씀이오며 또 나의 구원을 위하여 당신이 주신 말씀이오니 내 말씀이 되나이다. 나는 기꺼이 당신의 입술에서 나온 말씀으로 믿사오니 내 마음에 깊이 새겨

지게 하옵소서. 이와 같은 향기롭고 아름다운 사랑의 말씀은 나를
뛸 듯이 기쁘게 만드옵니다. 그러나 나의 죄는 나를 전율케 하나이
다. 내 양심은 찔림을 받아 성만찬과 같은 거룩한 은혜를 받는 일을
못하게 하옵나이다.

당신은 말씀하시기를, 내가 믿음으로 당신 안에 한 자리를 차지
하려고 하거든 당신께 가까이 오라로 명하십니다.

내가 만일 생명과 영광을 원하면 썩지 않는 양식을 받도록 하라고
명하시옵니다. 그리고 당신은 이렇게 명하시옵니다. "수고하고 무
거운 짐진 자들아 다 내게로 오라"고. 당신은 당신 명령대로 나오는
사람에게 "내가 너를 편히 쉬게 하리라"고 말씀하십니다.

오 하나님, 나의 주여, 당신의 존귀하신 몸을 받는 성만찬에 나
아가야 할 가난하고 불쌍한 나는 도대체 어떤 인간이옵니까? 하늘
의 하늘까지도 당신을 용납하지 못한다고 하셨사옵는데(왕상 : 8장
27절) 그래도 당신은 말씀하시기를 "다 내게로 오라"는 말씀을 하
셨옵니다. 주저없이 받을 수 있사오니까?

당신이 친히 이 말씀을 하시지 않았다면 누가 감히 믿을 수 있사
오리까? 당신이 친히 하신 분부가 아니라고 하면 누가 감히 당신
앞에 가까이 나갈 수 있사오리까?

의인 노아도 백 년이나 걸려서 방주를 만들어(창 : 6장 9절) 자기와
다른 여러 사람이 구함을 받았옵니다.(벧전 : 3장 20절) 그러한데 이
죄인이 어찌 세상의 창조주 되시는 당신을 존경하는 마음으로 모셔
들임에 다만 한 짧은 순간으로 족하다 하오리까? 당신의 종이요
친구였던 모세도 썩지 않는 나무로 법궤를 만들었고(창 : 25장 10절)
순금으로 칠하여 거룩한 당신의 율법을 제정하신 분이요, 또 생명을
주신 당신을 쉽사리 맞이할 수 있사오리까?

　이스라엘 왕 중에서도 가장 지혜로운 왕 솔로몬이(왕상 : 5장 7절) 당신의 이름을 찬양하기 위하여 지은 성전은 7년 간이나 걸린 공사였읍니다. 헌당의 예식을 8일 간 했으며 1천의 수은제(酬恩祭)를 드렸읍니다. 나팔 소리에 따라 장엄하고도 기쁜 믿음으로 계약의 법궤를 바른 장소에 모셨읍니다.

　그러하온데, 사람 중에서도 값 없고 가난한 이 죄인이 당신을 어찌 내 집에 모셔들일 수 있사오리까?(눅 : 7장 6절)반 시간인들 경건하게 보낼 수 있사오리까?

　오, 나의 하나님이여, 당신을 기쁘게 하기 위하여 내가 무엇을 애써 왔다고 하겠읍니까? 그리고 얼마나 적은 결과를 가지고 있사옵니까? 내가 당신의 거룩한 만찬을 받을 준비를 위해 얼마나 짧은 시간을 보내고 있사옵니까? 나는 너무도 자주 당신을 기억할 일을 잊어버리고 당신이 전해 주신 이 일을 정신을 집중시켜 명심함에 너무도 적은 시간을 보내 온 사람입니다. 그러나 하나님, 당신이 나를 구원하여 주시는 분으로 여기 계시오니, 내 생각이 나를 주장케 마시옵고 당신의 천사들로 하여금 내 속에 거하여 나를 다스리게 하옵소서.

　계약의 궤와 그 유물들과 당신의 거룩한 몸과 그 형언할 수 없는 힘의 차이가 얼마나 크며, 장차 올 희생을 미리 나타낸 율법에서 가르친 희생과 옛날부터 내려온 모든 의식의 참뜻을 이루신 당신의 몸의 거룩한 희생과는 참으로 서로 다른 것을 아옵니다.

　당신이 위엄스럽게 내게 임하시는 일로 말미암아 어찌 뜨겁게 불붙지 아니하겠읍니까? 옛날 교부들이나 예언자들, 왕들, 백성의 방백들이 당신께 드리는 거룩한 예배를 위해 얼마나 지성스러이 준비했던 것을 아는 내가 어찌 당신의 성만찬에 참례하는 일을 준비하지 않사오리까?

지혜의 왕 다윗은 여호와의 법궤가 좌정하게 될 때 그의 선조들에게 내린 모든 축복을 말하면서 전심을 다하여(삼하 : 6장 14절) 춤을 추고 기뻐하였으며, 그는 시를 짓고 기쁨으로 노래하는 법을 백성들에게 가르쳐 주었읍니다. 거룩한 영의 감동을 받아 그 자신이 노래하고 또 거문고를 뜯었읍니다. 이스라엘 백성으로 하여금 전심전력으로 하나님을 찬양하고 법을 가르치고 날마다 당신에게 찬양하기를 가르쳤읍니다.

이러한 찬양과 경건의 일을 여호와의 법궤 앞에서 행한 것입니다. 생각할 때 나와 모든 크리스찬들이 주의 가장 귀한 몸을 받는 성찬 앞에 나설 때 얼마나 지극한 경건과 경외심을 가져야 하겠읍니까?

많은 사람들이 성자들의 얘기를 기억하며, 마음에 명상하며, 그들의 성소의 아름다움을 생각하며, 그 성자들의 유물들을 찾아보려고 여러 곳으로 순례의 걸음을 걸으며, 심지어는 금과 은으로 싼 그들의 뼈를 보며 존경하나이다. 그러나 주님, 당신은 이 제단에 친히 나오셨읍니다. 나의 하나님, 거룩한 자 중 오직 한 분 거룩하신 당신, 사람을 만드는 자요, 모든 천사를 다스리시는 당신이 친히 여기 성만찬의 상에 임재하시나이다. 성물과 성소 순례를 하는 사람은 종종 호기심이나 관람욕에 지배되어 자기들의 생활을 고쳐 보려는 회개의 마음을 가지지 못하고 저들이 날마다 하고 있는 담화가 얼마나 쓸데없는 말들인가 알며 통회하는 마음이 결핍되었음은 알지 못하고 있읍니다. 그러나 주님, 당신의 상 앞에서는 나의 하나님이시고 또한 사람이신 그리스도 예수(딤전 : 2장 5절) 당신께서 임재하시오며 당신을 가장 보람있게, 또한 경건하게 맞이하면 할수록 영원한 구원의 결실을 자유스럽게 나누어 가질 수 있읍니다. 경솔함이나, 호기심이나, 감상적인 마음이 있을 수 없고 다만 신앙, 경건한 희망, 진실한 사랑만이 있어야 하겠읍니다.

오 하나님, 이 세상을 만드신 창조주여, 당신이 우리를 대접하심은 얼마나 훌륭하옵는지요. 얼마나 자비롭게 또 사랑스럽게 당신 자신을 희생시켜 제물로 바친 당신의 성례전에 우리를 부르시나이까? 이 예전은 모든 것에 뛰어나며, 진실한 사람들을 당신 자신께로 나아가게 하는 사랑을 불붙이나이다. 이는 당신의 진실한 사람이 저들의 생활을 고치려고 애씀으로, 이들은 경건의 은혜와 덕의 사랑을 받게 되나이다.

이 성례에 얼마나 아름답고 감춰진 은혜가 있는지요. 이는 그리스도의 진실한 사람들은 다 잘 아는 바이오나 믿지 않는 자와 죄악에 매인 사람에게는 감추어졌나이다. 이 성례에 신령한 은혜가 나타나고 우리 영혼에 잃어버린 덕을 회복하며 죄로 상처를 입은 우리 영혼이 고침을 받나이다. 이런 일이 성례전에서 받는 은혜이므로 우리가 경건함에 충만할 때 주님 당신께서는 우리 마음에만 아니라 연약한 육체에까지 큰 힘을 주시나이다.

우리의 주의 없는 마음과 미지근한 마음을 뉘우치고 슬퍼하지 않을 수 없습니다. 우리의 미온적인 마음과 조심 없는 생각은 보다 더 큰 사랑으로 그리스도를 받아들이기를 방해하고 있읍니다. 이는 다만 그리스도에게 우리의 공로와 구원의 회망이 달려 있기 때문입니다. 그는 우리의 성화요, 우리의 구속이십니다. 그는 순례자들의 위로이며 성도들의 영원한 기쁨입니다. 이것이 하늘의 기쁨입니다. 전 세계를 부패에서 건지시는 구원의 신비에 대하여 인식을 가진 자가 지극히 적은 것은 슬픈 일입니다. 아! 참으로 사람은 눈이 어둡고 그의 마음은 돌같이 굳기 때문에 사람은 이 신비로운 선물을 고맙게 생각할 줄도 모르고 그것을 자주 사용할 줄도 모르고 점점 그 선물에 대한 존경심도 감소되고 있읍니다.

만일 이 거룩한 예전이 다만 한 곳에서만 행해졌고 세상에 있는 단 한 사람의 목사로서 집행된 것이라고 하면 사람들은 모두 그 유일의 장소로 그 유일의 목사에게 달려와서 하나님의 거룩한 신비에 참례하려고 할 것입니다. 그러나 지금은 세계 어느 곳에서든지 이 성례를 행하며 이를 집행하는 많은 주의 종들이 있으므로 하나님의 은혜가 사람들에게 더 잘 알려졌고 성찬식은 전 세계에서 행해지고 있읍니다. 그러하오니, 오 선하신 예수님, 영원한 목자이신 주님이여, 당신은 당신의 귀하신 살과 피로 불쌍한 포로의 무리들을 살아나게 하시고 이 신비를 받으라고 지금도 말씀하십니다. "수고하고 무거운 짐진 자들아 다 내게로 오라, 내가 너희를 편히 쉬게 하리라."

성례전에 있는 하나님의 큰 선과 사랑

*제자들의 말씀

주님, 당신의 선과 큰 자비를 전적으로 의지하면서 나의 구주 당신을 심히 사모하오며, 생명의 원천이신(시 : 36편 9절) 당신을 구하여 목을 추기며 하늘의 왕이신 당신께 이 가난한 자가 간구하나이다. 창조물의 하나인 내가 창조주 당신을 사모하오며 처참하게 된 내가 나의 사랑의 위로자인 당신을 구하옵나이다. 당신이 마땅히 내게 오셔야 할 이 사랑이 어디서 올 수 있사오리까?(눅 : 1장 43절) 당신 자신을 주지 않고 견디지 못하시는 당신 앞에 있는 저라는 이 존재는 대체 무엇이옵니까? 어찌 당신 같으신 분이 감히 이 죄인인 나를 찾아오실 수 있사오리까? 당신은 당신의 종을 아시옵니다. 이 축복을 받을 만한 아무 공로가 없는 자임을 당신은 잘 아시나이다.

 이렇게 저는 저의 무가치함을 고백하오며, 당신의 선을 고백하오며, 당신의 애씀을 찬양하오며, 당신의 한량없는 사랑을 감사하나이다.(엡: 2장 4절) 당신은 이것을 당신 뜻에서 행하옵고 내게 풍성히 내려지게 하시며 나로 하여금 더욱 큰 겸손을 가지도록 권고하시나이다. 그러하오니 이것이 당신의 기쁨이요, 또 당신이 이렇게 명하셨사오니 당신 뜻이 나의 기쁨입니다. 내 속에 있는 어떤 악도 이것을 해치지 말게 하옵소서.

 오호, 가장 사랑하옵고 다정하신 예수님, 당신의 거룩한 몸을 받고 있는 우리의 입에 어떤 존경과 감사와 영원한 찬양이 합당하겠읍니까? 이 땅 위에 있는 아무도 당신 몸의 위엄을 바르게 찬양할 것은 없읍니다. 이 성례전에서 나의 주 당신께 가까이 나갈 때 나의 생각이 무엇이 되어야 하겠읍니까? 나는 당신이 받으시기에 합당한 존귀를 드릴 수 없사오나 그래도 나는 경건 중에 당신을 받아들이고자 원하옵니다. 당신 앞에 나를 경배하게 하는 것과 내게 보여주신 무한하신 선을 찬양하는 일 이상으로 내게 더 좋고 또 가장 합당한 예는 없나이다. 그러하오니, 오 나의 하나님이시여, 나의 찬송을 당신께 드리오며 당신을 영원히 찬양하오며 나의 무의미함을 느낀 깊은 의식에서 내 자신을 경멸하며 무용지물임을 고백하나이다.

 주님, 당신은 거룩한 자 중에서도 오직 거룩하신 분이오나 나는 진실로 죄인 중에서도 가장 악한 죄인이옵니다. 그러나, 오 주님, 당신이 내게로 몸을 굽히시사 비록 보잘 것 없는 자이오나 나의 눈을 높이 들어 당신을 쳐다보게 하시오며 당신의 은혜의 제단으로 나를 초대하여 주시며 당신이 주시는 하늘 양식으로 나를 먹이시며 천사들의 양식으로 나를 배불리나이다. 이 양식은 바로 당신 자신

이오며 이 세상에 생명을 주시려 내려오신 영원한 생명의 떡 그 자체이십니다.(시 : 78편 25절)

눈을 들어 보십시오. 사랑이 그에게서 쏟아져 나옵니다. 영광이 빛나는 빛의 근원이신 그분을! 이 모든 축복에 대하여 무슨 감사와 무슨 찬송이 감히 합당하오리까? 당신이 이 성례전을 창시하였음은 당신의 지혜가 얼마나 우리의 유익과 구원을 위하여 필요한 것이었는가를 가르치십니다. 당신 자신을 우리의 양식으로 제공하시는 이 잔치는 참으로 얼마나 아름답고 즐거운 것이옵니까? 오 주님, 당신의 길은 얼마나 훌륭하십니까? 당신의 힘은 얼마나 크오며 당신의 진리는 얼마나 참되신지요! 당신이 한 번 말씀하실 때 만물은 지음을 받았나이다.(시 : 148편 5절) 당신이 말씀하시매 만물은 이루어졌나이다.

참으로 생각하기에 훌륭하며, 믿을 만한 것이며, 사람으로서 마음을 초월하시오니, 오 나의 주 나의 하나님이여, 당신은 참 신이십니다. 참 사람으로서 이 단순한 형체의 떡과 포도주에 임하시고 당신을 먹고 마시는 자에게 먹히어 없어지지 아니하는 신비로 그들을 먹여 주시나이다. 오, 만물의 주인이시고 아무 가치가 없는 자의 필요로 임해 주시고 이 성례를 통하여 우리 일에 거하시기를 원하시는 주님이시여, 내 몸과 마음을 깨끗하게 지켜 주시고 기쁘고 맑은 양심으로 당신의 거룩한 신비를 축복하게 하옵소서. 그리하여 당신의 특별한 존귀와 당신의 하신 일을 영원히 기념하기 위하여 당신께서 제정하신 이 모든 것을 나의 영원한 구원에 받아들이게 하옵소서.

오 나의 영혼이여, 즐거워 하라. 가장 고귀한 모든 은사에 대하여 하나님께 감사를 드리라. 이는 그대가 이 신비를 생각하고 그리스도의 몸을 받을 때마다 그대의 구속을 위하여 힘쓰며 그리스도의

하신 모든 공로를 나누어 받을지어다. 그러므로 그대 마음의 새로
움을 받도록 그대 자신을 계속적으로 바치며 구원의 참신비를 깊이
생각하라. 이 성례를 행하고 참례할 때마다 그리스도께서 마리아
처녀의 몸에 처음으로 임하시어 사람이 되어 십자가에 달리시고 고
난을 받아 사람의 구원을 위하여 죽으신 그 일과 똑같이 생각하여
그대에게는 크고 새롭고 또 가장 즐거운 시간으로 삼아라.

성례전을 자주 행함

*제자들의 말씀

　주님, 나는 당신이 허락하신 축복의 은사를 받고자 하여 당신께
나왔사옵고, 이 가난한 자를 위하여 은혜스럽게 준비하신 이 잔치를
즐기고자 나왔읍니다.

　당신 안에서 나를, 내게 원해야 하는 모든 것을 찾으며 또 찾을
수 있나이다. 당신은 나의 구주이시며 나의 구세주, 나의 희망, 나의
힘, 나의 영광과 존귀가 되시나이다. 그러하오니 주님 예수여, 당
신께 심령을 드리오니 종의 심령을 오늘 즐겁게 하옵소서.(시 : 86편
4절) 경건과 경외로써 나는 당신을 받고자 하나이다. 삭개오와 같이
나는 당신을 내 집에 모시고 당신의 축복을 받고 당신이 택하신
백성 중에(눅 : 19장 9절) 참여하기를 원하옵나이다. 내 심령이 당신
을 받기를 사모하오며 내 마음은 당신과 연합하기를 간구하나이다.

　당신 자신을 내게 주옵소서. 나는 당신으로 족하옵니다. 당신 없
이 나는 존재할 수 없사오며, 당신이 나를 찾아주심이 없사오면 나
는 살 수 없나이다. 그러므로 나는 마땅히 당신 앞으로 나아가야

하겠사오며, 이 하늘 양식을 받지 못하므로 내가 길에서 곤비하지 않기 위하여 나는 당신을 나의 구원의 약(藥)으로 받아들이고자 하나이다. 오, 가장 자비로우신 주님, 당신은 말씀을 전하시고 많은 병자를 고치실 때에 "나는 그들을 굶겨 보내지 못하겠노라. 그들이 길에서 기진할까 나는 염려하노라."(마 : 15장 32절)고 말씀하셨읍니다. 이와같이 내게도 당신의 양식을 베풀어 이 성찬에서 나의 위로로 나를 베풀어 힘 얻게 하여 주옵소서. 당신은 우리 영혼의 아름다운 새 양식이오며, 당신을 값있게 받는 사람은 누구나 당신의 영원한 영광을 누릴 자요, 그 상속자가 되나이다. 자주 넘어지기를 잘하는 내게는 새롭게 되고 깨끗함을 받고 끊임없는 기도의 고백과 당신 몸을 거룩하게 받음으로 내 자신을 불붙이는 것은 내게 가장 필요한 일입니다. 내가 오랫동안 이를 등한히 하면 나의 거룩한 목적에서 나는 떨어지고 말 것입니다.

사람의 감각은 어릴 때부터 악에 대해서 연약하오며(창 : 8장 21절) 하나님의 붙들어 주심이 없이는 더 큰 악으로 빠지고 맙니다. 그러나 성례전은 악에서 우리를 보전하며 우리 속에서 선한 것을 채워 주십니다. 내가 이 성찬의 예식을 등한히 하고 이를 행할 때 어떠한 조심성을 가지지 않는다면 내게 어떤 일이 생기겠읍니까? 이 가장 강한 도움이 되는 성례를 어찌 게을리 할 수 있사오리까? 날마다 이를 행할 만큼 나는 온전하지도 못하지만 나는 당신의 이 신비의 은혜를 받도록 힘써 노력해야 할 것이며, 이 큰 은혜를 받도록 내 자신을 바치는 일에 게을리 아니해야 하겠읍니다. 이는 우리 영혼이 죽을 수밖에 없는 육체 안에서 하나님을 멀리 떠날 존재로 있는 동안에는 이 성례전이 항상 하나님을 기억하고 당신의 거룩한 몸을 자주 받음으로 신실한 사람은 위로를 받을 수 있기 때문입니다.

오, 나의 주 나의 하나님, 창조주시요, 모든 사람에게 생명을 주시는 분이시여, 당신의 선과 자비는 우리에게 얼마나 아름다운지요.
당신이 친히 몸을 굽히시사 우리 낮고 천한 자를 찾아 주시고, 당
신의 신성과 인간성으로써 우리의 심령의 주림을 만족시켜 주시나
이다. 경건함으로 당신을 받을 수 있는 그 마음은 행복되며 그 영
혼은 축복을 받았나이다. 당신을 받음으로 영적인 기쁨을 충만히
받나이다. 우리 영혼을 받으시는 주님은 얼마나 위대하십니까! 이
영혼이 맞아들이는 손님은 얼마나 사랑스런 손님이며, 그와 함께
해 주는 그 친구는 얼마나 기쁨의 친구이시며, 그를 받는 우리 영
혼은 얼마나 신실한 친구를 소유하게 되는지요! 우리 영혼은 자비
스럽고 고상한 주님을 다만 사랑하여 주기만 바라고, 사랑 이외에는
생각지 아니하는 그 주님을 아는 우리 영혼은 얼마나 축복을 받고
있는지요! 오 다정하옵고 또 가장 사랑하옵는 주님이여, 당신 앞
에서는 하늘과 땅이라도 그 아름다움을 말하지 말게 하옵소서. 이는
그들이 가진 어떠한 아름다움이나 찬양이 다만 당신의 너그러우신
선에서 온 것이며, 당신의 이름의 아름다움에는 결코 비교도 할 수
없사오며(시 : 8편 1절) 당신의 지혜는 무궁하나이다.(시 : 147편 5절)

경건한 참례자에게는 많은 축복이 내리나니

*제자들의 말씀

오, 주 나의 하나님이여, 당신이 영광스런 성례전에 경건하게 참
석하도록 당신의 선한 축복으로써 당신의 종을 지도하옵소서.(시 : 21
편 3절) 당신을 찾도록 내 마음을 분발시키시며 게으름과 잠에서
나를 깨우쳐 주옵소서. 당신의 구원으로 내게 찾아오소서. (시 : 106

편 4절) 내 영혼이 샘물과 같이 이 성례전에 감춰진 당신의 달고 오묘함을 맛보게 하옵소서. 당신의 큰 신비를 존경할 수 있도록 내게 빛을 주시고 굳은 신앙으로 믿을 수 있도록 내게 힘을 주옵소서. 이것이 당신의 일이오며 사람의 힘에 속한 일은 아닙니다.

이는 당신이 거룩하게 세워 놓은 제도이며 사람의 발견은 아닙니다. 이 신비를 이해하거나 완전히 파악한 인간은 이 땅 위에 없나이다. 이는 천사들의 지식으로도 못할 것이옵니다. 그러하오니 이 값없는 죄인, 단순히 먼지나 때와 같은 이 죄인이 어찌 당신의 신비의 깊고 오묘한 뜻을 찾아내며 다 알 수 있사오리까?

주님, 마음의 단순성에서(대상 : 29장 17절), 굳센 마음에서, 또 당신의 명령을 받들어 소망과 경외심으로 당신께 가까이 나아가나이다. 하나님이시고 사람이신 당신이 이 성례에 참으로 임재하심을 나는 확신합니다. 당신을 받아야 함이 당신의 뜻이오며 당신과 사랑으로 연결되어야 함이 당신의 소원입니다. 그러므로 나는 당신의 자비를 간구하옵고 특별한 은혜를 내게 베푸셔서 당신 이외의 아무 것에서도 내 위로를 구하지 말게 하옵소서. 이 가장 높고 고귀한 성례는 내 몸과 영혼의 건강을 위해 필요하오며 영적 모든 질병에 참 영약이 되나이다. 이로써 우리의 악이 고침을 받고, 우리의 정욕은 제지를 당하고, 시험은 줄어지고, 은혜는 더욱 풍성히 내리고, 한번 세워진 덕은 자라나며, 신앙은 굳게 되고 소망은 살아나고, 사랑은 더욱 불붙고 깊어지나이다.

오, 나의 하나님, 내 영혼의 보호자여, 사랑의 영혼을 회복시키는 분이시며 모든 영적 위로를 주시는 당신께서는 이 성례에서 당신 자신을 경건되게 받는 당신의 사랑하는 종에게 많은 축복을 항상 주시나이다. 당신은 사람들이 만나는 여러 가지 환난에서 저들에게 당신의 보호로써 크신 위로를 베푸시고 희망을 잃어버릴 지경에서

저희들을 일어서게 하시나이다. 새 은혜로써 저들을 회복시키고 또
깨닫게 하시며, 당신의 거룩한 상 앞에 엎드려 있는 무리들에게 하
늘의 양식과 생수로써 힘을 얻게 하시고 더 나은 영혼의 상태로
변화시켜 주시나이다. 당신은 당신이 사랑하는 자에게 일정한 목적
으로 이를 행하시오며 저들로 하여금 저들의 약함을 참으로 알고
고통을 느끼게 하오며 당신에게서 받는 축복이 무엇인가를 알게 하
옵니다. 저들 자신은 냉랭하고 건조하며 무관심한 사람들이오나 당
신을 통하여 저들은 더워지고 기름지고 또 경건한 열심을 가지나이
다. 겸손한 마음을 가지고 이 축복의 샘물 가까이 온 사람으로 만족
없이 돌아간 자가 어디 있겠읍니까? 큰 불 곁에 서 있는 사람이
그 열을 받고 즐기지 않을 사람이 있겠읍니까? 주님, 당신은 항상
가득 차서 넘쳐 흐르는 샘물입니다. 당신은 또 한 번도 꺼지지 아
니하는 영원한 불이십니다.

그러므로 내가 이 넘치는 샘에(사 : 2장 2절) 가까이 하지 아니하고
그 물에 나의 갈한 목을 축이지 못하였사옵기에 나는 당신 샘물에
내 입술을 대고 갈함을 축이고자 하나이다. 내 비록 세라빔이나 게
루빔과 같이 하늘에 속한 신성한 존재가 되지 못한다고 해도 내
마음을 다 바쳐 나의 경건을 예비하겠사오며, 당신 자신의 몸을 찢
어 주신 이 생명의 제물을 겸손히 받음으로 거룩한 불의 한 부분을
나누어 가지고자 하나이다. 오, 선하신 예수님, 가장 거룩한 구세
주여, 나는 당신의 자비와 은총을 구하여 내 속에 아무것도 부족
함이 없게 하고자 하나이다. 당신은 사람에게 "수고하고 무거운 짐
진 자들아 다 내게로 오라"고 친히 말씀하셨기 때문입니다.

나는 내 이마에 땀을 흘리며 수고하오며(창 : 3장 19절) 내 마음의
슬픔으로 나는 괴로워하나이다. 내 죄의 무게로 나는 괴로워하며
시험으로 또 많은 악한 정욕으로 내 마음은 혼란하고 눌리어 몸부

림치나이다. 오 하나님 나의 주여, 당신이 이외에 아무도 나를 도와주실 분은 없사옵니다. 당신에게 나는 내 자신과 내가 가진 모든 것을 드리오니 나를 영생의 나라로 인도하시고, 그리로만 가도록 지켜 주소서. 당신의 이름의 찬양과 영광을 위해 나를 받아주시고, 당신이 찢으신 몸이 나의 음식, 당신의 흘리신 피가 나의 마실 것이 되게 하옵소서. 오, 주 하나님, 나의 구주여, 당신의 신비를 받음으로 경건의 불길이 내 안에서 활활 타오르게 하옵소서.

성례전의 위엄과 교직자의 직무

* 그리스도의 말씀

그대가 천사의 순결과 세례 요한과 같은 성결함을 가지고 있다고 해도 이 성례에 참여하기는 아직도 부족하다. 사람에게는 그리스도의 성례에 자신을 바치고 이를 집행할 수 있는 어떤 인간 자신의 공로로 행할 수 있는 것이 아니고 또는 천사들의 떡을(시 : 78편 26절) 양식으로 받는 것이 아니다. 그 직분은 높고 그 직분의 위엄도 높으신 분이 천사들에게도 허락치 아니 한 것을 주신다. 이는 다만 정당하게 임명함을 받은 주의 종만이 이 성례를 행하며 그리스도의 거룩한 몸을 받들어 성별하여 드릴 권리를 가지고 있다. 목사는 하나님을 섬기는 종으로 하나님의 명령과 지시에 따라 하나님의 말씀을 섬기는 사람이다. 그러나 하나님 자신이 모든 일을 이루시는 뜻과 모든 피조물을 복종케 하는 명령을 베푸시는 교직의 원동력을 주시며 보이지 않는 중에 그 주례자와 함께 일하는 분이시다.

이 고귀한 성례에 대한 말을 할 때 그대는 자신의 감각이나 어떤

보이는 표지에 대한 관심을 나타냄보다 온전히 하나님의 말씀에 대
한 관심을 나타내어야 한다. 그러므로 그대가 제단에 가까이 갈 때
진실로 두려움과 떨림으로 하라. 이 직분이 누구에게서 온 것인가를
상고하며 그대보다 먼저 기름부음을 받은 종들, 곧 "장로의 회의에
서 인정 받음"(딤전 : 4장 16절)으로 말미암아 이 직분이 그대에게 온
것임을 명심하라. 그대는 이 직책을 행할 수 있는 특권을 가진 목
사로 임명함을 받았다. 그러니까 그대는 이 직분을 신실하게, 규율
적으로 또 경건하게 감당하도록 그대의 생활을 흠과 티가 없게 하
라.(딤전 : 3장 2절, 벧후 : 3장 14절) 그대의 책임은 더욱 크다. 그대는
엄격한 자제심으로 자신을 연단하며 가장 거룩한 성결의 은혜를 얻
도록 해야 한다. 목사는 모든 덕에 있어서 남의 존경을 받을 만해야
하고, 다른 사람에게 경건하고 거룩한 생활의 본을 보여 주어야 한
다.(딛 : 2장 7절) 세상 사람과 똑같은 생활을 해서는 안 되며 천사와
같이(빌 : 2장 20절) 이 땅 위에서 완전한 사람의 생활을 보여야 한다.

목사는 거룩한 예복을 입고 그리스도의 자리에 서 있다. 그는 하
나님과 그 자신 또 모든 사람들을(히 : 5장 3절, 7장 27절) 대신하여
겸손하게 기도해야 할 사람이다. 그의 옷은 앞뒤로 십자가의 표지를
붙이고 그리스도의 고난을 항상 나타내도록 해야 한다. 그는 특별한
예복 위에 십자가를 걸고 그리스도의 발자취를 열심히 따르도록 힘
쓰며 그를 순종하도록 부지런히 배워야 한다.(벧전 : 2장 21절)

그의 어깨에도 십자가를 붙이고 하나님의 은총과 사랑으로 다른
사람으로 행해진 모든 상처를 짊어지도록 해야 한다. 그의 앞에서
십자가를 달고 그 자신의 죄를 애통해야 하고, 그의 뒤에도 역시
십자가를 표시하여 다른 사람의 죄를 슬퍼하는 표를 보여야 한다.

더욱이 그는 하나님과 죄인 사이에 서 있는 제사장의 직분을 하는
사람임을 기억해서 은혜와 자비를 얻을 때까지 그는 기도와 거룩한

희생을 쉬지 않아야 한다. 목사가 이 성례를 행할 때에는 그가 하
나님을 영화롭게 하며 천사들에게 기쁨을 드리도록 해야 한다. 그는
교회의 덕을 세워야 하고, 그들의 생애에 도움을 주고, 이 세상을
떠나가는 자에게 안심을 가지도록 하고, 모든 좋은 일에 그 자신도
한 참례자가 되도록 해야 한다.

성례전 준비

＊제자들의 말씀

주님, 당신의 위엄과 내 자신의 가련한 모습을 생각하오니 두려
움과 혼미(混迷)를 면할 수 없나이다. 이는 내가 만일 당신을 받지
아니하오면 나는 곧 생명을 거절함이 되옵니다. 내 자신을 철없이
강요하오면 당신의 불쾌를 초래할 것뿐입니다. 그러하오니 나의 하
나님, 어려울 때 나의 상담자가 되시는 주님, 내가 어찌하오리까?
바른 길을 내게 보여 주시고, 간단한 보기를 내게 보여 주시고,
당신의 성찬식에 참석하게 하옵소서. 나는 내 마음을 당신을 위해
경건하게 근신함으로 준비해야 하겠사오며, 당신 성찬에서 많은 결
실을 얻고 가장 존엄하고 신성한 성례전을 당신께 드리도록 준비하
게 하옵소서.

자성(自省)과 개전(改悛)

*그리스도의 말씀

이 성례를 집행하는 사람은 마음의 깊은 경외심을 가지는 것이 가장 합당한 일이며, 또 이를 집행할 때 굳센 신앙심으로 하나님께 영광을 드리는 거룩한 목적으로 행해야 한다. 그러므로 이 성례를 집행하기 전에 그대는 마음을 먼저 정화(淨化)시키고 정결케 해야 한다.

그리하여 이 성례를 행하는 그대 자신에게 아무런 흠이 없도록 하라. 일반적인 그대의 죄를 애통해 하고 그대 자신이 특별히 늘 범하고 있는 특수한 죄에 대하여 슬퍼하라. 그리고 만일 할 수 있거든 그대 자신이 가진 모든 감정의 비참한 상태를 하나도 숨김 없이 하나님 앞에 고백하라.(시 : 32편 5절)

그대는 아직도 너무 현세적이며 세속적임에 대하여 슬퍼하라. 너무도 지나치게 정욕을 다스리지 못하고 육적인 욕망에 사로잡혀 있음을 슬퍼하라. 그대의 외부적인 감각에 너무 조심이 없고 헛된 공상에 지나치게 몰두하고 있으며, 세상에 너무 쉽게 관계를 하고, 신령한 일에는 너무 무관심하며, 웃고 즐기는 일에는 너무 쉽게 마음이 통하고, 슬퍼하고 참회함에는 지나치게 싫증을 내며, 값싼 분노에는 너무 빠르고, 열있게 자기를 극복함에는 무관심하며, 새로운 일과 아름다운 것은 보기를 탐하나 낮고 단순한 일에는 너무 냉담하며, 큰 소유에는 탐심을 강하게 가지나 남에게 무엇을 줌에는 지극히 인색하며, 보존함에는 세심한 주의를 하나 말에는 방심하여 실수하고, 침묵을 지키기를 싫어하며, 예의범절에는 너무도 절서를 차리지 못하면서도 행동에는 지나치게 충동적이며, 음식은 탐하나 하나님 말씀에는 배곯아 있으며, 쉬기를 잘하고 일하기를 게을리하며, 허탈한 이야기를 듣는 시간에는 큰 흥미를 가지나 거룩한 덕에 관한 교훈에는 곧 졸며, 경건한 일은 어떻게 해서라도 빨리 지나가기를 바라며, 주의를 조금도 지속하지 못하며, 기도시간을 지킴에는 등한하고 성찬에 참여함에 냉담하고, 경건함이 없이 성례에 참석하고, 쉽사리 근심에 빠지며, 전적으로 자기를 주 앞에서 반성하기를 싫어하고, 조급히 성을 내고 지나치게 빨리 분노한다. 남을 쉽사리 판단하고 남을 책망함에 가혹하며, 번영에는 지나치게 낙을 가지며, 환난에는 지나치게 약하다. 선한 행동을 말하기는 자주 하나 그것을 행함에는 게으르다.

이렇게 그대 자신의 행한 일과 실수를 슬퍼하는 마음과 통회하는 마음으로 자복할 때 단단한 결심을 가져 그대 생활을 고치도록 힘쓸 것이며 거룩함에 큰 진보가 되도록 하라. 그러한 후 그대 자신과 그대의 뜻을 전부 내게다 바치게 하며 그대 자신을 그대의 마음제단 위에 내 이름의 존귀를 위하여 영원한 제물로 드리라. 진실하게 그대 자신을 내게다 바치고 마음과 몸 전부를 드려 이 성례를 하나님께 가장 보람있게 드리며, 그대의 영혼의 건강을 위하여 이 성례에서 내 몸을 받을지어다.

자기 자신을 전부 성례로 그리스도에게 드림과 함께, 드리는 일 이상으로 죄는 깨끗이 씻음에 더 값있는 희생이나 완전한 만족을 줄 수 있는 것은 아무것도 없다. 사람이 참으로 통회하며 그의 정성을 다하여 내게서 용서와 은총을 구할 때, 나는 결코 그의 죄를 다시 기억치 아니하며(겔 : 33장 11절) 그 모든 죄를 용서하리라. "나는 죄인이 그 죄로 인하여 죽지 않고 도리어 회개하며 살기를 원하노라."고 말씀하셨다. (겔 : 18장 22절).

십자가 위에 드린 그리스도의 희생

* 그리스도의 말씀

그대들의 죄를 위하여 벌거벗은 몸으로 두 팔을 벌리고 나는 나 자신을 하나님께 값없이 바쳤노라. (사 : 53장 7절, 히 : 9장 28절) 나의 전 인격을 하나님 앞에 사죄의 거룩한 제물로서 바쳤으니 그대들도 이 성례를 행함에서 날마다 그대들 자신을 온 힘과 온 정력을 다하여 하나의 깨끗하고 거룩한 제물로서 내게 드리라. 나는 그대들 자식을 내게다 전부 바치는 것보다 더 원하는 것은 없다. 그대 자신 이외에 어떤 것을 내게 드린다고 해도 나는 그것을 돌아보지 않을 것이다. 나는 그대가 드리는 제물을 원치 아니하고 그대 자신을 원한다. (빌 : 4장 17절)

나 자신 이외에 이 세상에서 어떤 것을 소유한대도 그대를 만족시킬 수는 없을 것이다. 그대 자신을 드리는 이외에 어떤 것을 내게 드린다고 해도 나는 만족할 수 없다. 그대 자신을 내게 드리라. 그대를 완전히 하나님께 바치라. 그래야만 그대가 드리는 예물도 내게 아름다운 것이 되리라. 나는 내 자신을 완전히 그대 위해 아버지께 바쳤노라. 내 살과 피를 그대의 양식으로 주어 내가 그대의 전부가 되고 또 그대가 영원히 나의 것이 되게 했노라. 그대가 만일 그대 자신을 의지하면, 제단에 그대를 완전히 바치지 아니하면, 그대의 예물이 완전한 것이 되지 못하면, 그대와 나와의 연합도 완전하게 될 수 없다. 그러므로 하나님 손에 그대 자신을 그저 바치는 것은 자유와 은혜를 얻고자 하는 그대에게는 이 이상 더 좋은 일은 없다. 많은 사람이 내적인 빛과 자유를 받지 못하는 것은 그 자신을 완전히 부정하지 않기 때문이다. 내 말은 영원히 변하지 아니 한다. 모든 것을 부정하지 않는 사람은 나의 제자가 될 수 없다. (눅 : 14장 33절) 그러므로 그대가 만일 내 제자가 되고자 하거든 그대의 전심 전력을 다하여 그대 자신을 바치라.

만민을 위하는 전심의 기도

*제자들의 말씀

주님, 천지와 그 가운데 있는 만물이 당신의 것입니다. (시 : 24편 1절) 나는 자유의 제물로 내 자신을 당신께 바치기를 원하오며 언제나 변함없이 당신의 것이 되기를 원하옵니다. 오 주님, 단순한 마음으로 나는 내 자신을 당신께 오늘 바치오며 영원히 당신의 종이 되기를 원하옵니다. (대상 : 29장 17절) 나는 당신을 경외하는 마음에서 이를 행하오며 영원한 찬송의 행위로 하옵나이다. 천사들의 찬송 가운데서 여기 임하신 주님, 비록 우리 눈으로 당신을 볼 수 없사오나 당신의 귀한 몸의 희생이 드려지는 이 제단에 이 작고 보잘 것 없는 내 자신을 받아 주옵소서. 주님, 이것이 나의 구원에 필요하오며 당신의 백성의 구원에 필요한 일인 줄 아옵니다.

주님, 내가 출생한 이후 오늘까지 당신과 당신의 거룩한 사자들 앞에서 항상 범하고 있는 나의 모든 죄와 반역을 이 제단에 바치오니, 당신께서 소유하시고 당신의 사랑의 불에 이 모든 것이 타서 없어지게 하옵소서. 내 죄로 물들여진 모든 상처를 지워 주시고 모든 그을림으로 더러워진 내 양심을 깨끗하게 하시며, 내 죄로 인하여 잃어버린 은혜를 회복하게 하옵소서. 내게 전적인 용서를 주시옵고, 당신의 은총으로써 평화의 입맞춤으로 나를 받아 주옵소서.

내 죄를 속하기 위하여서는 그 죄를 통회하고 끊임없이 당신의 대속에 구함으로만 할 수 있사옵니다. 당신의 자비로 구하옵나니 당신의 자비로써 나의 간구를 들어 주소서. 모든 죄를 나는 미워하오니 나로 하여금 이런 죄를 범하지 말게 하옵소서. 나는 이런 죄인이 된 것을 슬프게 생각하오니 내가 살아 있는 동안 이를 슬퍼하게 하옵소서. 나는 참회하고 나의 전력을 기울여 고쳐 보고자 노력하겠나이다. 오 하나님, 당신의 이름을 위해서(시 : 25편 11절) 용서하옵시고, 당신의 귀한 보혈이(벧전 : 1장 18절) 나를 위하여 흘려졌사오니 나를 구원하옵소서. 나는 전적으로 당신의 은총을 믿고 의지하며 당신 손에 나를 맡기옵니다.

당신의 긍휼을 따라 나를 대접하옵시고 나의 죄악을 따라 갚지는 말아 주옵소서.

내게 있는 것이 비록 적고 불완전하오나 내게 있는 모든 선한 것을 당신께 드려 당신이 이를 힘있게 하고 또 이를 정결케 하여 당신이 받으실 만한 것으로 삼아 주시옵고 완전하게 붙잡아 주옵소서. 내 비록 불완전하고 무가치한 종이오나 당신을 위해 쓸모있고 축복을 받을 수 있는 것으로 만들어 주옵소서.

나는 또한 나의 경건한 사람이 가지는 모든 거룩한 소원을 바치오며, 내 부모, 친구, 형제, 자매들의 소원과 내게서 가장 가까운 이들의 소원도 당신께 드리오며, 내게 기도하여 주기를 원하며, 그들을 위하는 모든 사람들의 요구까지도 당신께 바치나이다. 원하옵건대, 당신의 은혜를 이들이 즐기고 당신의 위로의 도움, 위험에서 건져내고 장차 올 고난에서 구원해 주심과 모든 악에서 놓임을 받아 저들이 즐거운 찬송과 감사를 당신께 드리기를 원하옵나이다.

주님, 나를 해치고 있는 사람들을 위해서 특히 나의 기도와 화목의 제사를 드리오며, 나를 슬프게 하며 모함하는 사람들, 나를 넘어지게 하려고 온갖 중상을 하는 사람들을 위하여 내 기도를 드리나이다. 또한 내 자신을 슬프게 하고 괴롭히고 상하게 하며 말과 행함을 의식적으로나 무의식적으로 범한 모든 잘못을 위해 당신께 기도하나이다. 이는 나의 드리는 기도를 들으시고 나와 그들을 용서하실 줄 믿기 때문입니다. 오 주님, 모든 혐의와 악감과 분노, 시기를 우리 마음에서 제거하여 주시고, 사랑과 형제애를 해치는 모든 일을 하지 말게 하옵소서.

오 주님, 자비를 구하는 모든 사람들을 긍휼히 여기시옵고(시 : 123 편 3절) 이 은혜를 갈망하는 사람들에게 당신의 은혜를 주시옵고, 우리로 하여금 당신의 은혜를 보람있게 누리는 생활을 하도록 도우셔서 영생에 이르도록 인도하여 주시옵소서.

성례를 경솔히 행하지 말지니

*그리스도의 말씀

은혜의 샘, 거룩한 은총, 신과 모든 정결함의 원천이 되는 내게로 그대는 자주 나오라. 그렇게 함으로 그대의 정욕과 악덕이 고침을 받고 모든 유혹과 악마의 속임을 항거함에 더 용맹하고 강하게 될 것이다. 왜냐하면 그대의 옛 원수는 성례전에 내리는 풍성한 열매와 능력있는 효과가 많음을 잘 알고 있기 때문에 그의 전력을 다하여 거룩한 은혜를 받지 못하도록 방해하고 있다.

사탄이 하는 가장 맹렬한 공격은 언제나 사람들이 성례에 참여하려고 준비하고 있을 때이다. 기록된 바와 같이 악한 영은 하나님의 자녀들에게 내려(욥 : 1장 7절) 익숙한 그 악으로 그들을 괴롭히며 공포와 불안에 싸이게 한다. 이렇게 악마는 어떻게 해서든 하나님을 향해 가질 사랑을 약하게 하고 그 신앙을 파괴하며 이 거룩한 예전을 완전히 포기하거나 그렇지 않으면 경건심을 가지지 못하도록 최대의 노력을 하고 있다.

그러므로 그대는 그의 함정이나 간교한 미혹에는 결코 상대하지 말라. 그 모든 것에서 머리를 돌리라.

멸시와 조롱에 합당한 그들을 멸시하고 조롱할 것을 잊지 말라. 사탄이 그대를 유혹하고 방해한다고 결코 이 성례를 포기하지 말라.

사람들은 경건한 심정에 대하여는 부당한 관심으로, 고백에 대하여는 염려로써 종종 방해를 받고 있다. 이런 경우에 그대는 지혜로운 지도자들의 충고를 따르며 모든 의심을 버리라. 이는 하나님의 은혜를 막기 때문이며 마음의 모든 경건을 무너뜨리기 때문이다. 근심이나 의심으로 그대가 마땅히 받아야 할 성례를 받기를 연기하지 말고 즉시로 고백의 은혜에 참례하고 그대에게 악을 행한 모든 사람을 너그럽게 용서하라. 그리고 그대가 다른 사람에게 악을 행하였다면 겸손하게 용서를 구하고 그대를 항상 용서하시는 하나님께 사죄의 기도를 드리라.

고백을 연기하거나 성례에 참례함을 연기함이 무슨 소용이 있느냐? 자신을 즉시로 깨끗이 하여 독소를 속히 제하여 버리고 그대 영혼을 고치는 일에 주저하지 말라. 연기함보다 신속히 행함이 더 은혜스럽다. 어떤 이유로든 오늘 이것을 연기하면 내일이면 더 큰 불행이 그대에게 닥치리라. 그리하여 그대는 성례에 참석하는 일을 얼마 동안 중단하게 되어 더욱 더 이에 참여할 수 없게 되리라. 그러므로 그대는 현재 가지고 있는 게으름과 무력함을 될 수 있는 대로 빨리 제거하라. 이는 불안과 고민 속에 그대로 남아 있다든지

날마다 당하는 어려움 때문에 거룩한 신비에서 멀어진다든지 하는
것은 결코 유익한 일이 아니다. 반대로 오랫동안 성례를 연기한다는
것은 해로운 일이다. 이는 종종 그냥 태만으로 빠지게 하면 영적
인 고갈로 빠뜨려지고 만다.

  조심성이 없는 우둔한 자는 참으로 성례를 연기함을 변명하고 성
례를 존중히 하지 못하여 자기생활을 엄격하게 돌아보는 일을 게을
리한다. 이 성례를 연기하고 있는 사람들의 생활이 얼마나 그 사
람됨과 경건함이 미약한지 모른다. 행복한 사람, 하나님에게 사랑을
받는 사람, 그 마음과 생활을 항상 깨끗하게 지내는 사람은 할 수
있는대로 자주 그 성례에 참례하고자 한다. 겸손을 잃은 사람이나
법규상으로 금지당하고 있는 사람은 그 자신을 존중하는 의미에서
참례하지 않을 수 있으나, 게으름 때문에 참례하지 못하는 사람은
열심을 내어 그 자신을 깨우칠 것이요, 그의 선한 의사대로 하나님
이 특별한 사랑을 베풀어 그 자신의 생각을 강하게 하여 주실 것이
다.

  부득이 불참해야 되는 경우에는 그가 성례에 참례코자 하는 선한
의사를 가지고 있기만 하면 성례를 통하여 받은 은혜를 잃지 아니
할 것이다. 누구나 날마다 일정한 시간에 이 은혜를 받고자 하는
사람은 그의 영혼의 건강을 위한 축복의 길이 막히지 아니 할 것이
다. 그러나 일정한 때, 교회가 제정한 날에는 사랑과 경외심을 가
지고 구세주의 몸을 희생적으로 받아, 그 자신의 위로와 함께 하나
님의 영광과 찬송을 들어야 한다. 이 신비의 성례와 영적인 교제에
자주 참석하는 사람은 그리스도의 수육(受肉)과 고난의 신비를 더욱
깨달아 알며, 그는 이 그리스도를 사랑하는 사이 열심을 얻게 된다.
그러나 다만 이 예전(禮典)에 참석하기만 목적하고 한갓 의식적으로
행하는 사람은 이 성례의 은혜를 받을 마음 준비를 가지지 못한

사람이다.

이 성찬을 받아 거룩한 교제를 하는 사람은 언제나 그리스도에게 자기를 산 제물로 바치기 때문에 그는 가장 축복을 받은 사람이다.

너무 게을러 하거나 또 너무 자주 하지 않고 다만 이 성례에 그대와 함께 사는 성도들이 보통으로 제정한대로 행하라. 그러나 다른 사람을 불쾌케 하거나 싫증을 내도록 하지 말고 그대 자신의 개인적인 경건이나 희망보다 다른 사람이 은혜를 받도록 힘쓰라.

진실한 영혼에 필요한 그리스도의 몸과 성경

＊제자들의 말씀

사랑하는 주님, 바로 당신의 몸으로 가장 귀한 음식물을 차린 당신의 잔치에 참석하는 성도는 얼마나 큰 기쁨을 가지게 되는지요! 이 기쁨은 우리 마음이 소원할 수 있는 어떤 것으로도 비할 수 없는 것입니다.

당신이 친히 임재하시는 그 상 앞에 제가 참석할 수 있다는 사실은 얼마나 감격의 눈물을 흘릴 만한 일인지요! 경건한 여인 막달라 마리아와 같이 나의 눈물로 당신의 발을 적시고자 하나이다. (눅 : 7장 38절, 요 : 12장 3절) 그러나 내가 가진다는 경건이 어디 있으며 이 거룩한 눈물은 어디서 흐르나이까? 참으로 당신이 임재하신 앞에 당신의 거룩한 천사가 나타난 그 자리에 내 마음은 기쁨으로 불타고 또 녹아지나이다. 당신의 성례에 비록 우리 눈으로 볼 수 있는 어떤 형태로 임하시지 않지만 당신이 친히 임재하시고 계시나이다.

당신이 신성으로 충만한 영광 아래서 당신을 쳐다볼 수도 없사오며, 전 세계라도 당신의 위엄과 장엄과 영광을 채울 수는 없는데 어찌 당신을 쳐다볼 수 있사오리까? 그러므로 나는 하늘천사가 경배하는 그대로 당신을 모시고 경배하나이다. (히 : 1장 6절) 나는 다만 신앙으로서만 행하고 보는 것으로 하지 아니 하나이다. (고후 : 5장 7절) 나는 참 신앙의 빛과 더불어 만족하며 무한한 영광의 새 날이 동트고 물체의 그림자가 없어지는 때까지 이 신앙을 지속하기를 원합니다.

그 완전한 날이 올 때(고전 : 13장 10절) 성례식 같은 것은 쓸데없을 것이니, 이는 영광세계에 있는 축복받는 사람은 성찬식을 통한 영적 은사가 필요없기 때문입니다. 저들은 영원히 하나님의 임재를 즐기고 숨기지 아니한 그의 영광에 접할 것입니다. (고전 : 13장 12절) 그것은 주님 자신의 형상이 헤아릴 수 없는 영광에서 영광으로 화한 것입니다. (고후 : 3장 18절) 그리고 그들은 태초로부터 영원까지(벧전 : 1장 25절) 도성인신(道成人身)하신(요 : 1장 18절) 하나님의 말씀을 맛볼 것입니다.

이러한 신비를 생각하올 때 정신적 위안까지도 내게는 오히려 싫증이 나게 되오니 이는 가리움 없는 영광 속에 계신 나의 주님을 보지 못하는 이상, 이 세상에서 보고 듣고 하는 모든 것은 아무 가치가 없기 때문입니다.

주님, 당신은 나의 증인이시며(롬 : 1장 9절) 당신 안에서가 아니면 아무것도 위로될 수 없고 피조물의 어느 것에서도 나는 평안을 찾지 못하옵니다. 오, 하나님, 당신만을 나는 영원히 쳐다보고자 하옵니다. 그러나, 죽을 수밖에 없는 생명을 가진 나로서는 불가능하오니 나는 크게 인내하여 나의 모든 소원을 당신께 드리나이다. 하늘나라에서 이 기쁨을 당신과 함께 나누는 당신의 성자들은 큰 믿음과 인내로써 이런 영광의 날이 오기를 기다리던 사람들입니다. (히 : 6장

12절) 그들이 믿던 바를 나도 믿으며, 그들이 바라고 즐기던 것을 나도 바라고 즐기오며, 당신의 은혜로 어디든지 갔던 것처럼 나도 그렇게 어느 곳에나 가고자 하나이다. 내가 이 성도들을 본받아 힘을 얻어서 믿음으로 행하고자 하나이다. 성경 말씀이 나의 위로이며 내 생활을 비쳐주는 거울이며, 무엇보다도 당신의 거룩한 몸이 나의 영혼을 새롭게 하는 영약이요, 피난처가 되시나이다.

내가 지금 아뢰는 것은 내게는 두 가지 필요한 것이 있옵니다. 이것들이 없이는 이 슬픔의 인생이 괴로워 견딜 수 없옵니다. 이 육체란 감옥이 갇혀 있는 동안에 나는 빛과 양식 이 두 가지가 내게는 필요한 것이 되옵니다. 그러므로 내가 기진맥진했을 때 당신의 거룩한 몸을 주셔서 피곤한 내 영과 몸에 힘을 주셨사오며, 당신의 말씀을 주셔서 내 발에 등으로 삼게 해 주셨나이다.(시:119편 105절) 이것들이 없이는 나는 바르게 살 수 없옵니다. 오, 하나님, 당신의 말씀은 내 영혼의 빛이며 당신의 성례는 내 생명의 양식이 되옵니다.(요:6장 35절) 이것들은 당신의 거룩한 교회의 보고(寶庫) 양쪽에 있는 두 상(床)이라고도 할 수 있옵니다. 하나는 거룩한 떡을 그 위에 지닌(삼상:21장 4절) 거룩한 제단의 상이고, 또 하나는 거룩한 도리가 새겨지고 참신앙을 가르치고 지성소를 지키는 휘장 안으로 우리를 실수함이 없이 인도하는(히:6장 19절, 9장 3절) 거룩한 율법이 놓여진 상입니다.

오 주 예수님, 영원한 빛의 빛이시여, 당신의 사랑하는 종들, 예언자와 사도와 다른 선생들을(엡:4장 11절) 통하여 가르쳐 주신 거룩한 교훈이 놓인 상을 감사하나이다.

사람을 창조하시고 구속하신 어른이여, 당신의 사랑의 깊이를 전 세계에 전도하기 위하여 당신은 크신 만찬을(눅:14장 16절) 베풀었사오며, 거기에서 당신 자신을 우리 위해 주셨으니 이는 옛날 율법의 명령대로 어떤 양을 드림보다 더 귀한 제물이셨사옵니다. 즉, 당신의 가장 귀한 몸과 피가 우리 양식이 되도록 주셨나이다. 이 거룩한 잔치에서 구원의 잔을(시 : 23편 5절) 흡족히 마시게 하여 성도들에게 기쁨을 주시며 천사들의 나누어 줌을 받을 때 더 큰 하늘의 기쁨을 여기에 가득하게 하셨나이다.

아 ! 엄위하신 주님의 거룩한 말씀으로 자기를 바칠 힘을 주고, 입술에는 찬송으로서 머리에는 주를 받들고, 입으로는 주를 영접하고 다른 사람에게 주님을 알려 주는 성례를 인도할 직책을 가진 제사장들이 얼마나 고귀하고 존경할 만할 것인지요 !

그들의 손은 얼마나 깨끗하며, 그들의 입술은 얼마나 정결하며 그들의 몸은 또한 얼마나 거룩하며, 그들의 마음은 얼마나 흠이 없는 것으로 모든 정결함의 창조주가 되신 주님과 통하고 있는지요 ! 그리스도의 성례를 자주 받는 제사장의 입으로는 다만 거룩하고 참되고 덕을 세우는 말만이 흘러나옵니다. 예수 그리스도의 몸을 항상 바라보는 그의 눈은 순결하고 정결하여져야 합니다. 하늘과 땅을 지으신 창조주를 만지는 그의 손은 깨끗하여 하늘 보좌에(딤전 : 2장 8절) 직통하여지사이다. 특히 이 직책을 감당하는 제사들을 위하여 "주 너의 하나님이 거룩한 것과 같이 너희도 거룩하다"(레 : 19장 2절)는 말씀을 하셨나이다.

전능하신 하나님, 당신의 은혜로 우리를 도와 주시고 이 제사를 지키도록 부탁받은 우리로 하여금 모든 순결과 착한 양심으로 보람 있게 경건하게 당신을 섬기게 하옵소서. 우리가 비록 우리 원하는 대로 그렇게 순결함을 완전히 성취할 수는 없사오나 우리 죄를 슬퍼할 수 있게 하시고 이제부터 큰 경건과 깊은 겸손, 착한 마음과 뜻을 가지고 당신을 섬기게 하옵소서.

성례에서 그리스도를 조심성있게 받음

* 그리스도의 말씀

나는 순결을 사랑하는 자이며 거룩함을 주는 자이다. 나는 깨끗한
마음을 찾으며 내가 그 마음 속에 거할 것이다. (행 : 7장 9절, 사 : 66
장 1절) 나를 위하여 큰 다락방을 마련하여 나의 제자들이 유월절을
먹듯이 (막 : 14장 15절, 눅 : 22장 12장) 나를 먹고 마시도록 준비하라.
내가 그대에게 임하기를 원하면 묵은 누룩을 정결케 하여 (고전 : 5장
7절) 내가 거할 그대 마음을 깨끗이 하라. 세상과 그 죄악의 소란
(騷亂)을 다 제하고 지붕 위의 참새와 같이 (시 : 102편 7절) 영혼의
죄악성을 아프게 생각하라. 이는 나의 사랑하는 모든 사람들이 자기
사랑하는 친구를 위하여 가장 좋고 아름다운 방을 준비하매 그렇게
함으로 서로 사랑을 주고받음이 되기 때문이다.

그러나 그대의 최선의 노력이라도 나를 받아들이기에는 오히려
부족한 것을 알라. 비록 온 한 해(一年)를 이것 위해 전심으로 준
비한대도 나를 받기에는 그래도 그대는 불완전하다. 내 상에 가까이
나올 수 있게 함은 다만 나의 은총과 은혜만임을 잊어 버리지 말라.

한 거지가 부자의 초청을 받고 가서 대접을 잘 받았으면 겸손히
감사하다는 인사를 하는 것 이외에는 아무것도 할 것이 없음과 같이
(눅 : 14장 12절) 그대도 나의 초청에 대하여 할 일은 그 뿐이다. 그대
자신이 가진 힘으로 할 수 있는 것을 진실로 열심히 하라. 그러나
습관이나 필요에서 할 것이 아니라 그대 자신에 친히 오시는 주
하나님의 몸을 두렵고 떨리는 마음의 사랑으로 받으라. 이는 나의

희망인 동시에 나의 명령이다. 그대에게 부족한 것은 무엇이나 채워
주리라. 그러므로 소자들아 내게 와서 나를 받으라.

내가 경건의 은혜를 베풀거든, 그대가 이를 받기에 합당했다고
자만할 것이 아니라 내 자비가 그대를 이처럼 대접할 것임을 알고
감사함을 잊지 말라! 아무런 경건을 가지지 못하고 심령의 메마름
을 경험하거든, 기도와 탄식과 간구를(마 : 7장 7절) 게을리하지 말
라. 구원하시는 은혜의 다만 한 조각이라도 받을 수 있도록 힘쓰라.
그대에게는 내가 있어야 하고 내게도 그대가 있어야 한다. 그대가
나를 만족케 하려고 오는 것이 아니라 내가 그대를 만족시키고 높이
들기 위함이다. 거룩하여짐을 받아 나와 연합하기 위하여 내게 오
라. 그대 자신이 새 은혜를 받고 생활에 새로운 개변을 가질 수
있는 영감을 받도록 내게 나아오라. 이 은혜를 결코 등한 하지 말라.
(딤전 : 4장 14절) 그대 자신을 크게 조심하고 준비하여 그대의 사
랑하는 자를 마음에 받아들이라.

성례를 위해서만 그대의 경건을 준비할 것이 아니라 이 성찬 후에
가질 경건한 생활을 위해서도 준비하라. 성찬식 후의 생활을 위한
준비가 그 전에 가져야 할 준비보다 결코 못해서는 안 된다. 성찬식
직후에 세상 연락에 마음을 빼앗긴다면 그는 거룩한 은혜를 곧 없
애버리는 것이다.

말을 많이 함을 삼가라.(잠 : 10장 19절) 고요한 곳을 찾아 하나님과
더불어 밀접한 교제를 계속하라. 그대가 소유하는 하나님을 세상
어떤 것이라도 빼앗아갈 수 없다. 그대 자신 전부를 받치기를 요구
하는 이가 나이니라. 모든 염려를 버려라. 그리하면 그대는 오직
내 안에서만 살게 되리라.

성례에서 그리스도와 연합하기를 원하옵나니

＊제자들의 말씀

주님, 나로 하여금 당신만을 발견케 하시고 나의 전심력을 당신께만 드리게 하옵소서. 내 영혼을 욕망으로 당신만을 즐거워하게 함을 누가 할 수 있사오리까? 아무도 나를 멸시하지 못하며 어떤 피조물이라도 나를 괴롭히지 못하도록 할 분이 당신 이외에 누가 있사오리까? 당신만이 내게 말씀하시고 또 내가 당신의 사랑하는 자요, 당신의 친구로서(출 : 33장 11절) 당신께 말씀드리도록 하시나이다.

나의 기도와 소원은 내가 전력으로 당신과 연합하여 모든 피조물에서 내 마음을 돌리게 함이옵니다. 거룩한 성례전과 교제를 통하여 나는 하늘에 속한 영원한 것을 더욱 즐기게 되나이다. 오, 나의 주 나의 하나님이여, 내가 언제 당신과 완전히 하나가 되어 당신 속에 내가 흡수되고 말겠사오며 내 자신을 완전히 잊어버릴 수 있사오리까? 당신이 내 안에, 내가 또한 당신 안에 있도록 하옵시고 (요 : 17장 21절) 또 그렇게 영원토록 살게 하옵소서.

진실로 당신은 나의 지극히 사랑하는 이시며 1만 사람에 뛰어나게 귀한 분이시며 내 영혼은 내 생이 끝날 때까지 당신 안에서 살기를 원하나이다. 당신은 참 평화를 주시며, 완전한 평화와 참 평화는 당신에게만 있으며, 당신을 떠나는 그 순간은 곧 끝없는 슬픔과 고통에 빠질 것뿐입니다. 당신은 참되고 감추어 계신 하나님이시며 (사 : 45장 15절) 당신의 사랑은 악한 자와 함께 하지 아니하고 오직

겸손하고 순결한 자에게 하시나이다. (잠 : 3 장 33절) 당신의 영이 얼
마나 사랑스러운지요. 오 주님, 당신의 자녀에게 당신의 은혜로 입
히시고 하늘로서 내리는 가장 맛나는 떡으로 늘 신선케 하시나이다.
당신의 신실(信實)한 백성에게 가까이 하시고 그들 마음에 날마다
위로를 주시고 나의 중심을 높이 들어 주시며 내 양식과 기쁨으로
당신 자신을 주시는 당신과 같으신 분이 어느 민족에게 있으며, 아
무리 크신 신(神)이라고 해도 당신처럼 우리에게서 가까운 분이 어
디 있겠읍니까?

그리스도의 사람처럼 더 사랑스런 백성이 또 어디 있겠읍니까?
경건한 영혼보다 이 하늘 아래 더 사랑스런 것이 어디 있으며,
하나님 자신이 친히 오시고 그의 영광스러운 몸으로서 먹이고 길러
주시는 축복을 소유한 것이 경건한 영혼 이외에 어디 있겠읍니까?

말할 수 없는 은총과 놀라우신 겸손, 끝없는 사랑의 본체로서 우
리를 돌보시는 이는 오직 당신 뿐이십니다.

그러나 주님, 내가 당신께 드릴 것이 무엇이 있겠읍니까? (시 : 116
편 12절) 이 넘치는 모든 은총과 사랑에 보답할 것이 내게는 아무것도
없읍니다. 내 마음 전부를 드리는 것보다 당신을 더 기쁘시게 할
것은 아무것도 없사오며 완전한 연합을 하는 길은 완전한 굴복 밖
에는 아무것도 없읍니다. 내 영혼이 당신과 완전하게 연합할 때,
내 전신이 기도로 가득 차나이다. 그 때에 당신은 말씀하실 것입니
다. "그대가 내 안에 거하면 나도 그대 안에 거하리라"고. 나는
당신께 또 이렇게 대답하리이다. "주님, 내게 거하여 주시기 원하
옵니다. 나는 당신 안에서만 즐거움을 누리오니 이것만이 나의 소
원이며 여기에 내 마음이 당신과 연합하게 되옵니다."

그리스도의 몸을 간절히 구하옵나니

*제자들의 말씀

주님, 당신을 사랑하는 자에게 주시는 당신의 인자하심이 얼마나 큰지 측량할 수 없사옵니다.(시 : 31편 21절) 큰 사랑과 경건으로 당신의 성찬에 참석하는 경건한 사람을 생각할 때, 오 하나님, 나의 마음은 당신의 제단에 가까이 할 수 없는 수치와 황송함을 금할 수 없옵니다.

이 미지근 하고 찬 마음을 가진 내가 어찌 당신의 성례의 상앞으로 나가겠읍니까? 내 마음은 너무도 사랑에 결핍하여 너무도 메말라 있사오며, 당신이 친히 오신 이 자리에서도 내 마음은 뜨겁게 불붙지 못하옵니다. 오! 하나님, 나는 다른 많은 경건한 사람처럼 당신 앞에 가까이 나갈 수 있고 항상 사랑을 드릴 수 있는 자가 되지 못하옵니다. 그렇기 때문에 그들이 간절하게 성찬을 원하고 그들이 간절하게 당신을 사랑하는 마음에서 눈물을 금하지 못하게 그 영혼 깊은 중심에서 마음과 몸으로 당신을 사모하는 경건을 아니 따를 수 없옵니다. 오 하나님! 생명의 원천이시여(렘 : 2장 13절, 시 : 42편 2절) 그들의 영적 주림과 갈증을 만족시킬 길은 당신의 몸을 기쁨과 간절함으로 받는 이외엔 없읍니다.

아! 그들의 불붙는 신앙은 얼마나 참되었읍니까? 그 믿음 자체에 벌써 당신의 임재하심은 역력히 알 수 있사옵니다. 떡을 떼면서 저들은 저희 주를 알았고, 주님 당신이 친히 말씀하실 때 저들의 마음은 뜨거웠나이다.(눅 : 24장 32절) 아하! 이러한 경건과 정성,

다함 없는 사랑과 열심이, 내게는 매우 적으니 이 일을 어찌하오리까? 오, 선하고 다정하신 예수님, 나를 긍휼히 여기시고 이 성찬에 참례함으로 내 마음 속에 당신을 사랑하는 뜨거운 마음이 불붙게 하시고 내 신앙이 힘차게 하옵소서. 내 소망이 당신의 선(善) 안에서 자라게 하시고, 이 하늘의 떡을 먹음으로 다시 한번 사랑의 불길이 완전히 붙어지게 하시고 이 불이 결코 꺼지지 말게 하옵소서. 오 주님, 당신의 은총은 내가 원하는 이 사랑을 부어주시기에 부족함이 없사오니 나를 불쌍히 여겨 주옵소서. 내 사랑이 당신을 기쁘시게 하옵거든 주님 은총과 관대하심으로써 나를 찾아 내 마음을 뜨겁게 하여 주옵소서. 다른 많은 경건한 당신의 종들처럼 비록 내 마음이 불붙지 아니하오나 당신의 은총만 믿고 그 큰 은혜의 불길을 내가 갈망하나이다. 진정으로 비옵나니, 당신을 참으로 사랑하는 무리들 틈에 나도 한 자리를 차지하게 하시고, 당신의 거룩한 무리들 자리에 나도 앉을 수 있게 하옵소서.

겸손과 자기 부정으로 얻는 큰 경건

*그리스도의 말씀

간절한 마음으로 경건의 은혜를 구해야 하니, 그대는 참된 소원으로 구하며, 인내와 신뢰로써 기다리며, 감사로 받으며, 겸손으로 지키며, 열심으로 사용하며, 시간과 하늘의 선물을 주시는 그 방법까지도 모두 하나님께 맡기라. 무엇보다도 경건의 생각이 적고 약할 때 그대 자신을 겸손하게 하고, 실망하지 말지라. 이는 하나님께서 오랫동안 멈추어 두었던 은혜를 지극히 짧은 순간에 주시기 때문이다. 때로는 일부러 그대가 원하는 그 첫 시간에 주시지 않고 오래 있다가 주시기도 하신다.

은혜가 만일 구하는 즉시로 얻어진다고 하면 사람들의 연약한 성격이 결코 이를 보관하지 못할 것이다. 은혜가 내리지 아니하거나 또한 그 은혜가 그대에게서 떠나갈 때에 이는 다만 하나님의 잘못이나 불찰이 아니라, 그대 자신과 그대의 죄 때문인 것을 잊지 말라. 지극히 작은 일에 하나님이 주시는 큰 은혜를 막아 버리고 큰 역사도 작은 일이 상해하고 만다. 그러나 크거나 작거나 이 장애물을 없애 버릴 때, 또 그것을 완전히 정복할 때 그대의 소원은 하나님께서 들어 주신다.

전심을 다하여 그대 자신을 하나님께 드리고 그대 자신의 뜻이나 쾌락을 원하지 말고 거룩한 존전에서 그대 자신의 무가치함을 깨닫고 있으면 그대는 하나님과 연합하여 평안을 얻을 수 있을 것이다. 하나님 뜻을 성취하는 것보다 더 큰 기쁨과 만족을 주는 일은 세상에 없다. 그러므로 깨끗한 마음으로 그 자신의 의사를 하나님께 드리고 무질서한 사랑에서 떠나고 어떤 피조물에 대해서도 미워함을 가지지 않을 때에 그대는 가장 은혜받을 준비가 되는 것이며, 경건의 선물을 받을 자격이 있게 되는 것이다. 하나님께서는 은혜를 받을 마음이 비어 있는 곳에만 은혜를 주신다. 세상에 속한 것을 완전히 부정하고 그 자신을 이김으로 자기를 극복할수록 그는 더욱 더 빨리 은혜를 받을 수 있으며, 그 뿐만 아니라 더욱 더 풍성한 은혜를 받으며 세상에서 그 마음을 멀리하여 하나님께 더욱 더 가깝게 다가가는 것이다.

이런 사람은 은혜로써 넘쳐 흐르고 그의 마음은 더욱 그 속에 넓어지고(사 : 60장 5절) 하나님의 손이 그 위에 있어 그의 전부를 영원히 하나님의 장중에 맡기는 것이다. 그래서 전심을 다하여 하나님을 찾는 사람은 복있는 사람이라 했고(겔 : 3장 14절, 눅 : 1장 66절) 그 영혼은 수치를 당치 아니하리라.(시 : 119편 6편) 거룩한 성찬의 은혜를 받을 때 그는 거룩한 은혜로 하나님과 연합하게 되며, 그 자신의 경건이나 위로를 돌보지 아니하고 다만 하나님의 존귀와 영광을 구하게 된다.

그리스도에게 요구를 말하고 그의 은혜를 구함

＊제자들의 말씀

가장 사랑하옵는 나의 주님, 지금 나는 당신에게 경건히 은혜를 원하옵니다. 당신은 나의 약함과 내가 얼마나 많은 것을 더 받아야 할 것을 아시며, 또 내가 얼마나 큰 죄악에 젖어 있으며 얼마나 내가 자주 실망하고 유혹받고 괴로워하고 또 어려운 때 속에 묻혀 있음을 당신은 아십니다. 당신 앞에 나는 고침을 받고자 나왔옵니다. 나를 위로하시고 나를 구원해 주시기를 원합니다.

내 모든 것을 아시는 당신께 내가 지금 간구하옴은(요 : 18장 4절) 당신에게 내 중심의 생각이 모두 알려져 있사오며, 당신만이 나를 완전히 위로할 수 있으며 도울 수 있기 때문입니다. 내게 필요한 은혜를 당신은 아시오며 모든 덕에 내가 얼마나 결핍되어 있음을 아시나이다.

보시옵소서 주님, 당신 앞에 벌거벗고 가난한 자가 서서 은혜를 빌고 은총을 간구하고 있나이다. 당신 앞에 구걸하는 이 불쌍한 자를 돌아보사 당신의 사랑의 불로써 입혀 주시고 당신의 빛으로써 내 어둠을 밝혀 주옵소서. 모든 세상의 것을 나를 위하여 괴로운 것으로 만드시고 모든 슬프고 괴로운 것을 인내로 면하게 하시고 모든 비천한 물질적인 것을 내 마음에서 축출하여 주옵소서. 하늘에 계신 당신에게로 내 마음을 끌어 올리시고 이 땅 위에서 하고 있는 방황하는 생활을 끝나게 하옵소서. 이제부터 당신이 오직 나의 유일하고 영원한 기쁨이 되옵소서. 이는 당신만이 내가 먹을 떡이요 생수가 되시오며, 나의 사랑, 나의 기쁨 나의 가장 높은 선이 되시기 때문이옵니다.

아! 주님, 당신이 내게 임하심으로 나를 완전히 불붙여 주시고 나를 당신으로 변하게 하여 당신과 영으로 하나가 되게 하옵소서. (고전 : 6장 17절) 주리고 목마른 이대로 나를 버리지 마시옵고 당신의 성자들을 대접하듯이 당신의 은혜로 나를 대접하옵소서. 당신으로 인해 내 온몸이 불타고 내 자신에게는 완전히 죽어진다면 얼마나 아름다운 일이 되겠나이까? 오, 영원히 끌 수 없고 또 영원히 타기만 하시는 불이신 주님이여! 우리 마음을 열과 빛으로 정화시켜 주시는 분은 오직 당신밖에 없나이다.

그리스도를 모시기 위한 지극한 사랑과 간절한 소원

*제자들의 말씀

사랑하는 주님, 깊은 경건과 지극한 사랑으로 내 마음이 기울일 수 있는 온갖 정성과 사랑으로 옛날 성자와 성도들이 성례에서 당신을 모시고자 사모한 모양으로 그렇게 당신을 사모하나이다. 그 성도들은 모두 그들의 생활의 신성으로 당신을 특별히 기쁘시게 하던 사람들이며 큰 경건한 불을 가졌던 사람들입니다.

가장 간절한 경건과 깊은 존경심으로 옛날 당신의 성도들이 가지고 느끼던 그대로 당신을 맞이하고자 하나이다.

비록 그들과 같이 이런 최고의 경건을 누리기에는 합당치 아니하오나, 그래도 나 자신만은 이런 정성에 불타는 마음으로 내 모든 사랑을 바치오며 한 경건한 마음이 생각하고 원할 수 있는 모든 존경과 사랑으로 당신께 바치고자 하나이다. 나의 한 부분도 내게는 남겨 두려고 하지 아니하오며, 나 자신과 내가 가진 모든 것을 모조리 또 아낌없이 한 마음으로 당신께 드리고 제물로 삼고자 하나이다. 오 주님, 나의 하나님, 나의 구주, 나의 창조주시여, 오늘 이 시간 당신의 사랑을 받고자 하오며, 존경과 찬송, 경외와 감사, 존귀, 사랑, 믿음, 소망, 순결로써 거룩한 성모 마리아가 천사의 고함을 듣고 "주의 계집종이오니 말씀대로 내게 이루어지나이다." (눅 : 1장 38절) 하며 당신을 받아들이듯이 그렇게 나도 당신을 받아들이고자 하옵니다.

성자 중에서 가장 큰 성자인 당신이, 축복 받은 사자 세례요한이 메시야의 오심을 태중에서 듣고 기뻐 뛰듯이(눅 : 1장 44절) 그 후에 무리 중에 왕래하시는 예수님을 보시고(요 : 1장 36절) "신랑의 음성을 듣는 친구가 크게 기뻐하느니라."(요 : 2장 29절) 함과 같이 당신의 목소리를 듣는 나를 기쁘게 하옵소서. 이렇게 나도 그들과 같이 당신을 사모하는 거룩한 소원을 가지고 온 마음을 다하여 당신께 나를 드리고자 하나이다. 나의 찬송, 뜨거운 정성과 환희, 초자연적 계시와 모든 경건한 자에게 주시는 하늘의 환상, 하늘과 땅에 있는 모든 피조물이 드리고 또 드릴 아름다운 덕과 찬양을 당신께 드리고자 하나이다. 내가 위하여 기도하던 사람을 위하여 당신이 영원히 찬송과 영광을 받으시기에 합당하옵기를 간구하나이다.

오 나의 주, 나의 하나님이여, 무한한 찬송이시며 무궁한 축복이신 당신께 드리는 나의 맹세와 소원을 받아 주옵소서. 당신은 이모든 것을 받기에 합당한 만큼 당신의 위대함은 말할 수 없이 크옵니다.(시 : 150편 2절) 이것을 나는 날마다 시간마다 드리오며 나의 기도에 모든 천군이 화답하며 찬양과 감사에 모든 성도가 함께 해 주시기를 원하옵니다.

모든 사람과 모든 족속, 모든 언어가 당신의 거룩하고 아름다운 이름을 큰 기쁨과 경건으로 노래하고 찬양하나이다. 모든 사람이 당신의 숭고한 성례를 두려워하며 경건한 마음으로 참례하기를 원하오며, 완전한 신앙으로 받으며 당신의 은혜와 자비를 이 죄인이 받을 수 있도록 하옵소서. 저들이 바라던 신령한 은혜를 받고 거룩한 하늘의 상(床)에서 참으로 위로를 받고 놀라운 시원함을 얻어 당신과 연합하올 때 저들의 기도 속에 이 가난한 죄인도 기억하게 하옵소서.

성례 속에서의 겸손과 믿음

*그리스도의 말씀

그대가 만일 깊은 의심의 수렁에 빠지기를 원치 않거든 이 성례전의 신비에 대하여 호기심으로 쓸데없는 질문을 삼가할지어다. 하나님의 존엄을 찾아보려는 사람은 그의 영광에 둘러싸임을 받을 것이다.(잠 : 25장 27절) 하나님은 사람이 이해할 수 있는 이상의 일을 하실 수 있다. 그러나 우리는 저 진리를 탐구하는 자가 항상 가르침을 받으려 하고 교부(敎父)들의 건실한 가르침을 따라가려고 하는 만큼 우리는 겸손하고 공손하게 진리를 찾는 것이 옳은 것이다.

질문하고 캐어 묻는 그릇된 길을 버리고 하나님의 계명의(시 : 119편 35절) 확실하고 넓은 길로 가는 사람은 축복을 받은 사람이다.

흔히 사람은 경건한 일을 캐고 묻기 때문에 그 경건함이 주는 진미를 잃어버리고 만다. 하나님이 그대에게 요구하시는 것은 하나님의 깊은 신비를 알아내는 지식이나 고상한 지성이 아니라 믿음과 거룩한 생활이다. 그대 아래 있는 것을 파악하고 이해하기 어렵다고 하면 그대 위의 하늘에 있는 것을 어찌 알 수 있겠느냐?(요 : 3장 11절) 그러므로 그대 자신을 하나님께 맡기고 그대의 이성을 신앙에 굽히고 지식의 빛은 다만 그대 신앙에 유익하고 필요한 때에만 사용하도록 하라.

어떤 이는 신앙과 성례에 대하여 심한 시험을 받으나 이는 그들에게 있을 것이 아니라 악마에게 있을 일이다. 염려하지 말라! 그대의 사상과 더불어 싸우려 하지 말라. 악마가 제의하는 모든 질문을 해답하려고 하지 말라! 하나님의 말씀을 의지하고 그의 성도와 예언자를 믿으라. 그리하면 악한 원수는 그대에게서 물러 가리라. (약 : 4장 7절) 하나님의 종은 가끔 이런 의심을 겪는 것도 유익하다. 왜냐하면 악마는 불신자를 꾀이지 않으며 이미 그의 수하에 있는 죄인에게는 손을 대지 아니한다. 그는 진실하고 경건한 사람만을 최대한의 노력으로 유혹하고 괴롭힌다.

그러므로 단순한 마음과 의심하지 않는 믿음으로 전진할 것이며, 겸손한 공경심으로 성례에 참례하며 그대가 알지 못하는 것은 무엇이나 전능하신 하나님께 맡기라. 하나님은 속이지 않으신다. 그러나 사람은 자기 자신에게 과대히 신뢰할 때 항상 속임을 받는다. 하나님은 순진한 사람과 동행하시고(잠 : 2장 9절, 3장 32절) 겸손한 자에게 자기를 계시하시며 어린 아이에게 깨달음을 주시고(마 : 11장 25절) 그의 비밀을 마음이 가난한 자에게 알려 주시며, 호기심과 자만에

빠진 사람에게는 그 은혜를 감추신다.(시 : 119편 130절)

모든 지성과 자연의 탐구는 반드시 신앙을 따라 나아가야 하고 신앙보다 앞서거나 신앙의 영역을 침범할 수는 없다. 이 가장 거룩하고 장한 성례에 신앙과 사랑이 모든 것보다 앞서는 것은 사람이 알 수 없는 방법으로 역사하기 때문이다. 영원하신 하나님은 초월하신 힘과 무한하신 능력을 가지시며 천지간 어디에서나(욥 : 5장 9절) 능력있게, 측량할 수 없으리 만큼 일하시니 사람은 그의 신비를 도무지 헤아릴 수 없다.(시 : 135편 6절) 만일 하나님의 하시는 일을 사람의 이성으로 다 알 수 있다면, 그의 일이란 신비하거나 이상하다고 할 것이 조금도 없다. 🌿

옮긴이 / 崔 奉 植

聖潔神學大學 卒業

朝鮮大學校 大學院 修了

前 正道出版社 編輯部長

前 韓國稅政新報社 出版部長

前 經營文化院 編輯室長

譯書 : 이녹크 아덴, 에반젤린

　　　대그우드와 블론디

　　　英美隨筆選

　　　굿바이 미스터 칩스 外 多數

그리스도를 본받아

초판인쇄·1982년　4월　1일

5쇄 발행·1987년　7월　5일

6쇄 발행·1991년　2월 15일

7쇄 발행·2003년　1월 10일

지은이　토마스 아 켐피스

옮긴이　崔　奉　植

펴낸이　成　百　英

펴낸곳　志成文化社

서울특별시 종로구 숭인2동 1423번지

(대지빌딩 205호)

전화 : 233−5554·8090

FAX : 238−4240

등록 제 5−14호(1976년 10월 21일)

✱ 잘못된 책은 바꿔드립니다.